航空法学案例教学规划丛书

总主编　郝秀辉

CASE STYUDY OF AVIATION LAW

Contract Law Volume

航空法案例教程

合同法卷

牛军◎编著

知识产权出版社
全国百佳图书出版单位

图书在版编目（CIP）数据

航空法案例教程. 合同法卷 / 牛军编著. -- 北京：知识产权出版社，2018.9

（航空法学案例教学规划丛书）

ISBN 978-7-5130-5753-0

Ⅰ. ①航… Ⅱ. ①牛… Ⅲ. ①航空法—案例—中国—高等学校—教材 ②合同法—案例—中国—高等学校—教材 Ⅳ. ①D922.296.5②D923.65

中国版本图书馆 CIP 数据核字（2018）第 190155 号

策划编辑：齐梓伊　　**责任编辑**：叶　雪

责任校对：王　岩　　**封面设计**：久品轩

责任印制：刘译文

航空法案例教程：合同法卷

牛　军　编著

出版发行：知识产权出版社有限责任公司	网　　址：http：//www.ipph.cn
社　　址：北京市海淀区气象路 50 号院	邮　　编：100081
责编电话：010-82000860 转 8173	责编邮箱：yexue2018@outlook.com
发行电话：010-82000860 转 8101/8102	发行传真：010-82000893/82005070/82000270
印　　刷：北京嘉恒彩色印刷有限责任公司	经　　销：各大网上书店、新华书店及相关专业书店
开　　本：720mm×1000mm　1/16	印　　张：15
版　　次：2018 年 9 月第 1 版	印　　次：2018 年 9 月第 1 次印刷
字　　数：270 千字	定　　价：58.00 元

ISBN 978-7-5130-5753-0

航空法案例教程丛书总序

案例教学模式的改革与创新是当代法学教育教学改革的重要内容，已获共识并被广泛采用。案例教学模式以问题为中心，以实务为导向，以理论与实践相结合为教学目的，是培养应用型、创新型人才的有效途径。自最高人民法院发布建立和完善案例指导制度以来，判例研究作为一种教学组织模式的重要性更加日益彰显。在信息化和智能化的时代，案例教学的资料收集与检索获得前所未有的便利，但也给如何创新法学案例教学的形式和内容提出新挑战。

推进案例教学必须要与相应的案例教材配套，教材（特别是案例教材）建设是深化教学改革，全面推进素质教育，培养卓越法律人才的重要保证。教材是体现教学内容和教学方法的知识载体，是进行教学的基本工具，是学科建设和课程建设成果的凝结和体现，加强教材规划与建设是提高教学质量的重要基础性工作。

目前，案例教学虽然在法学教育中推广较快，以案例分析为内容的各类图书或参考书也汗牛充栋，但因其选择的相关案例过于零散和随意，或过于简单和浅显，较多图书在规则阐述方面存在系统性和逻辑性不足，尤其是特色化、个性化的案例教材严重短缺，不能发挥案例教材应有的作用。

近年来，中国民航大学的法学学科专业建设取得重大进展。2001 年法学本科专业面向全国招生，2012 年获批法学一级学科硕士点，2014 年获批法律硕士专业学位点，2017 年获批天津市高等学校“十三五”综合投资规划“应用型”专业建设项目。天津市人文社科重点研究基地——航空法律与政策研究中心、天津市级实验教学示范中心——航空法学实验教学中心均已获批。

中国民航大学法学专业为有效实现专业特色化发展，围绕应用型航空法律人才需求特点，以学校为本位，自我设计开发和确定了大量凸显航空法特色的“校本课程”，意在通过校本课程教学实现专业人才培养目标。多年来，法学院持续构建以任课教师为主体的研究团队，积极开展对航空法教学内容的研究，有计划地推进分层分类、立体化的特色教材建设，开发和编撰作为校本课程实施的媒介——“校本教材”。其中《航空法学原理与实例》《航空运输合同法》《航空保险法》和《航空恐怖主义犯罪的防范与控制》等教材，已在教学中投入使用，获得良好效果和较大反响。

为进一步促进中国民航大学航空法案例教学的发展，避免航空法案例教材的无序、重复编撰与出版，根据航空法律人才培养教学计划，特别开展《航空法案例教程》系列丛书的编写，统一规划和设计案例教程的体系和内容，强化案例教材建设的过程性管理。

本套丛书注重特色性、研究性和实用性。每部教程所选案例均为航空领域的典型案例和现实问题，突出强化对案例的深度研究和法理阐释，不局限于对既有案例的单纯评述，也非对臆造案例的学术构造，而是意在通过总结法律适用的经验和技术，探讨司法裁判的妥当性，切入航空业发展对法律规范和法学理论的真需求，研究理论和实务良性互动的现实问题。每部案例教程的编著均以法学课程的案例教学为指引，在教程体例设计上注重科学性、逻辑性和教学规律，在案例选择上注重精准性、代表性和可接受性，充分发挥案例教程对航空法学案例教学的作用。

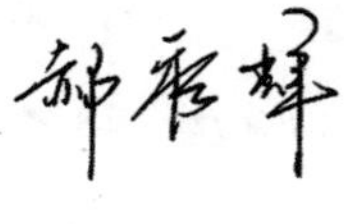

2018 年 3 月

目 录

第一章

航空运输合同概述

合同是平等主体的自然人、法人、其他组织之间设立、变更、终止民事权利义务关系的协议。进一步而言，财富是以合同作为连接纽带的，合同在便捷联系世界各地的航空运输领域中有着不可或缺的作用。

航空运输合同是航空运输承运人使用民用航空器将旅客或者货物从起运点运输到约定地点，旅客、托运人或者收货人支付票款或者运输费用的合同。航空运输合同在实质上体现为明示存在的航空运输凭证、公示生效的航空运输条件和公布实施的航空法律法规三者的有机结合，在形式上以合法获得承运人填开的航空运输凭证①为航空运输合同成立的初步证据。航空运输合同中存在大量格式条款。承运人若在航空运输合同中通过合同条款免除承运人的法定责任或降低法定的赔偿责任限额，根据合同法规定，这种条款无效，但不影响航空运输合同的有效性。

第一节　航空运输合同的订立

一、航空运输合同的成立与生效

《中华人民共和国合同法》（以下简称《合同法》）第 25 条规定：“承诺生效时合同成立。”第 293 条规定：“客运合同自承运人向旅客交付客票时成

① 郝秀辉：《航空运输合同法》，法律出版社 2016 年版，第 3 页。

立，但当事人另有约定或者另有交易习惯的除外。”对于航空客运合同，旅客提出购票请求是要约行为，出票是承诺行为，航空旅客运输合同成立但并不立即生效。航空客运合同机票的交付并不导致航空旅客运输合同生效，登机牌的交付与取得，才使航空旅客运输合同生效。

（一）案情介绍

原告（上诉人）：梁某。

被告（上诉人）：中国东方航空股份有限公司。

上海市浦东新区人民法院经公开审理查明：2010 年 3 月 17 日晚，原告丈夫方某在浙江省宁波市江北区家中通过被告官方网站预订了 2010 年 4 月 2 日从北京首都国际机场至宁波机场（航班号为 MU5180），并于 4 月 6 日从宁波机场至北京首都国际机场往返机票（航班号为 MU5177）各 1 张，乘机人为原告。在订票后半小时之内，方某用其建设银行的银联卡通过该网站支付系统向被告开设在建设银行的账户支付了购票款 1590 元，其中，北京至宁波段机票为 640 元，宁波至北京段机票为 750 元，再加上燃油附加税及机场建设费，合计 1590 元。之后，因建设银行支付信息实时显示系统故障，未能将收款信息及时反馈给被告，被告网站因半小时内未得到原告付款信息，系统自动取消了原告的航班订座。之后，原告在未获得订票成功的票号等反映订票成功的相关信息的情况下，未按网站提示拨打 95530 查询订单详情。4 月 2 日晚 8 时，原告去机场办理登机手续时，被告知没有购票信息。原告立即通过被告官方客服电话 95530 反映情况，被告告知原告订票已因网站故障被取消。当天，原告即重新购买了北京至宁波的往返机票，为此共支付购票款 2560 元。4 月 21 日，被告通过银行将原购票款 1590 元以消费退款形式打回原告丈夫方某的账户。因原告与被告交涉未果，故引发诉讼。原告认为被告在这一事件中存在严重违约，造成原告损失，应承担全部违约责任，向原告支付违约金。而被告认为，原告在阅览被告提示须知后下订单，是对被告的要约行为，按提示，被告在半小时内向原告发送电子机票号，即作出承诺，才能视为合同成立，但原告既未收到被告发出的票号手机信息，被告网站页面也未显示订票成功信息，因此，本案合同没有成立。原告在没有得到网站提示票号信息及手机票号提示信息的情况下，自行前往登机，过错在于原告，被告对此没有过错。因双方没有合同关系，故原告要求被告承担违约责任没有事实与法律依据，请求驳回原告诉讼请求。

另查明，被告设立的电子机票购票网站订票系统设有“购票须知”提示：“购票人必须在座位预订后30分钟内完成出票手续（网上支付），系统产生票号后即为支付成功，请购票人在‘订单管理’中予以确认。逾时支付将被视为支付不成功，该次订座自动取消”。在购票人点击相关订票信息（其中包括购票人手机号码）后，网站“在线支付”页面会显示购票人的订单号及价款，并提示：“您需在座位预订后半小时内完成网上支付，逾期将自动取消座位。支付成功后，您若没有收到客票号码及行程信息的短信，请查询订单详情。如有问题，请拨打95530。支付成功后，您若没有收到客票号及电子行程单短信，请查询订单详情。如有问题，请拨打95530电话”。①

（二）案件难点

（1）双方之间的航空旅客运输合同是否成立、生效？

（2）被告网站关于“系统产生票号即为支付成功”的提示条款是否有效？

（3）电子客票的概念及注意事项。

（4）双方对航空旅客运输合同未能履行的责任承担。

（三）法理分析

1. 合同的成立和生效要件

合同成立是指订约当事人就合同的主要条款达成合意。合同的本质是一种合意，合同成立就是各方当事人的意思表示一致，达成合意。

合同成立要件包括以下几个方面。

（1）订约主体存在双方或多方当事人。订约主体与合同主体不同，订约主体是指实际订立合同的人，他们既可以是未来的合同当事人，也可以是合同当事人的代理人。合同主体是合同关系的当事人，他们是实际享受合同权利并承担合同义务的人。

（2）当事人必须就合同的主要条款协商一致，即意思表示一致。合同必须经过双方当事人协商一致。所谓协商一致，就是指经过谈判、讨价还价后达成相同的、没有分歧的看法。

---

① 有关该案详情参见“梁某诉中国东方航空股份有限公司航空旅客运输合同纠纷案”，http：//www. pkulaw. cn/fulltext_ form. aspx？Gid＝118775120，2016年4月2日访问。

（3）当事人各方一致的意思表示所设立、变更或终止的民事权利义务关系可能履行。①

（4）合同的成立应具备要约和承诺阶段。要约、承诺是合同成立的基本规则，也是合同成立必须经过的两个阶段。如果合同没有经过承诺，而只是停留在要约阶段，则合同未成立。合同的订立过程是从当事人之间的交涉开始，合同要约和承诺达成一致而成立。

以上是合同成立的一般要件。由于合同的性质和内容不同，许多合同都具有特定的成立要件。特别成立要件是依法规定或依交易习惯确定或依当事人特别约定的合同成立要件。

2. 航空运输合同的成立和生效

航空电子合同的成立和生效适用《合同法》的一般规定，要约和承诺的生效都坚持“到达主义”。《合同法》第16条第2款规定：“采用数据电文形式订立合同，收件人指定特定系统接收数据电文的，该数据电文进入该特定系统的时间，视为到达时间；未指定特定系统的，该数据电文进入收件人的任何系统的首次时间，视为到达时间。”具体到本案，被告的网站提示信息，是被告向不特定的旅客发出的要约邀请，如果购票人点击订票相关信息，应视为对被告的具体要约，同时也说明其愿意接受网站相关提示条款作为合同条款并受之约束。在网站生成订票人具体的订单号、票价等订票信息并在规定时间内收到订票人付款后，双方之间的航空运输合同即已成立，被告有义务及时向原告出票。虽然被告因建设银行系统故障未能及时得到信息反馈而取消了原告的订票，但因建设银行受托为被告收款，因此，建设银行收到原告票款，应视为被告收到原告票款，合同自建设银行收到原告票款时即成立。

3. 格式条款的司法认定

（1）格式条款的定义。

格式条款又称为标准条款，是指当事人为了重复使用而预先拟定，并在订立合同时未与对方协商的条款，如保险合同、拍卖成交确认书等，都是格式合同。运用格式条款订立合同时，并不是所有的格式条款就当然成为合同内容的一部分，一些由一方当事人提出的格式条款必须经过另一方当事人的

---

① 陈小君主编：《合同法学（第三版）》，中国政法大学出版社2010年版，第43页。

同意才能成为合同的内容。[1] 当事人的同意方式既可以是明示的，还可以是默示的。

《合同法》对其适用作出特别规定，以保证另一方当事人的合法权益，对格式条款的限制主要体现在以下几个方面：

①采用格式条款订立合同的，提供格式条款的一方应当遵循公平原则确定当事人之间的权利和义务。

②格式合同的提供方有提示或说明的义务。《合同法》第 39 条第 1 款规定："采用……提供格式条款的一方应……并采取合理的方式提请对方注意免除或者限制其责任的条款，按照对方的要求，对该条款予以说明。"

③免责条款的无效。根据《合同法》第 40 条规定："格式条款具有本法第五十二条和第五十三条规定情形的，或者提供格式条款一方免除其责任、加重对方责任、排除对方主要权利的，该条款无效。"

④歧义条款不利于表意者解释的原则。《合同法》第 41 条规定："对格式条款的理解发生争议的，应当按照通常的理解予以解释。对格式条款有两种以上的解释的，应当作出不利于提供格式条款一方的解释……"

⑤约定条款优先原则。格式条款和约定条款不一致时，应当采用约定条款。

（2）格式条款无效的情形。

①提供格式条款的一方免除其责任，加重对方责任，排除对方主要权利的格式条款无效。

②格式条款符合《合同法》第 52 条规定："有下列情形之一的，合同无效：（一）一方以欺诈、胁迫的手段订立合同，损害国家利益；（二）恶意串通、损害国家、集体或者第三人利益；（三）以合法形式掩盖非法目的；（四）损害社会公共利益；（五）违反法律、行政法规的强制性规定。"

③格式条款符合《合同法》第 53 条规定："合同中的下列免责条款无效：（一）造成对方人身伤害的；（二）因故意或者重大过失造成对方财产损失的。"

《合同法》第 41 条规定："对格式条款的理解发生争议的，应当按照通常理解予以解释。对格式条款有两种以上解释的，应当作出不利于提供格式条款一方的解释。格式条款与非格式条款不一致的，应当采用非格式条款。"

---

① 江平主编：《中华人民共和国合同法精解（第三版）》，中国政法大学出版社 1999 年版，第 30 页。

(3) 格式条款制作人的义务。

①提醒义务。提醒义务是指在利用格式条款订立合同时，格式条款的提供者应当提醒对方当事人注意避免或者限制其责任的条款，以使对方当事人能够在知悉和了解免责或限制条款内容的前提下，作出是否订立合同的选择决定。免责条款[①]是指当事人约定的用以免除或限制其未来合同责任的条款。限责条款，也称部分免责条款，是指限制格式条款的提供者责任范围或者缩小其责任程度的条款。

②说明义务。说明义务是指在利用格式条款订立合同的过程中，如果对方当事人要求对免责或者限责条款作出说明，格式条款的提供者应当按照要求向其作出说明，使之能够理解免责或者限责条款的内容与意义。《合同法》第60条第2款规定："当事人应当遵循诚实信用原则，根据合同的性质、目的和交易习惯履行通知、协助、保密等义务。"这是《合同法》对附随义务作出的规定。如果格式条款提供人没有履行这些义务，就要承担法律责任。

(4) 格式条款的规则。

格式条款与普通条款相比，具有不可比拟的优势，例如，它可以降低交易成本、提高交易效率，可以明确分配风险、增进交易安全，便于国家宏观调控等，但同时其自身也存在不可忽视的缺陷，比如限制了合同自由原则，导致合同的风险分配不合理，因当事人缔约地位不平等而损害弱势相对人的利益等。为充分发挥其优势，抑制其消极影响，我国合同法对格式条款进行了全面的立法规制，其中《合同法》第39条、第40条、第41条分别规定了格式条款的订立、效力、解释规则。

①对格式条款订立的规制。《合同法》第39条第1款规定："采用格式条款订立合同的，提供格式条款的一方应当遵循公平原则确定当事人之间的权利和义务……"该条款通过为格式条款制定方设定义务的方式，从积极和消极两个方面规定了格式条款的订立规则，即提供格式条款的一方没有尽到提示义务或者拒绝说明的，该条款视为未订立。该条款不公平的，也视为未订立。

②对格式条款效力的规制。《合同法》第40条规定："格式条款具有本法第五十二条和第五十三条情形的，或者提供格式条款一方免除其责任、加

① 陈小君主编：《合同法学》，中国政法大学出版社2007年版，第179页。

重对方责任、排除对方主要权利的，该条款无效。”

电子客票在出具过程中，航空公司基本上没有在网页的明显位置列明运输合同条件，而是以超链接的方式表现，如果订票人想要了解其内容，往往会因为线路繁忙而无法连上或因传输等其他因素而使内容不完整或无法辨识，客观上剥夺了旅客的知情权，使格式条款成为默认条款，旅客只有无条件接受并执行义务，这不符合《合同法》的立法本意。具体到本案，在支付系统产生故障的情况下，购票人即使已经察觉这一情况，也无法改变已经支付的事实，因此，被告网站关于“系统产生票号后即为支付成功”的提示条款，系其免除自身责任的格式条款，支付是否成功是一种客观事实，不因合同事先约定而改变。根据《合同法》第 40 条规定，提供格式条款一方免除其责任、加重对方责任、排除对方主要权利的，该条款无效。因此，从完善电子客票缔约程序方面努力，为保障旅客的合法权益，法院最终依法确认该格式条款无效。

4. 双方对航空旅客运输合同未能履行的责任承担

在航空旅客运输合同已经成立并生效的情况下，被告有义务及时向原告出票，被告不向原告出票，已构成违约，因此造成原告损失的，应负相应的赔偿责任。

违约责任是违反合同的民事责任的简称，是指合同当事人一方不履行合同义务或履行合同义务不符合合同约定所应承担的民事责任。

（1）违约形态包括以下几种情形。

①不能履行。又叫给付不能，是指债务人在客观上已经没有履行能力，或者法律禁止债务的履行。在以提供劳务为标的的合同中，债务人丧失工作能力，为不能履行。在以特定物为标的物的合同中，该特定物毁损灭失，构成不能履行。

②延迟履行。又称债务人延迟或者逾期履行，指债务人能够履行，但在履行期限届满时却未履行债务的现象。其构成要件为：存在有效的债务；能够履行；债务履行期限已届满而债务人未履行；债务人未履行不具有正当事由。判断是否构成延迟履行，履行期限具有重要意义。合同明确规定有履行期限，如期限已过，债务人便当然陷于履行迟延。如果约定的是一段时间，则期间的末尾具有确定期限的意义。

③不完全履行。是指债务人虽然履行了债务，但其履行不符合债务的本

旨，包括标的物的品种、规格、型号、数量、质量、运输的方法、包装方法等不符合合同约定等。不完全履行与否，以何时为确定标准？应以履行期限届满仍未消除缺陷或者另行给付时为准。如果债权人同意给债务人一定的宽限期消除缺陷或者另行给付，那么在该宽限期限届满时仍未消除或者另行给付，则构成不完全履行。

④拒绝履行。是债务人对债权人表示不履行合同。这种表示一般为明示的，也可以是默示的。例如，债务人将应付标的物处分给第三人，即可视为拒绝履行。《合同法》第108条关于当事人一方明确表示或者以自己的行为表明不履行合同义务的规定，即指此类违约行为。其构成要件为：存在有效的债务、有不履行的意思表示（明示的和默示的）、应有履行的能力、须债务人主观上出于故意、债务人拒绝履行债务无正当理由。

⑤债权人延迟。亦称受领延迟，指债权人对债务人的履行拒绝受领或不能受领。

债权人迟延的构成，需具备以下要件：债务内容的实现以债权人的受领或者其他协助为必要；债务人依债务本旨提供了履行；债权人拒绝受领或者受领不能。所谓拒绝受领，是指对于已提供的给付，债权人无理由地拒绝受领。所谓受领不能，是指债权人不能为给付完成所必需的协助的事实，包括受领行为不能及受领行为以外的协助行为不能，系属债权人于给付提出时不在家或者出外旅行或者患病，无行为能力人因缺法定代理人不能受领。

（2）承担违约责任的形式。

承担违约责任有三种基本形式，即继续履行、采取补救措施和赔偿损失。

①继续履行。继续履行也称强制实际履行，是指违约方根据对方当事人的请求继续履行合同规定义务的违约责任形式。其特征为：a. 继续履行是一种独立的违约责任形式，不同于一般意义上的合同履行。具体表现在：继续履行以违约为前提；继续履行体现了法的强制；继续履行不依附于其他责任形式。b. 继续履行的内容表现为按合同约定的标的履行义务，这一点与一般履行并无不同。c. 继续履行以对方当事人（守约方）请求为条件，法院不得径行判决。

②采取补救措施。采取补救措施作为一种独立的违约责任形式，是指矫正合同不适当履行（质量不合格）、使履行缺陷得以消除的具体措施。这种

责任形式，与继续履行（解决不履行问题）和赔偿损失具有互补性。

关于采取补救措施的具体方式，多部法律作了规定。例如，《合同法》第 111 条规定为：修理、更换、重作、退货、减少价款或者报酬等；《中华人民共和国消费者权益保护法》（以下简称《消费者权益保护法》）第 52 条规定为：修理、重作、更换、退货、补足商品数量、退还货款和服务费用、赔偿损失；《中华人民共和国产品质量法》（以下简称《产品质量法》）第 40 条规定为：修理、更换、退货。

在采取补救措施的适用上，应注意以下几点：a. 采取补救措施的适用以合同对质量不合格的违约责任没有约定或者约定不明确，而依《合同法》第 62 条仍不能确定违约责任为前提。换言之，对于不适当履行的违约责任形式，当事人有约定者应依其约定；没有约定或约定不明者，首先应按照《合同法》第 62 条规定确定违约责任；没有约定或约定不明又不能按照《合同法》第 62 条规定确定违约责任的，才适用这些补救措施。b. 应以标的物的性质和损失大小为依据，确定与之相适应的补救方式。c. 受害方对补救措施享有选择权，但选定的方式应当合理。

③赔偿损失。赔偿损失，在合同法上也称违约损害赔偿，是指违约方以支付金钱的方式弥补受害方因违约行为所减少的财产或者所丧失的利益的责任形式。

a. 完全赔偿原则。违约方对于守约方因违约所遭受的全部损失承担赔偿责任。具体包括：直接损失与间接损失；积极损失与消极损失（可得利益损失）。按照《合同法》第 113 条的规定，损失"包括合同履行后可以获得的利益"，可见其赔偿范围包括现有财产损失和可得利益损失。前者主要表现为标的物灭失、为准备履行合同而支出的费用、停工损失、为减少违约损失而支出的费用、诉讼费用等：后者是指在合同适当履行后可以实现和取得的财产利益。

b. 合理预见规则。违约损害赔偿的范围以违约方在订立合同时预见到或者应当预见到的损失为限。合理预见规则是限制法定违约损害赔偿范围的一项重要规则，其理论基础是意思自治原则和公平原则。对此应把握以下几点：一是合理预见规则，是限制包括现实财产损失和可得利益损失的损失赔偿总额的规则，不仅用以限制可得利益损失的赔偿；二是合理预见规则不适用于约定损害赔偿；三是是否预见到或者应当预见到可能的损失，应当根据订立合同时的事实或者情况加以判断。

c. 减轻损失规则。一方违约后，另一方应当及时采取合理措施防止损失的扩大，否则，不得就扩大的损失要求赔偿。其特点是：一方违约导致了损失的发生；相对方未采取适当措施防止损失的扩大；造成了损失的扩大。

约定损害赔偿是当事人在订立合同时，预先约定一方违约时应当向对方支付一定数额的赔偿金或约定损害赔偿额的计算方法。它具有预定性（缔约时确定）、从属性（以主合同的有效成立为前提）、附条件性（以损失的发生为条件）的特征。

d. 违约金制度。违约金是指当事人一方违反合同时应当向对方支付的一定数量的金钱或财物。违约金具有以下法律特征：其一，是在合同中预先约定的合同条款之一；其二，是一方违约时向对方支付的一定数额的定额损害赔偿金；其三，是对承担赔偿责任的一种约定。

关于违约金的性质，一般认为，现行合同法所确立的违约金制度属于赔偿性违约金制度。即使约定的违约金数额高于实际损失，也不能改变这种基本属性。关于当事人是否可以约定单纯的惩罚性违约金，《合同法》未作明确规定。通说认为此种约定并非无效，但其性质仍属违约的损害赔偿。

违约金是对损害赔偿额的预先约定，既可能高于实际损失，也可能低于实际损失，畸高和畸低均会导致不公平结果。为此，各国法律规定法官对违约金具有变更权，《合同法》第 114 条第 2 款也做了规定，以约定的违约金“低于造成的损失”或“过分高于造成的损失”为条件，经当事人请求，由法院或仲裁机构裁量“予以增加”或“予以适当减少”。

e. 定金责任。所谓定金，是合同当事人为了确保合同的履行，根据双方约定，由一方当事人按合同标的额的一定比例预先给付对方的金钱或其他替代物。对此担保法做了专门规定。《合同法》第 115 条规定：“当事人可以依照《中华人民共和国担保法》约定一方向对方给付定金作为债权的担保。债务人履行债务后，定金应当抵作价款或者收回。给付定金的一方不履行约定的债务的，无权要求返还定金；收受定金的一方不履行约定的债务的，应当双倍返还定金。”当事人约定定金担保的，如一方违约，定金罚则即成为一种违约责任形式。

定金应当以书面形式约定，定金的数额由当事人约定，[①] 但不得超过主合同标的额的 20% 。

本案中，虽然根据被告网站提示，在订票人逾时支付的情况下，视为支付不成功，可以取消订座。但事实上，原告在预订后半小时内已经完成付款，按该提示的约定，被告不应取消原告订座。被告系统没有收到付款信息反馈，系其委托收款的建设银行支付信息反馈系统故障所致，系被告自身过错造成，不能成为免责的理由。当然，根据被告的网站提示，原告在没收到票号及行程信息的情况下，有义务查询订单详情或拨打 95530 向被告查询，其在没有收到订票成功信息的情况下，未履行合同约定的相关注意义务，即没有按网站的提示进行查询，对由此造成的扩大损失，原告也应承担相应的责任。综合本案的实际情况，最终法院酌定由被告承担 70% 的责任，原告承担 30% 的责任。

目前航空旅客运输合同大多体现在电子客票领域，国内各大航空公司都推出了电子客票，电子客票复杂的缔约过程使其在订立、生效的过程中，较一般的航空客运合同来讲有其特殊性，在法律适用上，电子客票还面临着相当多的障碍。本案的特殊性就在于电子客票在成立和生效期间，出现了电子系统故障，电子客票的订立期间，很多工作都是电子客票代理人在后台完成，当出现电子系统故障后，有可能造成电子客票的内容失实，出现意思不完整或发生错误。在这种情况下，购票人对于电子系统故障造成的后果只能接受或拒绝，甚至未能察觉这一情况，这时，如购票人已在航空公司认定的时间范围内付款成功，应视为合同已经成立，由此造成相对人的损失，如行为人确实有过错，应负赔偿责任。

本案中，被告虽应负不出票的违约责任，但原告如按被告网站提示及时进行查询，按常理完全可以在较短时间内让被告补办出票手续，从而减少损

---

① 定金具有互不排斥的多重性质。定金罚则带有一定的惩罚性质。为了避免定金罚则惩罚过于严厉，《中华人民共和国担保法》第 91 条规定对定金数额进行了限制：“定金的数额由当事人约定，但不得超过主合同标的额的百分之二十。”关于超过部分如何处理的问题，最高人民法院《关于适用〈中华人民共和国担保法〉若干问题的解释》第 121 条做了规定：“当事人约定的定金数额超过主合同标的额百分之二十的，超过的部分，人民法院不予支持。”这里所规定的“超过的部分人民法院不予支持”如何理解？从限制定金数额的意图出发，应当理解为当事人主张连同超过主合同标的额 20% 部分适用定金罚则的，则人民法院不予支持。

失，但原告过于自信，在订票后距登机前的十几天的时间内一直没有进行相关的查询，对票价差价的扩大也有一定的责任。[①] 综合案件的实际情况，一审法院最终酌定由被告承担70%的责任，原告承担30%的责任。

（四）涉及法律

《合同法》第40条规定："格式条款具有本法第五十二条和第五十三条规定情形的，或者提供格式条款一方免除其责任、加重对方责任、排除对方主要权利的，该条款无效。"第107条规定："当事人一方不履行合同义务或者履行合同义务不符合约定的，应当承担继续履行、采取补救措施或者赔偿损失等违约责任。"第119条第1款规定："当事人一方违约后，对方应当采取适当措施防止损失的扩大；没有采取适当措施致使损失扩大的，不得就扩大的损失要求赔偿。"第120条规定："当事人双方都违反合同的，应当各自承担相应的责任。"第121条规定："当事人一方因第三人的原因造成违约的，应当向对方承担违约责任。当事人一方和第三人之间的纠纷，依照法律规定或者按照约定解决。"

（五）本案思考与讨论

（1）合同订立、成立与生效的关系。

（2）格式条款无效的情形有哪些？

（3）航空电子客票的性质认定。

二、航空运输合同的主体

航空运输合同主体是指参与航空运输活动的当事人，包括承运人、旅客、托运人和收货人。在航空旅客运输合同中，一方当事人是承运人，另一方当事人是旅客；在航空货物运输合同中，一方当事人是承运人，另一方当事人是托运人和收货人。双方当事人既是权利主体，又是义务主体。

（一）案情介绍

原告：杨某。

---

① 该案一审经上海市浦东新区人民法院（2010）浦民一（民）初字第25394号判决后，被告不服原审法院判决，提出上诉。二审法院上海市第一中级人民法院认为一审法院认定事实无误，对本案争议焦点的归纳正确。针对争议焦点，一审法院也逐项阐述了认定意见与理由，经审核并无不当，予以认同。因此以（2011）沪一中民一（民）终字第1352号判决维持原判，驳回上诉。

被告：中国南方航空股份有限公司（本案中简称南航公司）。

被告：上海民惠航空服务有限公司（本案中简称民惠公司）。

被告民惠公司是机票销售代理商。原告杨某在民惠公司购买被告南航公司的上海至厦门九折机票一张。机票载明：出发地是上海 PVG，出发时间是 2003 年 1 月 30 日 16:10，票价 770 元，不得签转。机票上还载明航空旅客须知，其中有“在航班规定离站时间前 2 小时以内要求退票，收取客票价 20% 的退票费”等内容。杨某到上海虹桥机场出示这张机票时，机场工作人员告知其应到上海浦东机场乘坐该航班。因已来不及赶赴浦东机场，杨某要求签转，又被告知其所持机票是打折购买的机票，不得签转。15:04，杨某在南航公司驻虹桥机场办事处办理了申请退票的手续，并以 850 元的价格购买了当日 21 时上海至厦门的全价机票。返回上海后，杨某主张全额退还票款，南航公司让其到民惠公司退票，而民惠公司则表示要退票必须按票价的 20% 扣除手续费，要全额退还票款只能由出票人南航公司办理。杨某认为二被告的行为严重侵害了其合法权益，为此提起诉讼。

原告杨某诉称：春节前为与校友聚会，我通过电话向被告民惠公司预订一张去厦门的机票，并言明要在上海虹桥机场登机。民惠公司工作人员第二天送票上门时，没有特别说明登机的地点不是虹桥，机票上载明的出发地是“上海 PVG”。当我按时赶到虹桥机场时，才发现此次航班是在浦东机场乘坐。我当即要求南航公司驻虹桥机场的办事处签转，办事处工作人员说这是九折购买的机票，不能签转，可以退票后改乘其他航班。不得已我申请退票，同时购买了当日另一航班的全价机票，在机场滞留了六小时之久才到了厦门。返回上海后，我到南航公司办理退票手续，又被告知按规定只能退还票面金额的 80%。我认为，我退票和不得不在机场滞留六小时，完全是被告不明确告知乘机地点造成的。二被告的行为严重侵害了我的合法权益。请求判令二被告给我退还全额机票款 770 元，赔偿我的经济损失 700 元，判令二被告在其出售的机票上标明机场名称。

被告南航公司辩称：按照中国民航总局的规定，南航公司的机票都是使用自动打票机填开。自动打票机无法在机票上打印中文机场名称，故用机场代码 PVG 标明。作为承运人，南航公司已尽到自己的义务，不同意原告的诉讼请求。

被告民惠公司辩称：本公司代销的机票上用代码 PVG 标明了机场名称，

这是严格按照中国民航总局的规定进行的操作。机票上没有以中文标明机场名称，并非被告的责任。原告是上海人，应当知道上海有两个机场，机票上有 PVG 和 SHA 的区别。不知道 PVG 和 SHA 代表哪一个机场，可以通过电话询问。原告声称未乘坐此次航班，是因机票上没有机场的中文名称，但没有以证据来证明这两件事之间的因果关系，故不同意原告的诉讼请求。

另查明，中国民航总局曾于 2000 年 4 月下发“关于各航空公司 2000 年全部使用自动打票机填开旅客客票的通知”，要求国内各航空公司均应在 2000 年内安装 BSP 自动打票机，今后全部使用自动打票机填开旅客客票，废除手写机票。

上述事实，有双方当事人陈述、上海至厦门机票两张、中国民航总局《关于各航空公司 2000 年全部使用自动打票机填开旅客客票的通知》等证据证实。[①]

（二）案件难点

（1）本案航空客运合同主体认定及合同成立时间如何判定？

（2）航空客运合同中承运人的附随义务有哪些？

（3）怎样理解航空客运合同中承运人按时按班次运输义务？

（三）法理分析

1. 本案航空客运合同成立时间与合同主体的认定

合同的成立，是指合同因符合一定的法定要件而被法律认为客观存在。要约是一方当事人以缔结合同为目的向对方当事人发出的意思表示。要约本身不是一个独立的法律行为，在与承诺结合之后形成一个双方法律行为，要约是合同的有机组成部分。承诺是受要约人同意要约的意思表示。承诺的法律意义在于要约一经受要约人承诺并且将承诺的意思通知到达要约人，合同即告成立。

客运合同是运输合同中的一种，是《合同法》规定的 15 种有名合同之一。客运合同是旅客运输合同的简称，是指承运人将旅客及行李运送至约定地点，旅客支付票款的合同。其订立一般先由购票人向承运人支付票价后承运人发售客票。承运人向公众发布的运输时刻表、单程票价、营运路线图等

① 有关该案详情参见“杨某诉某航空公司、某公司客运合同纠纷案”，http://china.findlaw.cn/hetongfa/hetongfa/htjf/hkjf/18157.html，2016 年 10 月 25 日访问。

是要约邀请，购票人交付票价的行为为要约，承运人发售客票的行为为承诺。因此，原则上承运人向购票人发售客票，旅客运输合同即成立。但是，双方当事人对客运合同的成立时间另有约定或另有习惯的，则依照当事人约定或从其习惯。

本案中原告杨某为从上海赴厦门，购买了被告南航公司的客运机票，客运机票是客运合同成立的凭据。自杨某取得南航公司的客运机票时起，杨某与南航公司之间的航空客运合同即告成立，杨某与南航公司是该航空客运合同的主体。被告民惠公司只是根据代理合同为南航公司代销客运机票，并非航空客运合同主体。

2. 客运合同中承运人的附随义务——告知重要事项义务

合同义务有给付义务和附随义务之分。给付义务是债务人根据合同应当履行的基本义务，附随义务是在给付义务以外，为保证债权人利益的实现而需债务人履行的其他义务。承运人有向旅客告知有关不能正常运输的重要事项和安全运输应注意事项的义务。《合同法》第60条第2款规定："当事人应当遵循诚实信用原则，根据合同的性质、目的和交易习惯履行通知、协助、保密等义务。"这是对附随义务作出的规定。在航空客运合同中，明白无误地向旅客通知运输事项是承运人的应尽义务。只有承运人正确履行了这一附随义务，旅客才能于约定时间到约定地点等待乘坐约定的航空工具。

本案中，上海有虹桥、浦东两大机场，确实为上海民众皆知。但这两个机场的专用代号SHA、PVG却并非上海民众均能通晓。作为承运人的被告南航公司，应当根据这一具体情况，在出售的机票上以我国通用文字清晰明白地标明机场名称，或以其他足以使旅客通晓的方式作出说明。南航公司在机票上仅以"上海PVG"来标识上海浦东机场，以致原告杨某因不能识别而未在约定时间乘坐约定的航空工具，南航公司应承担履行附随义务不当的过错责任。自动打票机并非不能打印中文，机票上打印的"上海""厦门"等字，便是证明。虽然"全部使用自动打票机填开机票"是中国民航总局的规定，但怎样根据当地具体情况去执行上级主管部门的规定，使执行规定的结果能更好地为旅客提供服务，更好地履行承运方在航空运输合同中的义务，却是作为承运人的南航公司应尽的职责。南航公司关于"按照中国民航总局的规定使用自动打票机填开""自动打票机无法在机票上打印中文机场名称，故用机场代码PVG标明""作为承运人已尽到义务"的辩解理由，不能成立。

3. 客运合同中承运人的义务——按时按班次运输

航空旅客运输合同的效力是指航空旅客运输合同依法成立后发生的法律效果，表现为旅客、承运人双方都应依法享有权利、履行各自的义务。承运人的主要义务有：第一，承运人应按客票所载明的时间和班次运送旅客。承运人迟延运输应当根据旅客的要求安排其改乘其他班次航班或者退票；中途变更运输路线，旅客有权要求承运人将其运回始发地。承运人擅自变更运输工具而降低服务标准的，应当根据旅客的要求退票或者少收票款；提高服务标准的，不应加收票款。第二，承运人应向旅客告知有关不能正常运输的重要事项和安全运输应注意的事项。第三，为旅客提供必要方便。运输途中，承运人有义务为旅客提供必要的设施和生活服务，如免费提供饮料，及时清扫车辆，免费让乘客使用厕所及其他生活设施。第四，将旅客携带或托运行李安全送达目的地并交付给收货人。在运输过程中，行李损毁灭失的，承运人应承担损害赔偿责任。

本案原告杨某持机场名称标识不明的机票，南航公司应承担履行附随义务不当的过错责任。参照迟延运输的处理办法，被告南航公司应负责全额退票，并对旅客为抵达目的地而增加的支出进行赔偿。除此以外，杨某提出请求赔偿的其他损失，缺乏相应的事实根据和法律依据，不予支持。被告民惠公司不是客运合同的主体，原告杨某要求民惠公司承担退票、赔偿的民事责任，不予支持。

至于被告南航公司、民惠公司是否必须在其出售的机票上以我国通用文字标明机场名称，应由其上级主管部门加以规范，不属本案处理范围。①

综上，上海市徐汇区人民法院于2003年4月10日判决：

（1）被告南航公司于本判决生效之日起三日内，退还原告杨某机票款770元；（2）被告南航公司于本判决生效之日起三日内，赔偿原告杨某80元；（3）原告杨某提出的其他诉讼请求，不予支持。

① 该案一审宣判后，双方当事人均未上诉，一审判决发生法律效力。2003年4月28日，上海市徐汇区人民法院向中国民航总局发出司法建议书，建议："对同一城市存在两个或两个以上民用机场，航空公司及航空客运销售代理商填开机票标明出发地点、使用机场专用代号时，应使用我国通用文字附注或以其他适当方式说明，以保证客运合同的正确履行，提升我国民用航空行业良好的服务形象。"

案件受理费119元，原告杨某负担55元，被告南航公司负担64元。

（四）涉及法律

《合同法》第288条规定：“运输合同是承运人将旅客或者货物从起运地点运输到约定地点，旅客、托运人或者收货人支付票款或者运输费用的合同。”第293条规定：“客运合同自承运人向旅客交付客票时成立，但当事人另有约定或者另有交易习惯的除外。”第60条第2款规定：“当事人应当遵循诚实信用原则，根据合同的性质、目的和交易习惯履行通知、协助、保密等义务。”第299条规定：“承运人应当按照客票载明的时间和班次运输旅客。承运人迟延运输的，应当根据旅客的要求安排改乘其他班次或者退票。”

（五）本案思考与讨论

（1）航空运输合同合同主体有哪些？

（2）航空客运合同中旅客和承运人的权利义务分别是什么？

第二节　航空运输合同的效力

公共航空旅客运输合同的效力是指航空旅客运输合同成立之后发生的法律后果，表现为旅客、航空运输企业双方的权利、义务。

一、航空运输合同承运人的权利义务

承运人享有的权利主要有四个方面：一是有权要求旅客出示客票、行李票；二是有权要求托运人填写货运单；三是有权要求对方支付运价；四是有权要求对方遵守旅客运输和货物托运的统一规定。承运人的义务主要包括：一是强制缔约义务；二是按照合同约定为旅客、托运人或其他当事人提供安全、正常、优质的运输条件和服务；三是对运输过程中由于承运人违反约定义务造成对方人员和财产损失的，应承担赔偿责任。

（一）案情介绍

上诉人（原审原告）：陈某。

被上诉人（原审被告）：中国南方航空股份有限公司（本案中简称南方航空公司）。

2005年3月24日，陈某购买了南方航空公司从广州到悉尼CZ325航班、悉尼到广州CZ326航班的双程往返机票，总价10 217元，约定从广州出发的时间为2005年3月31日21:30，从悉尼返回的时间为悉尼时间2005年4月4日9:50。2005年4月4日当地时间早上7:00左右陈某到达悉尼国际机场准备乘坐CZ326航班返回广州，并办理了出境和安检手续后换取了登机卡，登机卡显示9:20在10号门登机。当地时间8:40，执行从广州飞往悉尼的CZ325航班任务的飞机到达悉尼国际机场，准备执行飞返广州的CZ326航班任务。在飞行前，该飞机被查出存在机械故障，南方航空公司及机场将航班动态信息及时发布给旅客，但一时不能确定起飞时间，陈某等乘客未办理退票、签转手续。由于陈某已办理了出境手续，根据当时的情况，只能停留在候机厅休息，等候新的出发时间。在飞机延误期间，南方航空公司为陈某等在候机厅继续等待航班起飞的乘客分别发放了午、晚餐券以换取餐食、饮料。因飞机维修，该航班实际延误至当地时间21:30开始登机，于22:10关舱门离站、22:22起飞，共延误12小时20分。当日，南方航空公司向被延误乘客出具"航班延误致歉补偿确认单"，决定对该次航班延误作出现金补偿200元。陈某对该补偿额不予接受，故引致纠纷。

原审法院认为，陈某购买中国南方航空股份有限公司的客运机票并办理了相关乘机手续，双方之间旅客航空运输合同关系依法成立。作为承运人的南方航空公司应该在约定期间或合理时间内将陈某安全运输到目的地，否则如在航空运输中发生延误即构成违约。但民用航空运输的承运人只应对不该免责的原因导致航班延误并且给旅客造成实际损失的，才承担相应的责任。当次航班的飞机机械故障，属于承运人无法控制或者不能预见的原因，南方航空公司为了保证飞行安全而推迟航班飞行，可以免除南方航空公司因航班延误而产生的违约责任。当然，南方航空公司仍须及时采取相应的补救措施，尽量避免或减少乘客因延误产生的损失。当次航班的飞机发生机械故障后，南方航空公司已采取了相关可能的补救措施，及时通报延误信息和进行飞机维修，并向乘客提供了饮料、午晚餐等；同时，陈某也未举证证明有因延误所遭受的其他实际损失的事实，故陈某要求南方航空公司补偿损失的请求，没有事实依据。陈某要求南方航空公司按照国家民航总局出台的《航班延误经济补偿指导意见》给予补偿，但该意见只是民航行业内部的指导性意见，且该意见没有规定具体的补偿标准；[①] 其他航空公司制订的补偿承诺标准并不能当然作为另一公司的补偿依据，且本案中票价与航班延误损失没有直接的、必然的联系，陈某实际也已乘坐了该航班，故陈某要求按全程票价款给予补偿无事实和法律依据，不予采纳。但考虑到航班延误属南方航空公司原因，南方航空公司也曾承诺给予每人200元补偿，故根据公平、诚实信用原则，白云区人民法院确认南方航空公司以承诺的给予每人200元的补偿标准向陈某作出补偿。综上所述，依照《中华人民共和国民事诉讼法》（以下简称《民事诉讼法》）第64条第1款，《中华人民共和国民用航空法》（以下简称《民用航空法》）第126条，《合同法》第5条、第6条规定，判决：（1）中国南方航空股份有限公司于判决书生效之日起三日内，补偿陈某200元。（2）驳回陈某的其他诉讼请求。案件受理费214元，由陈某负担206元，南方航空公司负担8元。

宣判后，上诉人陈某不服，其上诉称：（1）原审法院认为飞机故障是承运人无法控制或者不能预见的免责原因，这显属法律常识性错误。飞机故障是南方航空公司可以检测出来的，又可以予以维修，在无法维修时可以予以调换，因此，这种原因与天气、战争等客观原因不同，是可以归责于南方航空公司的原因。正因为如此，民航总局出台的《航班延误经济补偿指导意见》把飞机故障航班延误列为属于航空公司自身原因引起的航班延误，是可以控制和可以预见的，不属于不可抗力原因。（2）发生延误后南方航空公司没有采用恰当措施有效防止造成的损失。在2005年4月4日当地时间早上8点多办理出境和安检手续，领了登机卡，登机卡显示在10号门登机，却被领到30号门等候登机。南方航空公司没有及时告知延误原因，没有及时广播或以文字说明原因。中午午餐时发给午餐票，由于人数众多，大多数人凭午餐

---

① 航班延误问题是世界民航界普遍存在的一大难题，美国专门制定有《反航班延误法》，欧盟也出台了相应的法规，这些法律规范有效地减少了航班延误、维护了旅客的合法权益，也促进了航空公司的竞争能力。2004年6月民航总局发布了《航班延误经济补偿指导意见》（以下简称《指导意见》）。《指导意见》主要包括以下内容：第一，航空公司因自身原因造成航班延误标准分为两个，一个是延误4小时以上、8小时以内；另一个是延误超过8小时以上，对于这两种情况，航空公司要对旅客进行经济补偿；补偿方式可以通过现金、购票折扣和返还里程等方式予以兑现；在航班延误的情况下，为了不再造成新的延误，经济补偿一般不在机场现场进行，航空公司可以采用登记、信函等方式进行；机场应该制止旅客在航班延误后，采取“罢乘”“占机”等方式影响航班的正常飞行。民航总局表示，具体补偿标准和补偿方案由各航空公司自行制定。《指导意见》发布后，上航、海航、川航、南航、东航和国航等六家航空公司已经公布《旅客服务承诺》，但还没有制定具体的补偿办法。

票和晚餐票都无法领取到食物。根据南方航空公司提供的证据显示，其并没有通知退票或安排签转其他航班，而实际上由于乘客已经办理出境手续，退票已经无可能。但及时安排签转其他航班是具备条件的，南方航空公司没有告知并提供安排签转其他航班的服务，没有及时安排其他无故障飞机顶替。综上所述，南方航空公司的行为构成违约，应按照《合同法》第 111 条的规定，参照民航总局出台的《航班延误经济补偿指导意见》以及同行业的标准进行补偿。我方要求按机票的 50% 予以折价补偿，合理合法。原审判决认定事实和适用法律错误，请求二审法院撤销白云区人民法院（2005）云法民二初字第 1531 号民事判决，判令南方航空公司向我方支付延误折价补偿金 5108.5 元。

被上诉人答辩称：原审判决认定事实清楚，适用法律正确，处理恰当。请求二审法院维持原审判决。

上述事实有下列证据证明：

（1）2005 年 3 月 24 日原告购买的南方航空公司从广州到悉尼、悉尼到广州的双程往返机票；（2）中国南方航空运输机牌；（3）陈某出境和安检手续后换取的登机卡；（4）在飞机延误期间，南方航空公司为陈某等在候机厅继续等待航班起飞的乘客分别发放的午、晚餐券。

二审法院经审理后判决：驳回上诉，维持原判。二审案件受理费 214 元，由上诉人陈某负担。①

（二）案件难点

（1）飞机故障是否是承运人无法控制或者不能预见的免责事由？

（2）航班发生延误后损失的承担及依据？

（三）法理分析

1. 飞机故障不是承运人不能预见的免责原因

《中国民用航空旅客、行李国内运输规则》第 58 条规定：“由于天气、突发事件、空中交通管制、安检以及旅客等非承运人原因，造成航班在始发地延误或取消，承运人应协助旅客安排餐食和住宿，费用可由旅客自理。”《合同法》第 117 条规定：“因不可抗力不能履行合同的，根据不可抗力的影

① 有关该案详情参见“陈某与南方航空公司旅客航空运输合同纠纷上诉案”，http://www.pkulaw.cn/case/pfnl_117550676.html?match=Exact，2015 年 5 月 15 日访问。

响，部分或者全部免除责任，但法律另有规定的除外。当事人迟延履行后发生不可抗力的，不能免除责任。”不可抗力作为法律概念，通常是与责任问题紧密相连的术语，指不能预见、不能避免并不能克服的客观情况。本案中天气变化是当事人不能预见、不能避免、不能克服的因素，属于不可抗力。上述规定的共同点是：不可抗力的情形发生后，承运人不承担相应的责任。

陈某购买南方航空公司广州往返悉尼的客运机票并办理了相关乘机手续，原审确认双方之间旅客航空运输合同关系成立正确。依据陈某与南方航空公司之间的航空运输合同，南方航空公司本应在约定期间将陈某安全运输到目的地，南方航空公司承运的悉尼飞往广州的当次航班由于被查出存在机械故障，故导致飞机延误起飞，而飞机出现机械故障导致航班延误并不是承运人免责的法定事由，作为承运人的南方航空公司对此应付相应的违约责任。根据法律的规定，违约一方必须赔偿由于违约行为给对方造成的相应损失。

2. 航班发生延误后损失由南方航空公司承担

根据《合同法》的规定，承运人（航空公司）和托运人（陈某）关于此次航班的飞行时间、出发地和目的地等条款意思表示达成一致，运输合同成立且生效。且根据《合同法》的相关规定，从事公共运输的承运人不得拒绝旅客、托运人通常、合理的运输要求；承运人还应当在约定期间或者合理期限内、按照约定的或者通常的运输路线将旅客、货物安全运输到约定地点。尤其是客运合同，承运人应当按照客票载明的时间和班次运输旅客；承运人延迟运输的，应当根据旅客的要求安排其改乘其他班次或者退票。在本案中，南航因自身飞机出现故障的原因，导致航班时刻延误，并且陈某搭乘的是国际航班，办理了出境手续之后即不能退票，在这种情况下，航空公司及时通知了旅客，并做了相应的补偿措施：为陈某等在候机厅继续等待航班起飞的乘客提供了午、晚餐券以换取餐食和饮料，符合《民用航空法》关于航班延误的补偿规定。

根据法律的规定，违约一方必须赔偿由于违约行为给对方造成的相应损失，陈某基于南方航空公司违约要求南方航空公司进行补偿，但陈某对其提出的损失补偿数额缺乏相应的法律量化依据，且陈某也实际乘坐了该航班，故陈某要求按该航班全程往返票价款的50%给予补偿无相应的依据，原审不予采纳有理。鉴于南方航空公司对此承诺给予每人200元补偿，这是其对自己相应民事行为的自愿处分，原审法院予以确认并无不当。

（四）涉及法律及行业规则

（1）《最高人民法院关于民事诉讼证据的若干规定》第64条规定："审判人员应当依照法定程序，全面、客观地审核证据，依据法律的规定，遵循法官职业道德，运用逻辑推理和日常生活经验，对证据有无证明力和证明力大小独立进行判断，并公开判断的理由和结果。"

（2）《民事诉讼法》第170条规定："第二审人民法院对上诉案件，经过审理，按照下列情形，分别处理：（一）原判决、裁定认定事实清楚，适用法律正确的，以判决、裁定方式驳回上诉，维持原判决、裁定；……"

（3）《合同法》第5条规定："当事人应当遵循公平原则确定各方的权利和义务。"第6条规定："当事人行使权利、履行义务应当遵循诚实信用原则。"第117条规定："因不可抗力不能履行合同的，根据不可抗力的影响，部分或者全部免除责任，但法律另有规定的除外。……"

（4）《民用航空法》第126条规定："旅客、行李或者货物在航空运输中因延误造成的损失，承运人应当承担责任；但是，承运人证明本人或者其受雇人、代理人为了避免损失的发生，已经采取一切必要措施或者不可能采取此种措施的，不承担责任。"

（5）《中国民用航空旅客、行李国内运输规则》第58条规定："由于天气、突发事件、空中交通管制、安检以及旅客等非承运人原因，造成航班在始发地延误或取消，承运人应协助旅客安排餐食和住宿，费用可由旅客自理。"

（五）本案思考与讨论

（1）我国航班延误赔偿标准？

（2）对各航空公司不同的航班延误赔偿标准该如何认识？

二、航空运输合同旅客的权利义务

航空运输合同中的旅客、托运人、收货人的权利主要有四项：一是要求承运人提供合同约定的运输条件和服务；二是在不使承运人遭受损失的情况下有权提出变更合同内容的要求，如旅客更改机票、托运人变更收货地、收货人等；三是有权提取行李或要求承运人移交航空货运单并支付货物及对货物行使处置权；四是因承运人违反规定造成损失的，有权要求赔偿。旅客、托运人、收货人的主要义务包括：一是按规定支付运价；二是切实按照航空运输合同规定的运输条件履行义务；三是如未按运输合同约定履行义务造成承运人损失的，应偿付由此产生的费用。

（一）案情介绍

原告：范某。

被告：厦门航空有限公司（以下简称厦航）。

被告：中国旅行社总社中旅大厦售票处。

原告范某诉称：我自 1993 年 12 月在厦航福州分公司处工作，2004 年 9 月 1 日，厦航福州分公司无故终止与我之间的劳动关系。2005 年，厦航利用自己的强势地位发函给各航空公司的福建营业部、各机票销售代理处，要求其拒绝向我出售各航空公司的任何航班机票。2005 年 4 月 30 日，我购买厦航机票，厦航拒绝为我办理登机手续。2006 年 3 月 20 日，迫于厦航的强势地位，我与厦航福州分公司达成调解协议约定：我自愿在没有子女之前放弃选择乘坐厦航航班的权利。2008 年 6 月 29 日，我女儿范某某出生。2008 年 8 月 6 日我将该事实郑重告知厦航工作人员。但我于 2008 年 8 月 6 日至 9 月 4 日分四次购买厦航机票后，座位仍被无故取消，无法登机。2008 年 9 月 9 日，我再次通过传真方式致函厦航及其福州分公司，要求其立即取消对我乘坐厦航飞机的限制。2008 年 9 月 11 日，我在中国旅行社总社中旅大厦售票处购买厦航北京前往厦门的机票后，再次被拒绝登机。2008 年 9 月 15 日，我又购买厦航机票，还是被拒绝登机。另外，厦航对媒体宣称我是潜在的危险分子，且存在过激言行和性格缺陷等，这些造成我的社会评价降低，甚至造成我与妻子离婚的恶果，该行为侵犯了我的名誉权。为维护我的合法权益，现要求：（1）确认厦航的侵权行为，由厦航向原告赔礼道歉；（2）厦航赔偿无故拒绝原告乘坐厦航航班给原告造成的经济损失 5826 元；（3）厦航赔偿原告精神损害抚慰金 50 000 元；（4）厦航与中国旅行社总社中旅大厦售票处连带赔偿原告于 2008 年 9 月 11 日购买机票被拒载发生的往返交通费用 16 元。

被告厦航辩称：（1）我公司于 2005 年 4 月 30 日向其他航空公司发函的行为没有损害原告的权益，原告在转干失败后，采取了一系列危险行为，我公司发函是正当的。（2）我公司于 2008 年 9 月 9 日才确知原告女儿出生这一事实，2008 年 9 月 11 日我公司同意原告登机，但原告自己放弃了登机。因原告在 2008 年 9 月 11 日拒绝登机，其行为影响了航班的正常运行，在 2008

年9月15日，出于安全原因的考虑，故我公司拒绝其登机。(3)我公司认为原告乘坐我公司飞机可能会威胁到其他广大乘客的安全有充分的证据，原告在与我公司处理劳动争议纠纷中，多次采用过激言行，多次威胁恐吓领导，屡次表露威胁、恐吓言语，且一再流露出制造不测事件的主观意愿，甚至于2006年2月6日在我公司福州分公司殴打分公司书记和保卫处副处长，致二人轻微伤，同时把带来的酒精摔在地板上，拿出打火机进行威胁，被民航福州长乐国际机场公安分局治安拘留七天。且原告曾作为原航空安全员，更具有威胁空防安全的能力。保证安全是民航的永恒主题，飞行无小事，我公司拒绝原告乘坐我公司的飞机，是对社会负责任的一种表现。(4)原告称我公司对媒体宣称其是潜在的危险分子，且存在过激言行和性格缺陷，因我公司不存在诋毁原告的情形，故对原告的该诉讼主张不予认可。

被告中国旅行社总社中旅大厦售票处辩称：我公司仅出售诉争机票中的一张。我方售出的机票是合法有效的，原告不能登机与我方无关。我公司与厦航是代理与被代理的关系，相应的法律责任应由厦航承担，我公司不应承担任何责任。

经审理查明：原告范某自1993年12月起在被告厦航福州分公司担任航空安全员。2003年7月在民航局组织的航空安全员转空中警察的考试中，原告成绩合格却落选，双方产生争议。2004年8月31日，在范某住院手术期间，厦航决定与其解除劳动关系。此后双方就解除劳动关系一事发生争执。2005年3月6日，厦航向各航空公司驻福建营业部、各机票销售代理单位发出“商请不要售予范某各航空公司的任何班机机票”的函件，称“范某离开厦航时，有口头与书面恐吓、要挟语言，为防止范某采取过激行为危害航空安全，危害社会，商请各机票销售单位不要售予范某各航空公司的任何航班机票”。此后范某欲乘坐厦航的航班皆被拒绝登机。2006年2月6日，范某因劳动争议在厦航福州分公司殴打该分公司书记胡某和保卫处副处长程某，致二人轻微伤。公安机关对范某处以拘留七天的行政处罚。①

---

① 有关该案详情参见蔡峰：“民航承运人可以基于安全事由拒载乘客”，http：//www. pkulaw. cn/fulltext_ form. aspx? Db = qikan&EncodingName = ; declare&Gid = 1510114390&Search_ Mode&keyword，2016年10月28日访问。

2006年3月20日，经福州市劳动争议仲裁委员会调解，双方签署《调解意见书》，同意双方的劳动关系自2004年9月1日终止，厦航支付原告19万元的劳动补偿等费用，范某承诺"今后自愿在没有子女前放弃选择乘坐厦门航空公司航班的权利"。

2008年6月29日，范某的女儿出生，范某于8月6日将女儿出生的事实电话告知厦航福州分公司的人劳部经理陈某和客运部经理张某。而后，范某于8月28日、8月29日、9月4日持厦航机票登机仍然被拒绝。9月9日，范某将其女儿的出生证明传真给厦航。9月11日，范某在中国旅行社总社中旅大厦售票处购买厦航的航班机票，同日持票前往首都国际机场换取登机牌时被系统拒绝，后经与厦航机场工作人员联系，厦航用人工换取登机牌的方式允许范某本次登机，但表示并非以后均可登机，范某因此放弃乘坐此次航班。9月15日范某持厦航机票登机再次被拒绝。

2008年12月9日，范某以侵害人格权为由向北京市朝阳区人民法院起诉厦航、中国旅行社总社中旅大厦售票处，请求判决厦航停止拒绝其乘坐厦航航班的行为、公开赔礼道歉，并赔偿其因被拒绝乘坐航班而造成的经济损失和精神损失；请求判决中国旅行社总社中旅大厦售票处与厦航承担连带责任。此后范某乘坐厦航航班均被有限制条件地允许。一审期间，范某的妻子与其离异。

2009年11月10日，朝阳区法院一审判决驳回原告范某的诉讼请求。①

（二）案件难点

（1）厦航2005年发函的行为以及2006年签订调解意见书的行为是否构成对原告人格权利的侵犯？

（2）厦航在媒体上对事件的陈述是否侵犯了原告的名誉权？

（3）厦航对原告的多次拒载行为是否侵犯人格尊严权？

（4）被告两次拒载原告是否合理？

（5）被告于2005年4月30日及2008年9月15日两次拒载行为是否具有法律依据？

---

① 该案一审宣判后，范某继续上诉，二审法院维持了原判。

（三）法理分析

1. 厦航2005年发函的行为以及2006年签订调解意见书的行为是否构成对原告人格权利的侵犯

案件审理时适用的《中华人民共和国民法通则》（以下简称《民法通则》）第101条规定："公民、法人享有名誉权，公民的人格尊严受法律保护，禁止用侮辱、诽谤等方式损害公民、法人的名誉。"《最高人民法院关于贯彻执行〈中华人民共和国民法通则〉若干问题的意见（试行）》（以下简称《民通意见》）第140条第1款规定："以书面、口头等形式宣扬他人的隐私，或者捏造事实公然丑化他人人格，以及用侮辱、诽谤等方式损害他人名誉，造成一定影响的，应当认定为侵害公民名誉权的行为。"根据上述规定和我国的司法实践，侵害名誉权责任的构成要件为：（1）行为人实施了侮辱、诽谤等违法行为；（2）行为人的行为指向特定的人；（3）侵害名誉权的损害事实；（4）行为人具有过错。本案中，厦航2005年的发函行为是否侵犯名誉权，应重点查明所发函件有无侮辱、诽谤内容；如有上述内容，是否造成损害事实即当事人社会评价的降低。审理中查明厦航所发函件内容并无明显失实及不当之处，且只是一种建议，其他航空公司亦未执行函件内容，难以认定发函导致原告社会评价降低，故不应认定为侵权。关于原告与厦航于2006年签订调解意见书的行为，原告称其受厦航胁迫而签署，但未能举证，考虑到：（1）该协议是在劳动仲裁机构介入后在劳动仲裁期间签署，具有合法性；（2）双方对调解意见书中部分条款有实质磋商，具有合意性；（3）双方实质履行了该调解意见书，原告并未要求撤销，具有遵从性。故原告所持受胁迫而签署的意见，无事实依据，难以为法院采信，亦难以认定厦航签订调解意见书的行为侵犯了原告的人格尊严。

2. 厦航在媒体上对事件的陈述是否侵犯了原告的名誉权

名誉权是民事主体依法享有的以其在社会生活中所获得的社会评价为客体的人格权。名誉权除了具有法定性、专有性以及与财产关联性等人格权的一般属性外，还具有以下特点：第一，名誉权的主体包括自然人和法人。第二，名誉权的客体是名誉利益。第三，名誉权的内容是保有维护自己的社会评价。根据《民法通则》第101条的规定，侵害名誉权的行为主要表现为以书面、口头形式宣扬他人的隐私，或者捏造事实公然丑化他人人格，以及用侮辱、诽谤等方式损害他人名誉，造成一定影响的，应当认定为侵害公民名誉权的行为。(1) 所谓侮辱是指故意以语言、文字等方式贬低他人人格、毁损他人名誉。构成名誉权的侮辱行为一般指公开侮辱（如当众侮辱），非公开侮辱通常不构成名誉权侵权。(2) 所谓诽谤是指行为人因故意或者过失散布某种虚假信息的事实，降低或者毁损他人名誉。确定所散布的言辞是否具有诽谤性，应当按照一个普通人的标准和一般社会观念加以衡量。当然，在实践中也要兼顾受害人的职业、阶层、年龄、知识水平等方面的因素。(3) 其他违法行为。除了侮辱、诽谤以外，新闻报道严重失实，评论严重不当，侵害知识产权同时造成名誉权损害等也属于侵害名誉权的违法行为。侵害名誉权的行为须造成名誉权受损的事实。名誉权损毁，主要包括名誉利益损害、财产利益损害和精神损害三个方面。

本案被称为“国内航空黑名单第一案”，其审理受到媒体和舆论的广泛关注，双方的行为均受到社会各方的传播和评价，均从中获取支持或承受压力，这是由现代社会信息传播的迅捷性、广泛性和交互性决定的，也是每个社会成员可能会遭遇的现实情况，非仅因厦航原因所致，其后果亦非厦航所能控制。由于厦航在媒体上对此次事件的陈述，在一定程度上具有被动性，其内容无明显不实或恶意诋毁原告名誉之处；且媒体的报道也反映了范某对此次事件的言论态度，给予了普通大众多层面的信息选择；另外，就社会影响而言，双方行为所受社会评价是多重社会因素共同作用的结果，难以一一甄别。原告主张的事实发生在本案诉讼进行中，且根据原告提交的证据难以认定厦航对社会宣称原告系恐怖分子的事实存在。原告以网络下载资料证明其社会评价降低，法院认为由于本案的审理受到媒体和舆论的多方关注，使得双方纷争在社会公开，原告的行为受到社会各方传播、评价，非仅因厦航原因所致，亦非厦航所能控制；且根据本案查明的事实，原告本人亦在起诉前主动寻求媒体关注。故法院认为，在案件审理中，原告在名誉、人格尊严等方面如受社会冲击，非厦航行为直接导致，其中亦不能排除原告自己行为因素的作用，原告以此证明厦航行为导致其社会评价降低，法院不予采信。故范某以此主张厦航侵犯其名誉权，依据不足，法院有理由不予支持。

3. 厦航对原告的多次拒载行为是否侵犯人格尊严权

厦航对原告多次拒载，由于双方在此过程中曾经于 2006 年 3 月 20 日达成调解意见书，原告承诺在女儿出生前放弃选择乘坐厦航航班的权利，而厦航于2008年9月9日才确认原告女儿出生的事实，据此，厦航于2006年3月20日至2008年9月9日的拒载行为是建立在原告同意的基础上，具有合同依据。而2008年9月11日，厦航以人工换取登机牌的方式同意原告登机，未构成实际拒载，考虑到原告此前与厦航的矛盾，且原告登机时正值北京残奥会期间，航空安全等级较高，故厦航出于安全考虑，对原告采用人工换取登机牌的方式允许其登机并无不当，该行为并未侵犯范某的人格尊严。就本案而言，原告此前曾与厦航有过激烈的冲突，此种冲突并非于原告与个别厦航工作人员之间产生，原告在处理双方争议时曾有过激的行为表现，可以看出原告对双方纠纷不能通过正常途径冷静处理；另从原告短时间内多次频繁选择厦航班机并在2008年9月11日通过人工换取登机牌后又拒绝登机的行为来看，其表现有别于其他一般消费者。故法院认定，厦航在不能排除原告在航班上是否可能再次与其工作人员发生冲突的条件下，在9月15日出于安全原因拒绝原告登机，该判断具有一定合理性。况且，从人格尊严权的内涵来看，亦难以认定厦航的拒载行为是对原告人格尊严的侵害。法院据此认为，厦航于2008年9月15日拒绝运输的行为并不违反法律规定，不构成对原告人格尊严权的侵犯。

4. 我国航空公司能否基于安全原因对乘客进行拒载

《合同法》第289条规定："从事公共运输的承运人不得拒绝旅客、托运人通常、合理的运输要求。"根据该规定，公共运输承运人负有强制缔约义务①，本案被告作为公共运输承运人也不例外。但与此同时，《民用航空法》规定，公共航空运输企业应当保证飞行安全和航班正常。据此，公共航空运输企业负有保障航空安全的法定义务。上述两个规定在实践中存在冲突的情形，也就是说，承运人在承载特定旅客时可能不利于保障飞行安全，但我国法律并未对该冲突的情形作更加细致的规定。如果要求承运人在不得违反强制缔约义务的前提下保障飞行安全，将会大大加大承运人的负担，不符合效益原则。另外，航空安全所应关注的问题绝不仅限于承运人的合同缔约义务和安全保障义务，而是关系到航空器上所有乘客的生命财产安全。根据法律的基本原则，尽管"契约既是对自由观念的实现，又是最大限度实现个人自

① 强制缔约是指个人或企业负有应相对人的请求，与其订立契约的义务。易言之，即应相对人的要约，非有正当理由不得拒绝承诺。

我主张的手段。其基本目的是打碎束缚人们的桎梏，让他们尽可能自由地行动。”① 但相比于财产权或者消费者权益，生命权无疑应得到优先保护。相对于其他运输行业而言，在民用航空领域，足以对航空安全造成威胁的因素更多，航空事故对乘客生命财产权利造成的损害更加严重，社会对航空安全的标准要求更高，航空安全也显得更加脆弱，因此民用航空领域有其特殊性，社会理应对航空安全问题给予更多的制度供给，以最大限度地做到防患于未然。此外，我国民航业的发展早已跨越了所谓自然垄断或寡头垄断竞争的阶段，已经成为一个可完全竞争的产业，民航企业的竞争行为和市场竞争规则与其他竞争性产业也几无差别，这在一定程度上削弱了课以航空承运人强制缔约义务的意义。在这种情况下，赋予航空承运人基于安全原因的合理拒载权就具有了正当性，即航空承运人如认为旅客的运输要求可能构成对航空安全的影响，其应有权作出判断并基于合理的判断拒绝承运，此种拒绝既是对其他旅客合法利益的维护，亦是对其法定义务的履行，是其安全保障义务的法律延伸。我国现行的法律、法规虽然尚未对航空器的所有人、经营人限制乘客登机作出明确的规定，但国际民航组织对可能影响航空安全的人拒绝登机是有规定的，国内航空公司也有相应的行业管理规范对此予以规制。

5. 本案被告于 2005 年 4 月 30 日及 2008 年 9 月 15 日两次拒载原告是否合理

必须明确的是，航空承运人如果认为旅客的运输要求可能构成对航空安全的影响，其应有权作出判断并基于合理的判断拒绝承运，但对安全原因的甄别应当有合理的限度，以防止承运人滥用权利并给弱势群体造成侵害。如果承运人根据其航空经验或者对特定乘客以往行为的了解，对其在航空器上可能出现的状况或可能实施的行为产生合理的预判，且这种预判符合社会公众的一般思维习惯和心理接受程度，而预判结果是该乘客可能会对航空安全带来难以控制的影响，那么上述安全原因就构成了拒载的合理事由。因此，安全原因所指的是一种可能性而非现实性。关于 2005 年 4 月 30 日的拒载行为，该次拒载发生在双方劳动争议发生过程中，因原告未能采取恰当的方式正确处理双方之间的纠纷且自认存在过激言论，多次向组织和他人讲恐吓威胁言语，严重违纪，打人致伤，鉴于原告表现出的非理性行为，厦航据此对

① 伯纳德·施瓦茨：《美国法律史》，王军等译，中国政法大学出版社 1990 年版，第 133 页。

原告能否正常乘坐厦航航班产生怀疑是合理的，且此后双方已就范某乘坐厦航航班问题达成了协议，应视为对此次拒载达成了共识并作出实际处理，故该次拒载不应认定为侵权。关于2008年9月15日的拒载，鉴于原告在2008年9月11日厦航允许其登机后又拒绝登机，且此前曾在短时间内多次要求乘坐厦航航班，综合此前范某与厦航之间产生的矛盾冲突，厦航在无法排除原告的行为对航空安全产生威胁的可能性的前提下，拒绝其登机，具有一定的合理性。因此，被告的上述两次拒载均具有合理事由，是其法律权利的行使，不应认定为侵权。

关于2005年4月30日的拒载行为，该次拒载发生在双方劳动争议发生过程中。双方在解决劳动争议时于2006年3月20日自行达成“调解意见书”，原告承诺“今后自愿在没有子女前放弃选择乘坐厦门航空公司航班的权利”，反映了双方对原告乘坐厦航航班的处理意见，该处理意见应与上述拒载行为存在联系，法院有理由认为双方对于该次拒载已实质进行了协商；另从拒载发生后至本案起诉时长达三年多时间内，原告并未就此次拒载向被告主张权利的事实来看，亦能佐证上述意见。由于原告在2006年3月20日承诺“今后自愿在没有子女前放弃选择乘坐厦门航空公司航班的权利”，原告于2008年9月9日书面通知被告其女儿出生，被告于此时方能确认原告女儿出生的事实，因此，原告主张厦航2008年8月28日（两次）、2008年8月29日、2008年9月4日的四次拒载侵犯其人格尊严权，无事实依据。至于原告主张的厦航2008年9月11日的拒载行为，因厦航于该日用人工换取登机牌的方式允许原告登机但原告拒绝登机，故厦航不构成拒载，原告主张厦航通过人工换取登机牌的行为即构成侵权，该主张无法律依据。

（四）涉及法律及司法解释

（1）《民法通则》第101条规定：“公民、法人享有名誉权，公民的人格尊严受法律保护，禁止用侮辱、诽谤等方式损害公民、法人的名誉。”

（2）《合同法》第289条规定：“从事公共运输的承运人不得拒绝旅客、托运人通常、合理的运输要求。”

（3）《民通意见》第140条第1款规定：“以书面、口头等形式宣扬他人的隐私，或者捏造事实公然丑化他人人格，以及用侮辱、诽谤等方式损害他人名誉，造成一定影响的，应当认定为侵害公民名誉权的行为。”

（五）本案思考与讨论

（1）厦航能否基于自己单方对范某人身危害性的判断决定拒载范某?

（2）建立航空旅客黑名单制度的必要性和合法性，如何建立航空旅客黑名单制度?

（3）如果认为厦航拒载是一种违法行为，那么这种行为侵犯了范某的什么权利?是合同上的权利，还是名誉权抑或更为抽象的人格尊严权?

第二章

电子客票、特价机票的法律规制

“在任何类型的社会中，人们都必须相互供应，社会就是一个相互供应的网络。供应的网络关系就是合同关系。”① 电子机票的出现顺应了信息时代的市场需求，已成为航空旅行电子商务化的重要标准之一。电子客票是由空运企业或其销售代理企业销售并赋予运输权利的、以电子数据形式体现的有效运输凭证，是纸质客票的电子替代产品。电子客票行程单是指旅客购买航空企业民用航空运输电子客票的付款凭证或报销凭证，② 同时具备提示旅客行程的作用。旅客通过互联网订购机票之后，仅凭有效身份证件直接到机场办理乘机手续即可成行，它是电子商务初期市场化的最佳产品，摆脱了物流配送环节，使广大用户可以体验到在线支付即刻拿“货”的消费过程，满足其电子商务的消费心理。

第一节　航空电子客票合同

电子客票作为世界上最先进的机票形式，依托现代信息技术，实现无纸化、电子化的订票、结账和办理乘机手续等全过程，其出票于网络数字环境下完成，旅客购票后只需提供电子客票记载的个人信息即可在机场办理登机手续，无须出示实体机票。电子客票可有效降低航空公司成本，给旅客带来诸多便利。

---

① G. A. 科恩：《为什么不要社会主义?》，段忠桥译，人民出版社 2011 年版，第 47 页。

② 详见《中国民用航空电子客票暂行管理办法》第 3 条规定。

电子客票行程单只是旅客购买电子客票的付款或报销凭证，具有提示旅客行程的作用，但并非旅客办理登机手续和安全检查的必要凭证。因此行程单的有无或真伪不影响航空旅行运输合同的成立及其效力。

一、航空电子客票合同的内容

（一）案情介绍

原告：张某。

被告：中国东方航空股份有限公司（本案中简称东方航空公司）。

被告：上海银桥科技创业投资管理有限公司（本案中简称上海银桥公司）。

原告诉称，原告在收到电子客票行程单后，即在网上查询机票情况，已履行了相关注意义务，而被告东方航空公司网站的查验机票功能存在巨大漏洞，并引发诸多问题，直接侵害旅客权益。被告东方航空公司通过被告上海银桥公司将机票款退给并未持有原告身份证件的不相关的持票人，被告上海银桥公司没有尽到审查义务，原告要求二被告连带赔偿原告机票款损失 2850 元，并在《21 世纪经济报》《新民晚报》中缝以外显著位置向原告公开赔礼道歉。

被告东方航空公司辩称，原告从票贩处购得假机票，机票款损失系由其自身过错造成，被告东方航空公司不存在任何过错，不应承担机票款赔偿责任；公开赔礼道歉不属于合同违约的责任方式，此诉请缺乏法律依据。请求驳回原告的诉讼请求。被告上海银桥公司辩称，原告拨打的机票订购电话并非上海银桥公司的订票电话。原告亦不能举证其收到的电子客票行程单由上海银桥公司提供。原告提供的行程单所载印刷序号、票款、出票单位均与被告上海银桥公司出具的行程单内容不符。原告所持的电子行程单系从票贩处所购假票，由此造成的损失由原告自负。被告上海银桥公司未对原告造成人身伤害，无须赔礼道歉。故不同意原告的全部诉请。

经审理查明：2008 年 1 月 5 日，张某从朋友处取得了号码为 29911686 的机票订购电话，并于当天拨打订购电话。在电话中，张某告知对方其真实姓名、身份证号码及送票地址，预订了 2008 年 2 月 5 日由上海至哈尔滨、2008 年 2 月 12 日由哈尔滨至上海的往返航班机票各一张。2008 年 1 月 6 日 8 时左右，张某在住所处收到了来人（身份不明）送来的航空运输电子客票行程单一张，票号为 7814731839614，票价总计 2760 元。该行程单印刷序号记载为

7164408344，填开单位栏内记载为上海不夜城国际旅行社。张某收到航空运输电子客票行程单后，立即进入被告东方航空公司网站进行了网上确认，并支付了机票款2760元和送票服务费90元。此后，张某在网上查验机票时发现机票被退。张某于2008年1月14日向上海市公安局闸北分局天目西路派出所报案，但送票人不知去向，订票电话也已停机，无侦查结果。张某又向东方航空公司投诉，但未获满意结果。张某在查实实际出票单位为被告上海银桥公司后，即向法院提起诉讼。被告上海银桥公司系经中国航空运输协会确认的可以代理销售民航飞机票业务的企业。原告所持行程单为假票，真实行程单的票号及填开单位代号与假票相同，但印刷序号为7199198239，填开单位为被告上海银桥公司而非上海不夜城国际旅行社，机票价格为3280元。该机票于2008年1月5日由案外人（身份不明）自上海银桥公司购买。次日，该案外人办理了退票手续。上海银桥公司称，退票时，工作人员曾查验退票人的身份证件，但未复印保留，退票人的签字单据也因被告上海银桥公司迁址而无法找到。[①]

（二）案件难点

（1）电子客票行程单的法律效力。

（2）东方航空公司在没有通知张某的情况下单方解除运输合同是否应该承担责任?

（3）东方航空公司和上海银桥公司是否需要承担连带责任?

（4）张某请求赔礼道歉是否有法律依据?

（三）法理分析

1. 电子客票退票规定

电子客票与传统机票一样，可以依据航空公司规定改期、签转与退票，但需保留好行程单发票。由于航空公司或旅客原因，旅客不在客票有效期内完成部分或全部航程，可以在客票有效期内要求退票。国内航班退票只限在出票地、航班始发地、终止旅行地的航空公司或其销售代理人售票处办理。票款只能退给旅客本人或客票的付款人。国际航班退票应在原购票地点或者经航

① 案例来源于北大法宝数据库。本案经上海市浦东新区人民法院（2008）浦民一（民）初字第10632号判决后，中国东方航空股份有限公司不服，向上海市第一中级人民法院提出上诉，二审法院以（2009）沪一中民一（民）终字第3175号判决，驳回上诉，维持原判。

空公司同意的其他地点，并符合原购票地点和退票地点国家的法律及其他规定。

旅客自愿退票，应提供旅客本人的有效身份证件。革命伤残军人和因公致残的人民警察要求退票，免收退票费。持婴儿客票的旅客退票，免收退票费。持不定期客票的旅客要求退票，应在客票的有效期内到原购票地点办理退票手续。旅客在航班的经停地自动终止旅行，该航班未使用航段的票款不退。因航空公司原因造成航班取消、提前、延误、航程改变或不能提供原定座位时，旅客要求退票，始发站应退还全部票款，经停地应退还未使用航段的全部票款，均不收取退票费。旅客因病（包括患病旅客的陪伴人员）要求退票，需提供医疗单位的证明，始发地应退还全部票款，经停地应退还未使用航段的全部票款，均不收取退票费。

本案张某于2008年1月5日委托他人订购东方航空公司的机票，上海银桥公司作为东方航空公司的机票销售代售企业，其出票的行为即表示东方航空公司已对张某的要约作出承诺，航空旅客运输合同即告成立生效。张某从他人处获得伪造的电子客票行程单不影响合同的成立生效。[①] 张某与东方航空公司的客运合同依法成立后，即具有法律效力，双方当事人应该履行相应的权利和义务。作为承运人的东方航空公司应当在约定期间内将张某安全送到目的地，如果张某因故不能按时乘坐航班，则应该在客票有效期内持本人有效身份证件办理退票：委托他人代办的，承运人东方航空公司或者其代理人上海银桥公司应该在审核张某本人、代理人的身份证件后方能办理。本案中持有真实行程单的身份不明的人以张某的名义办理退票，但其未得到张某的授权，构成无权代理。根据《民法通则》第63条规定："公民、法人可以通过代理人实施民事法律行为。代理人在代理权限内，以被代理人的名义实施民事法律行为。被代理人对代理人的代理行为，承担民事责任。依照法律规定或者按照双方当事人约定，应当由本人实施的民事法律行为，不得代理。"第66条第1款规定："没有代理权、超越代理权或者代理权终止后的行为只有经过被代理人的追认，被代理人才承担民事责任。未经追认的行为，由行为人承担民事责任。本人知道他人以本人名义实施民事行为而不作否认表示的，视为同意。"上海银桥公司虽辩称其曾查验退票人的身份证件，但

---

① 合同的订立与解除系两个各自独立的民事行为。张某委托不明身份人代为购票虽存在过错，但这与业已有效成立的合同被解除不具有直接的因果关系。

未能提供相应证据予以证明，难以采信，故上海银桥公司并无充分理由相信办理退票人具有代理权，亦不成立表见代理。张某取得电子客票行程单后，曾登录东方航空公司的网站进行查询，查询栏显示了张某所购机票的相应信息，可视为其已尽到辨别机票真伪的基本注意义务。且合同的订立与解除系两个各自独立的民事行为。张某委托不明身份人代为购票虽存在过错，但这与业已有效成立的合同被解除不具有直接的因果关系。根据《合同法》第293条规定："客运合同自承运人向旅客交付客票时成立，但当事人另有约定或者另有交易习惯的除外。"《民法通则》第107条规定："因不可抗力不能履行合同或者造成他人损害的，不承担民事责任，法律另有规定的除外。"第113条规定："当事人双方都违反合同的，应当分别承担各自应负的民事责任。"东方航空公司应该承担违约责任。上海银桥公司作为承运人东方航空公司的代理人，其行为构成承运人对旅客的违约，该解除合同的行为依法对张某不发生效力。但鉴于张某原预订机票基于其特定的出行时间，原合同目的已无法实现，故张某不再要求履行合同，而要求东方航空公司赔偿其支付的2760元机票款损失的诉请，应予支持。

2. 航空电子客票的变更

旅客购票后，如要求改变航班、日期或舱位等级，航空公司及其销售代理人应根据实际可能积极办理。航班取消、提前、延误、航程改变或不能提供原定座位时，航空公司应优先安排旅客乘坐后续航班或签转其他航空公司的航班。因航空公司的原因，旅客的舱位等级变更时，票款的差额多退少不补。旅客要求改变航空公司，应征得原航空公司或出票人的同意，并在新的航空公司航班座位允许的条件下予以签转。

本案航空旅客运输合同的主体为张某和上海东方航空公司，上海银桥公司作为有资质的航空机票销售代理企业，其实施的售、退票行为均系代理东方航空公司所为，故应由东方航空公司承担相应的民事责任。至于上海银桥公司未尽退票审查义务而给东方航空公司造成损害，可由双方根据代理关系另行解决。因此，张某要求东方航空公司、上海银桥公司承担连带责任的诉请，缺乏法律依据，法院不予支持。

3. 购买航空电子客票旅客的有效乘机证件

有效乘机证件种类包括：中国籍旅客的居民身份证、临时身份证、军官证、武警警官证、士兵证、军队学员证、军队文职干部证、军队离退休干部证和军队职工证，港、澳地区居民和台湾同胞旅行证件；外籍旅客的护照、旅行证、外交官证等；民航局规定的其他有效乘机身份证件。

16 岁以下未成年人可凭其学生证、户口簿或者户口所在地公安机关出具的身份证明乘机。

对持居民身份证复印件、伪造或变造证件、冒用他人证件者不予放行登机。

4. 航空电子客票的报销

机票代理大致可分为两种，一种是国内机票代理（二类代理）；另一种是国际机票代理（一类代理），一般都有国内机票销售和国际机票销售许可。只有一类代理，才有资格出售国际机票，并出具国际航空专用发票。国内电子客票在成功出票的同时，也产生了被称为“航空运输电子客票行程单”的传统机票替代品，可以作为法定的机票报销凭证。旅客购买国际机票时，销售方应给旅客出具《国际航空旅客运输专用发票》，凭借这张发票旅客就可以报销国际机票。旅客在订购国际机票时要注意代理商是否是一类代理，以免不能取得合法报销凭证。

电子客票作为传统纸质客票的电子替代产品，其特点在于仅以电子数据形式体现，并无物质载体。旅客购买电子客票时可以要求机票代理出具“航空运输电子客票行程单”，也可以在办理登机手续柜台索要“航空运输电子客票行程单”，或者在登机后向机票代理提出邮寄要求。

本案关于张某主张东方航空公司、上海银桥公司应赔偿其支出的 90 元送票费，该笔费用系张某支付给送票人的劳务报酬。张某购买机票本应通过有资质的机票销售代理企业进行，如采用电话订票方式，亦应核实对方的企业名称及资质情况。但本案中，张某仅通过从朋友处取得的电话号码就轻易将自己的身份信息报给对方，委托其订票，而未作任何核查。未能提出相应证据证明其有理由相信来人为上海银桥公司的工作人员，故该损失系由张某自身过错所致与上海银桥公司及东方航空公司无关，张某的此项诉请，不予支持。

因张某选择合同之诉，而赔礼道歉系承担侵权责任的方式，故张某要求东方航空公司、上海银桥公司在《21 世纪经济报》《新民晚报》中缝以外显著位置向张某公开赔礼道歉法院未予支持。

（四）涉及法律

（1）《民法通则》第63条规定："公民、法人可以通过代理人实施民事法律行为。代理人在代理权限内，以被代理人的名义实施民事法律行为。被代理人对代理人的代理行为，承担民事责任。依照法律规定或者按照双方当事人约定，应当由本人实施的民事法律行为，不得代理。"第66条第1款规定："没有代理权、超越代理权或者代理权终止后的行为，只有经过被代理人的追认，被代理人才承担民事责任。未经追认的行为，由行为人承担民事责任。本人知道他人以本人名义实施民事行为而不作否认表示的，视为同意。"第107条规定："因不可抗力不能履行合同或者造成他人损害的，不承担民事责任，法律另有规定的除外。"第113条规定："当事人双方都违反合同的，应当分别承担各自应负的民事责任。"

（2）《合同法》第293条规定："客运合同自承运人向旅客交付客票时成立，但当事人另有约定或者另有交易习惯的除外。"

（3）《民事诉讼法》第170条第1款第1项规定："第二审人民法院对上诉案件，经过审理，按照下列情形，分别处理：（一）原判决、裁定认定事实清楚，适用法律正确的，以判决、裁定方式驳回上诉，维持原判决、裁定。"

（五）本案思考与讨论

（1）网上或电话订票时，合同成立时间和地点的认定。

（2）电子客票的法律地位。

（3）航空运输合同解除时双方权利和义务有哪些？

（4）机票代售方与航空公司的法律关系？

二、航空电子客票超售的法律责任

航空电子客票超售是指航空公司作为企业的法人，以营利为目的售出超出多于本航班实际座位数的机票，导致持有超售电子客票的旅客不能按照既定安排到达目的地的商业行为。[①] 其目的是减少座位虚耗，提高座位利用率，是航空公司提高收益的有效手段之一。通俗地讲，所谓机票（航班）超售，

① 刘挺、张鸣胜、赵王睿喆、张雷仝："航空电子客票超售合规性流程设计"，载《商场现代化》2012年9月，第230页。

简单地说，是指航空公司答应的订座数超过了该航班本身所具有的实际运力（座位数）。

（一）案情介绍

原告：肖某。

被告：中国南方航空股份有限公司（本案中简称南航）。

原告诉称，自己本来预定于 2006 年 7 月 21 日 20:10 飞往广州，但因为机票超售的原因，飞机满员，自己无法登机，并被滞留在机场长达三个小时。南航的工作人员说民航可以在座位数 3% 的范围内超售，但自己从来没听说过此事，在买机票前也没有被南航告知。无法登机后南航未妥善安排自己登机，导致随后的接机、住宿、工作安排都受到了不同程度影响，严重侵害了消费者的合法权益。为此，原告请求法院判令南航承担法律责任，包括：（1）因构成欺诈侵犯消费者知情权，应双倍赔偿经济损失即机票款的 2 倍共计 2600 元；（2）进行诉讼已支付的律师费 5000 元；（3）在《法制日报》《经济日报》上公开赔礼道歉。

南航辩称，机票超售是航空公司对机票进行管理的手段，不能作为违约方式。超售是目前国际航空旅客运输业的一种先进、通行的做法，航空公司在合理估计的基础上实际销售的机票要大于航班座位数，这样可以避免航班座位虚耗，充分利用航空资源。民航总局曾有过《航空旅游指南》，明示机票可能存在超售，如果乘客不知道，可能是因为公示的力度不够。但是航空公司不可能在销售机票时再一一告知乘客机票是超售的，因为那样的话会有很多人都不买票，造成更多的座位虚耗。同时航空运输与铁路、公路有很大区别，在乘客购买机票时只是表示运输合同成立，但还没有生效，只有在办理了登机手续时合同才开始生效，所以乘机时间完全可能在最后确认时发生变更。当发现原告购买机票的航班已经没有座位后，我们立即为原告签转了离港时间最早的国航航班，后来发现这架航班发生延误，为了让旅客尽快启程，我方又将原告转签回南航，安排在离港时间最早的 CZ3110 号航班，还免费为原告升舱，让原告在头等舱休息室休息，而原告的票本来是七折票，不能转签的。原告离港时间仅比原定航班晚了两个多小时，说明我们已经尽到职责，妥善安排了原告登机。我们给原告补偿的实际价值已经高达 1370 元，所以不认为原告还有损失。超售的后果是发生延误。我们没有欺诈消费者，更不希望发生无法登机的后果，这对我们也没有好处。综上，不同意原告的诉讼请求。①

经审理查明：2006年7月21日，肖某以1300元的价格，购买中国南方航空股份有限公司当日22:10飞往广州的CZ3112号航班七折机票。但在肖某到机场办理登机手续时，经南航地面服务公司工作人员确认，由于机票超售原因，CZ3112号航班已经满员，原告无法乘坐。南航地服公司于是安排肖某转签中国国际航空股份有限公司（以下简称国航）的某航班。但是，随后南航的工作人员便又将肖某唤回，将肖某转签至南航公司的CZ3110航班，并将其免费升舱至头等舱（机票价格应为2300元）。等候期间，肖某被安排在头等舱休息室休息，当日晚22:39，原告乘坐CZ3110航班头等舱离港。

原告和被告争议的超售，是指航空公司超过航班实际座位数过量销售机票。以前我国的航空客运中并没有这种做法，近年来，由于向国外航空公司学习，许多航空公司才开始使用超售。但是我国航空企业所使用的超售的方法和国外存在着很多区别。

目前，对机票超售的规则，仅有中国民用航空总局在自己的网站上登载的《航空旅行指南》一文中进行了说明。其对超售的解释如下："旅客订票后并未购买或购票后在不通知航空公司的情况下放弃旅行，从而造成航班座位虚耗。为了满足更多旅客的出行需要和避免航空公司座位浪费，航空公司会在部分容易出现座位虚耗的航班上，进行适当的超售。这种做法对旅客和航空公司都有益，也是国际航空界的通行做法。超售并不一定意味着已购票的旅客无法乘机，对于超售的航班，持有订妥座位的有效客票的乘客，在绝大多数情况下都能成行。但在特殊情况下，可能会有个别旅客不能按时成行。对未成行的旅客，航空公司将酌情采取弥补措施。目前尚没有明确规定航空公司必须给自愿放弃订座的旅客多少补偿。旅客可以与航空公司谈判，达到双方都可接受的价钱或其他条件。"

南航提供了对网站内容进行公证的公证书，欲证明中国民用航空总局已将超售作为航空旅行的常识，向不特定公众公示。原告认为这种网站上的公示与案件缺乏关联性，也不能说明被告的行为合法。

---

① 有关该案详情参见"肖某诉南方航空公司机票'超售'案"，http://www.pkulaw.cn/case/payz_1970324837215209.html?match=Exact，2015年11月21日访问。

北京市朝阳区人民法院认为，航空旅客运输合同是旅客支付运输费用，由航空承运人将旅客运输至指定地点的合同。该合同自承运人向旅客出票时起即告成立并同时生效。虽然航空运输由于对天气、技术、仪器等因素高度依赖，导致起飞时间、航行路线及到达时间、地点等因素在合同履行中会发生变更，但并不影响航空客运合同的生效。因此，不能认为机票记载的起飞时间因合同未生效而不具有约束力。

原、被告之间的航空客运合同系消费性服务合同，因此《消费者权益保护法》的规定，除与民用航空法特别规定相冲突的之外，均应当予以适用。

超售使所有不特定的购票旅客均面临不能登机的风险，导致合同履行障碍，因此，超售行为不只是航空公司内部的管理手段。同时，超售引入我国的时间较短，并没有在公众中形成广泛认知，因此航空公司有义务将超售的规则向旅客进行明确、全面、充分的告知。中国民用航空总局关于超售的网页说明欠缺普及性和明确性，几乎无法让不特定的社会公众了解。因此，即使存在《航空旅行指南》的超售说明，也不能免除被告对原告的告知义务。据此，可以认定被告未尽到经营者的告知义务，损害了航空客运合同中旅客的知情权。但是，就被告的这种未尽告知义务的行为是否构成欺诈的问题，法院认为，应当结合我国航空客运市场的现实情况综合判断。由于行业管理者将超售作为行业特殊规则，在向社会公开的网站上予以介绍、认可，却未作出必要的规范和管理。在此情况下，航空公司基于市场竞争等考虑，客观上未予充分披露，但并非主观上进行虚假宣传或故意隐瞒，因此，法院认为被告的行为不构成欺诈。

被告虽然安排原告转乘其他航班，但已延误近三个小时，构成履行迟延，应当承担违约责任。履行迟延后被告提高服务标准，仅能视为履行原合同义务，不能免除其本应承担的违约责任。关于赔偿数额，法院考虑另外安排出行、延长候机承受的身体劳顿、因超售增加客源的收益，判令为相当于机票价格的赔偿金。

关于赔礼道歉的法律责任，法院认为，原、被告之间的争议系合同履行纠纷，没有证据表明合同履行过程中被告侵害了原告的精神性人格权利。因此，被告不应因本案争议承担赔礼道歉的法律责任。律师费支出属原告应当承担的诉讼成本，根据现行法律，缺乏由违约方承担的依据。

综上，北京市朝阳区人民法院判决：（1）被告南航给付原告肖某违约赔偿金1300元；（2）驳回原告望肖某的其他诉讼请求。[①]

（二）案件难点

（1）机票超售的概念？

（2）机票超售纠纷是否适用《消费者权益保护法》？

（3）机票超售是否违反公平原则？

（4）机票超售是否违反了诚信原则？

（三）法理分析

1. 机票超售解析

超售是国外航空公司普遍使用的机票销售规则，但在我国还属于新生事物，因此，对于超售的法律评价就成为社会关注的焦点。超售的特殊性表现在，普通的旅客运输合同座位票都是等额发售，有100个座位就卖100个座票，但在超售方式中，承运人是超额发售，虽然只有100个座位，但却多卖出几张票，如卖103张。如果所有的购票乘客都来登机，会造成有人因飞机满员而无法登机。航空公司超售机票源于机票一般可以转签、改签，如果乘客在买票之后改签其他时间，原来的机票对应航班就空出座位。超售能够减少航空公司的空座率，增加客源，减少损失。目前我国航空公司以超售方式销售机票已成为行业习惯。

持票旅客都来登机，问题如何解决？乘客购买机票时并不确定座位，只有办理登机手续时才被指定座位，并不是说在时间上最晚购票的乘客就是被剩下的人。国外航空公司选择留下乘客的方法，是征询全部乘客的意见，选出愿意主动留下的乘客。通常，航空公司对被改签乘客有很多优惠补偿，有些乘客愿意主动留下。在我国，超售被航空公司以一种半秘密的状态使用，不存在事后补偿措施，航空公司一般不会主动询问乘客意见，而是采取先到先登、先来的乘客先安排座位，座位已经排满后才来办理登机手续的乘客便没有座位。

2. 机票超售是否是对公平原则的违反

公平原则是指法律行为内容的确定应当遵循公平的原则。由当事人一方或第三方确定法律行为内容的，其确定只在符合公平原则时，始得对他方当

① 该案一审判决后，原、被告双方均未上诉。

事人发生效力。它要求人们在进行民事活动时，动机善良、机会均等，平等地享有权利和履行义务，不得以一方的优势地位取得不公平的利益。公平原则在《合同法》第5条有所体现："当事人应当遵循公平原则确定各方的权利和义务。"而国内航空业因经济实力、业务经验产生的优势地位使其在制定格式合同及处理赔偿问题时违背了公平原则，主要表现为以下两个方面：

（1）双方地位不平等。公平原则内在地包含了平等原则，平等原则是公平原则的前提，没有平等原则，就没有公平原则可言，乘客与航空公司之间，虽然是平等的法律主体，但在实际生活中，由于经济实力或社会地位等方面的差异，很难达到事实上的平等。航空公司除了拥有强大的经济地位之外，还拥有一般乘客所没有的信息资源、智力资源和人力资源。在这些优势面前，乘客显然处于弱势地位。在面对国内航空行业通行的"国际惯例"时，乘客只能选择无奈接受。

（2）权利义务不均等。国内航空公司在格式合同中规定的"超售"及补偿措施的条款要么不甚明确、含混不清；要么明显减轻自己的责任，排除对方的权利，将本该由其承担的运输成本转移到乘客身上。

例如，东方航空公司在其网站规定：如果乘客因超售无法登机，东航将为乘客安排最早可利用的航班成行，并根据乘客旅行的具体航线及被延误时间酌情采取不同的补偿措施；深圳航空公司的"顾客服务指南"中规定：如果后续航班的规定离站时间与乘客所持客票航班的规定离站时间间隔在四小时以内，将给予所持票面价格30%的补偿；在四小时以上八小时以内，将给予票面价格60%的补偿；八小时以上给予票面价格100%的补偿。另外在补偿金额低于200元时，将按照200元的标准作出补偿；南方航空公司"非自愿弃乘赔偿及免责书"中有补偿金额实行"四舍五入"的条款：如果补偿金额的十位数低于50元的将被舍掉，高于50元的则按100元计算。并且如接受补偿金，就必须放弃所有对南方航空公司法律上的要求与权利。合理的"超售"确属国际惯例，[①] 但是，与之配套的是优良的善后服务，最大限度地补偿机制和息事宁人的谦抑心态。

---

① 美国的航空公司在超售情况下，不但给未登机的乘客单程票面价格一至两倍的赔偿，而且还提供免费住宿和膳食等服务，并尽快把他们安排到下一航班上；欧盟对于超售，要求除了对由于后续的延误引起的损失进行赔偿外，乘客有权利得到由航空公司支付的一定数额的金钱，赔偿按照航程计算：1500公里以内为250欧元，1500公里至3500公里为400欧元，3500公里以上为600欧元。

国内航空行业采取国际惯例，可有效减轻自己的义务，但同时亦应兼顾乘客的合法权益，否则有违公平原则。

3. 机票超售行为对诚信原则的违反

诚信原则是指民事活动的当事人在行使权利和履行义务时，应当遵循诚实信用的道德准则，它要求人们在进行民事活动时要实事求是，真诚对待他人，严格履行自己应承担的义务，不得擅自毁约，不得虚构事实或隐瞒实情，不得损害他人利益来谋取自身利益。在《合同法》和《消费者权益保护法》中都对民法这一基本原则有所体现，《合同法》第6条规定："当事人行使权利、履行义务应当遵循诚实信用原则。"在《消费者权益保护法》第4条中明确规定："经营者与消费者进行交易，应当遵循……诚实信用的原则。"航空公司"超售"机票的做法并没有遵循诚信原则，主要体现在对附随义务的不履行。附随义务作为一种法定义务，它并非是当事人在合同中约定的，而是基于诚信原则，为了维护对方当事人的利益，根据社会一般交易观念及具体情形而确定的当事人为或不为一定的行为。如告知义务、协力义务、保护义务、保密义务及注意义务等。

航空公司在乘客购买机票时没有尽到告知义务。告知义务是一方当事人对有关对方利益的事项有通知、提醒的责任。在现代契约法中，无论是医疗契约、消费契约、不动产买卖契约、还是旅游契约，只要契约是在以情报和专业知识失衡为背景基础上建立起来的，则基于信赖关系的要求，双方，尤其是掌握情报的一方应负依诚实信用原则提供正确、充分的情报的义务，未履行该义务给对方造成损失的，应进行损害赔偿，我国《合同法》第39条第1款规定："采用格式条款订立合同的，提供格式条款的一方应当遵循公平原则确定当事人之间的权利和义务，并采取合理的方式提请对方注意免除或者限制其责任的条款，按照对方的要求，对该条款予以说明。"乘客购买航空公司的机票，即与航空公司订立客运合同时，航空公司就有义务提醒乘客有无法登机的可能，以方便乘客根据自己的真实意愿作出是否乘坐的选择。航空公司通常以超过其实际运输能力的数量来出售机票，没有主动提醒乘客有关超售的事实。虽然民航总局在《航空旅行指南》上有关于超售的规定，但这项规定并没有得到广泛的公示，乘飞机出行的人毕竟是少数，很多人并不了解航空运输的有关信息。同时，由于电子客票的普遍使用，乘客在没有被明确告知的情况下，对此情况无从知晓的可能性极大，从而无法决定是否选择乘坐该航空公司的航班。航空公司在并不能确定是否有履行合同能力的情况下，对乘客作出能够履行的承诺，损害了乘客的信赖利益。① 目前在国际上，通常是采取公示告知的方式，如美国《联邦条例法典》规定，承运人应在其机场的值机柜台张贴“航班超售通知”，并且该“通知”必须印在机票上或是另一张纸上并附随于机票。航空公司在单方面终止合同时没能尽到协力义务，诚信原则要求合同终止以后，当事人应积极帮助、配合对方当事人处理善后事宜，为及时补救对方当事人的利益而创造合理、必要的条件。乘客购买机票，客运运输合同即告成立，双方应严格按照合同约定来履行各自的义务：航空公司负有安全、及时将乘客送达目的地的义务；乘客则应按时到达机场以方便航空公司履行此义务。但航空公司在航班满员时，单方面决定终止与被拒登机的乘客之间的义务，无法及时地将其送达目的地，而乘客只有在到达机场换登机牌时才能得知是否可以登机。因“超售”被拒绝登机的乘客根据航空客运合同，本可以要求航空公司按约定的时间和地点履行义务，却只能被迫接受改签下一航班，行程必然受到影响，乘客的损失难以估算，且无法从航空公司得到合理补偿。可见国内航空公司的超售行为并没有尽到善意告知义务，单方面终止合同却又不能很好地处理善后事宜，损害乘客利益，违背了诚信原则。

对于超售行为的处理应当做到，在旅客购买机票时就应说明会有机票超

---

① 我国现在航空公司使用“超售”几乎是一种半秘密状态，即使发生因为超售导致航班满员，乘客不能登机的情况，鲜有航空公司告知真正原因，更不用说补偿。近年来，由于超售导致乘客无法登机的情况发生后，经常会引发游客和航空公司在机场发生激烈的冲突。

北京朝阳法院经过多次调研，仔细研究此案的法律构成，最终于 2007 年 4 月 26 日进行了宣判。判决虽然没有认定被告的行为构成欺诈，但指出被告未尽到告知义务，并判其承担相应的法律责任。该案的处理结果有法律依据，并与社会各界的期盼基本一致，因此得到社会各界的认可。

判决后朝阳法院同时向中国民航总局和被告南方航空公司发出司法建议，希望能够规范超售方法，保护消费者权益。我们欣喜地看到，2007 年 5 月，民航总局运输司下发了《关于规范客票超售有关问题的通知》，要求各航空公司做好机票超售中的各项服务工作。2007 年 12 月，深圳航空公司、海南航空公司、四川航空公司、春秋航空等多家航空公司公布了各自的超售补偿方案。2008 年 1 月，民航总局在全国民航工作会议上讨论关于抓大力气治理航班延误问题时宣布，各航空公司超售服务措施不到位的，两年内不受理其扩大经营范围、设立分公司的申请；同时，明确宣布，2008 年 7 月、8 月、9 月，各航空公司停止国内机票的超售。

在 2008 年 3 月揭晓的“年度 3 · 15 维权案例”评选活动中，此案被中国法学会消费者权益保护法研究会评为“2007 年度中国 3 · 15 维权年度案例”，这是朝阳法院继“全国牙防组案”后又一案件获此殊荣。更为重要的是，这个案件的审判，让我们看到了司法审判在推动制度完善和社会进步方面的特殊作用。

售的风险，并且在机票明显处标明，或是在机场的显眼处对旅客进行提示；由于机票超售导致旅客无法登机属于拒载，对旅客的损害比航班延误更为严重。航空公司应首先寻找自愿留下的旅客，其次应免费提供上述帮助，最后还应赔偿旅客的损失，赔偿标准可比照航班延误加倍赔偿或者按机票价格比例赔偿，直至退还全部票款；不论是航班延误还是机票超售，均应允许旅客退票或变更行程。

（四）涉及法律、法规、司法解释及行业规则

（1）《合同法》第 39 条第 1 款规定："采用格式条款订立合同的，提供格式条款的一方应当遵循公平原则确定当事人之间的权利和义务，并采取合理的方式提请对方注意免除或者限制其责任的条款，按照对方的要求，对该条款予以说明。"第 289 条规定："从事公共运输的承运人不得拒绝旅客、托运人通常、合理的运输要求。"第 293 条规定："客运合同自承运人向旅客交付客票时成立，但当事人另有约定或者另有交易习惯的除外。"

（2）《消费者权益保护法》第 8 条第 1 款规定："消费者享有知悉其购买、使用的商品或者接受的服务的真实情况的权利。"

（3）《民通意见》第 68 条规定："一方当事人故意告知对方虚假情况，或者故障隐瞒真实情况，诱使对方当事人作出错误意思表示的，可以认定为欺诈行为。"

（4）《中国民用航空旅客、行李国内运输规则》第 6 条第 1 款规定："已经定妥的座位，旅客应在承运人规定或预先约定的时限内购买客票，承运人对所定座位在规定或预先约定的时限内应予以保留。"

（五）本案思考与讨论

（1）我国航空业应如何借鉴机票超售的国际惯例？

（2）机票超售纠纷是否适用《消费者权益保护法》？

（3）本案被告的告知方式是否得当，如何改进航空客票超售问题？

第二节　特价航空机票"签转退"的法律问题

合同变更是指在合同成立以后，尚未履行或未完全履行以前，当事人就

合同的内容达成修改和补充的协议。合同变更具有以下特点：（1）合同的变更须经当事人双方协商一致，并在原合同的基础上达成新的协议；（2）合同内容的变更是合同关系的局部变化，即合同变更只是对原合同关系的内容作某些修改和补充，而不是对合同内容的全部变更；（3）合同的变更必须遵循法定的程序和方式。法律、行政法规规定变更内容应当办理批准、登记等手续的，依照其规定；（4）合同的变更产生新的债权债务内容。

特价机票不得"签转退"只能对作为消费者的旅客的法定无理由变更或解除权作出限制或例外，并不能对因重大误解而产生的合同撤销权或变更权有所限制或例外。在客运合同关系中，旅客一方享有无须协商解除或者变更合同的权利，如旅客运输合同成立后，在承运开始履行合同之前，旅客一方依法享有在约定或法定期限内的变更或解除合同的权利。我国《合同法》第295条规定："旅客因自己的原因不能按照客票记载的时间乘坐的，应当在约定的时间内办理退票或者变更手续。逾期办理的，承运人可以不退票款，并不再承担运输义务。"旅客这种解除或变更相对于因承运人原因造成的旅客不得不解除或变更而言，是自愿解除或变更。同时，旅客解除或变更合同是其权利，承运人除按规定收取一定比例的手续费外，应按旅客要求变更客运合同的内容，或者将剩余票款退还给旅客，承运人不得拒绝解除或变更。这种解除或变更客运合同的具体形式就是客票的"签转退"。

一、特价航空机票合同关系的变更

（一）案情介绍

原告：崔某。

被告：中国南方航空股份有限公司（本案中简称南方航空公司）。

崔某于2010年7月18日乘坐南方航空公司CZ6160次自昆明飞往北京的航班，该航班原计划于当日19:55起飞，但该航班延误。南航昆明机场出具证明，内容为：2010年7月18日原定19:55起飞的CZ6160航班由于昆明机场更换03号跑道，造成飞机超载，部分旅客不能顺利成行，于22:15下飞机，在此我们深表歉意。

因为飞机需要减载，南方航空公司倡议旅客换乘。崔某等旅客接受倡议下机。根据双方当事人确认，南方航空公司在倡议时承诺给付下机旅客经济补偿200元，并安排住宿。南方航空公司称其没有关于倡议下机旅客的补偿制度，对于旅客有无选择住宿权利亦无明确规定或事先声明。崔某称，因下机时已近深夜12时，为了早点休息，其自行选择酒店住宿，当时已向南方航空公司提出，南方航空公司表示同意。崔某支付住宿费用1300元。南方航空公司不同意负担崔某的住宿费用，并称崔某所主张的住宿费用与事实不符，对发票的真实性有异议，经核实该酒店的标准间住宿费用为300元/间。

南方航空公司另表示，当日航空下机旅客大多接受住宿安排，每个旅客均安排一人一间标准间住宿。法院指定期间要求南方航空公司核实安排住宿的酒店标准及价格。南方航空公司答复称当日安排酒店为佳路达酒店（按四星级标准配置）和福保大酒店（准三星酒店），但未答复酒店价格。[①]

（二）案件难点

（1）旅客接受下机安排住宿等单方允诺后自行选择住宿是否应自担后果？

（2）崔某接受南方航空公司倡议下机的住宿安排问题及住宿费损失如何确定？

（3）航空公司非因自身原因倡议旅客下机行为的法律性质及航空公司应否受其承诺的约束。

（三）法理分析

1. 航空旅客运输合同变更认定

崔某购买南方航空公司的机票，双方据此建立航空旅客运输合同关系。本案中，崔某乘坐南方航空公司CZ6160航班，因南航昆明机场站更换跑道导致航班延误，需要航班减载。航班更换跑道以及基于飞行安全的考虑需要航班减载均非航空公司原因导致，南方航空公司不可能采取措施避免该行为后果的发生，故南方航空公司不应对该行为后果承担法律责任。[②]

因航班需要减载，南方航空公司倡议旅客下机，崔某等旅客接受倡议。南方航空公司的倡议行为应认定为单方允诺行为，即南方航空公司作为表意人向相对方作出的为自己设定某种义务，使相对人取得某种权利的意思表示。

① 国家法官学院案例开发研究中心："航空公司倡议旅客下机时作出的承诺是否有约束力——崔某诉中国南方航空股份有限公司航空旅客运输合同案"，见《中国法院2013年度案例合同纠纷》，中国法制出版社2013年版。

② 赖怀南、彭巍：《公共航空运输概论》，中国民航出版社2003年版，第42页。

南方航空公司承诺为下机的旅客补偿经济损失200元并安排住宿，崔某等旅客接受倡议亦当然取得相应的权利，双方就此形成新的债权债务关系。因为在该法律关系成就时南方航空公司意思表示含糊且容易产生歧义，导致双方对南方航空公司的意思表示的理解存在差异。司法应灵活恰当地引导社会实践公序良俗，南方航空公司在发生现实困境时发出倡议并允诺人性化解决方式，以及崔某等旅客牺牲自己的部分利益成全大家，两方当事人的行为均应得到法律的肯定。但应指出的是，南方航空公司作为单方允诺的表意人，应当将其意思表示充分向对方阐明，从而有利于相对人作出接受与否的意思表示，而崔某等旅客在作出行为时亦应充分征求南方航空公司的意见，否则亦将承担不利的后果。综上，崔某自行安排住宿并支付住宿费的行为，未能举证证明得到南方航空公司的同意，故崔某要求南方航空公司全额负担住宿费的请求，不予支持，但南方航空公司应当按照其安排酒店的标准将住宿费补偿给崔某。

2. 崔某接受南方航空公司倡议下机的住宿安排及住宿费损失的确认

本案原告崔某下机后的住宿问题，南方航空公司在倡议时明确负责安排住宿，但对于旅客下机后能否自行选择住宿未予以明确，崔某也没有在下机前对此进行确认。鉴于南方航空公司对于其他下机人员均已按承诺安排住宿及崔某自行选择了住宿的事实，南方航空公司对于崔某接受倡议下机后发生的住宿费用应当予以补偿。因崔某没有证据证明南方航空公司同意其自行选择住宿，且其未告知南方航空公司其入住套间的事实，故其主张南方航空公司给付其由此发生的住宿费1300元，缺乏事实及法律依据。

（四）涉及法律

（1）《民用航空法》第126条规定："旅客、行李或者货物在航空运输中因延误造成的损失，承运人应当承担责任；但是，承运人证明本人或者其受雇人、代理人为了避免损失的发生，已经采取一切必要措施或者不可能采取此种措施的，不承担责任。"

（2）《民法通则》第54条规定："民事法律行为是公民或者法人设立、变更、终止民事权利和民事义务的合法行为。"第55条规定："民事法律行为应当具备下列条件：（一）行为人具有相应的民事行为能力；（二）意思表示真实；（三）不违反法律或者社会公共利益。"第57条规定："民事法律行为从成立时起具有法律约束力。行为人非依法律规定或者取得对方同意，不得擅自变更或者解除。”第84条规定：“债是按照合同的约定或者依照法律的规定，在当事人之间产生的特定的权利和义务关系。享有权利的人是债权人，负有义务的人是债务人。债权人有权要求债务人按照合同的约定或者依照法律的规定履行义务。”

（3）《合同法》第288条规定：“运输合同是承运人将旅客或者货物从起运地点运输到约定地点，旅客、托运人或者收货人支付票款或者运输费用的合同。”第290条规定：“承运人应当在约定期间或合理期间将旅客、货物安全运输到约定地点。”第293条规定：“客运合同自承运人向旅客交付客票时成立，但当事人另有约定或者另有交易习惯的除外。”

（五）本案思考与讨论

（1）航空运输合同变更的成立要件。

（2）航空公司如何运用有效机制解决与乘客之间的矛盾？

二、特价航空机票合同的解除

近年来各地法院陆续审理了一些特价机票的退票手续费纠纷案件，在社会上产生了一定的影响，引起了消费者保护组织的关注。而前述案件的原告以重大误解为理由请求退票引发的纠纷则较为新颖，对因重大误解而变更或撤销合同，立法理论和司法实践提出了诸多值得思索的问题，例如，“重大误解”的范围、“格式条款”能否对抗误解人可撤销或变更民事行为或合同的权利、旅客运输合同关系中旅客享有的法定“签转退”权利与因“重大误解”而产生的合同撤销或变更权之间的关系、因重大误解而享有撤销或变更合同权利的错误表意人应具有何种的主观状态等，引起争议和不同观点的探讨。本案判决就是一例。

（一）案情介绍

原告：某消费者。

被告：某航空公司。

2008年1月9日上午，某消费者为友人回哈尔滨在某电子商务网站用自己的信用卡订购某航空公司1月17日下午的上海至哈尔滨单程飞机票两张。两位旅客于1月17日下午到达上海浦东机场时才发觉所购机票的日期实际为2008年2月17日，后另购机票到达哈尔滨。事后原告在网上通知被告航空公司，告知其具体情况并要求退票。被告以该机票是低折扣、高限制的特殊舱位（B

舱）客票为由，只同意退还机场建设费和燃油税 300 元，拒绝退还客票款。于是，原告向法院起诉，以重大误解为由，请求撤销原告与被告签订机票订单的行为，由被告退还原告已支付的机票费 1180 元。

法院审理认为，原告在购买特价机票时，被告已特别提示告知 4 折以下舱位机票不得退票、转签和变更，对此，原告确认后应当接受相关条款的约束；主张重大误解而行使撤销权的当事人应举证证明对合同性质、当事人特定身份、标的物性质、质量、价值等主要条款发生了误解，误解造成了对当事人的重大不利后果；订购机票在日期和价格等方面即使出现错误，都不属于对合同标的的存在或性质有关的事实上出现的重大认识错误，不能作为重大误解的理由。法院对原告以误订机票日期为重大误解而主张撤销其购票行为的诉请，作出了不予支持的判决。①

（二）案件难点

（1）“重大误解”的法定内涵与范围。

（2）“格式条款”能否对抗重大误解人可撤销或变更合同的权利？

（3）特价、降价客运合同中旅客是否享有因重大误解撤销或变更合同的权利？

（三）法理分析

1. “重大误解”的法定内涵与范围

我国法律规定，行为人对行为内容有重大误解的，一方有权请求人民法院或者仲裁机构予以变更或者撤销。《合同法》第 54 条规定：“下列合同，当事人一方有权请求人民法院或者仲裁机构变更或者撤销：（一）因重大误解订立的；……”。《民通意见》第 71 条规定：“行为人因为对行为的性质、对方当事人、标的物的品种、质量、规格和数量等的错误认识，使行为的后果与自己的意思相悖，并造成较大损失的，可以认定为重大误解。”这一规定虽然比《民法通则》和《合同法》的相应规定要具体得多，但是并不是对“重大误解”所作的定义，其在规范意义上只是对司法实践中应该认定、可以认定为属于“重大误解”情形之范围的列举。

作为司法解释，《民通意见》更多考虑的是列明“重大误解”的情形类别，以方便司法实践中“按图索骥”。旅客对所订购的机票日期的认识错误，

① 有关该案详情参见“北大法宝”，http://www.pkulaw.cn/fulltext_form.aspx?Db=qikan&Gid=1510091230，2016 年 1 月 5 日访问。

属于对合同履行期限的误解，按照《民通意见》第71条的规定，似乎并不属于“行为人因为对行为的性质、对方当事人、标的物的品种、质量、规格和数量等”的错误认识。案例中法院判决的主要理由之一，就是认为民事行为或合同的标的物的价格、履行期限并未列入《民通意见》第71条规定的范围，故对其的错误认识，即使达到了对当事人造成重大不利后果的程度，也不能作为重大误解的理由。对《民通意见》第71条规定作这种理解，是将该条规定中的“等”作为“列举后煞尾”来认识的。即这个“等”字是对前文列举的结束，并不包含其他类似列举未尽的情形。按照文义解释的规则，也可以对《民通意见》第71条规定的“行为人因为对行为的性质、对方当事人、标的物的品种、质量、规格和数量等”中的“等”理解为“列举未尽”。然而，一般的列举未尽使用的是叠加的“等”，即“等等”。如果是单用的“等”表示“列举未尽”，其后一般还要加上前面列举的事物的种概念词语，例如“北京、天津、上海等地”。[①] 虽然对《民通意见》第71条规定中的“等”字是作“列举后煞尾”的理解还是作“列举未尽”的理解可能对前述案例的处理至关重要，但是，不管是哪一种理解，都无法从定义上回答何为“重大误解”。对“重大误解”情形的种种列举无法替代从法律概念的意义上对其内涵作出界定。从规范意义上看，只有在法律、法规、司法解释中对“重大误解”作出科学的定义，其范围的列举才有科学、统一的确定标准；如此，因重大误解而变更或撤销合同的法律规定方得清晰而易于实施。我国《民法通则》和《合同法》没有采用传统民法理论来严格区分错误（表示错误）与误解（了解错误），我国的司法实践通常是将表示上的错误作为重大误解来处理。[②] 这一做法的宗旨在于保护双方当事人利益上务求平衡，有一定的合理性。[③] 因为在有些场合下表意的误解是相对方理解意思误解的基础和前提，据此，有关国家民法上对因表示错误而可撤销民事行为或合同的“错误”的定义，对我国有积极的参考意义。

《法国民法典》第1109条规定：“如同意系因错误所致，因受胁迫而为，因欺诈之结果，不为有效同意。”该法第1110条规定：“错误，仅在其涉及

---

① 中国社会科学院语言研究所词典编辑室编：《现代汉语词典》，商务印书馆1978年版、1983年版，第227页。

② 王利明、崔建远：《合同法新论·总则》，中国政法大学出版社1996年版，第268页。

③ 韩世远：《合同法总论》，法律出版社2004年版，第224页。

契约标的物的实质本身时，始构成契约无效之原因。错误，仅仅涉及当事人意欲与之订立契约的个人时，不构成无效原因；但如果出于对该个人的考虑是当事人与之订立契约的主要原因，不在此限。”《德国民法典》第119条（因错误而撤销）规定：（1）表意人所为意思表示的内容有错误时，或表意人根本无意为此种内容的意思表示者，如可以认为，表意人若知其情事并合理地考虑其情况即不为此项意思表示时，表意人得撤销其意思表示。（2）关于人的资格或物的性质的错误，交易上认为重要者，视为关于意思表示内容的错误。”《意大利民法典》第1428条规定：“当错误是本质性的并为缔约另一方可识别时，错误是合同得撤销的原因。”上述国家的民法典对可撤销或变更的民事行为或合同中的“错误”的规定，在作一些典型情形列举的同时，也对“错误”的本质内涵或多或少有所揭示，即《法国民法典》规定的“涉及契约标的物的实质”的同意，《德国民法典》规定的“表意人若知其情事并合理地考虑其情况即不为此项意思表示”的表意，《意大利民法典》规定的“本质性的并为缔约另一方可识别”的错误。学理上对“重大误解”内涵的理解虽然表述不一，但其本质基本上是相同的。例如，“对合同产生的误解，必须是重大的，是影响当事人权利义务实现的，它使误解的一方根本达不到订立合同的目的。如果是不影响合同主要内容的误解，则不应请求撤销。是否是重大误解，要视合同的具体情况判断，因合同而异。”“所谓重大误解，是指一方因自己的过错而对合同的内容等发生误解，订立了合同。”“重大误解，是指误解人作出意思表示时，对涉及合同法律效果的重要事项存在着认识上的显著缺陷，其后果是使误解人受到较大损失，以至于根本达不到缔约目的。”“重大误解，是指一方当事人因自己的过失导致对合同的内容等发生误解而订立合同的行为。”上述相关国家的民法典以及学理上对足以影响民事行为和合同效力的“误解”或“重大误解”的规定和描述，基本上揭示了“误解”或“重大误解”的对象或内容的本质，即“误解”或“重大误解”是指民事行为或合同当事人表示的重要的意思或合同内容的认识错误。至于其中的重要的意思或合同内容的内涵是什么，其本质要求一般可以从以下四个方面来把握：（1）错误表示的内容是否为合同标的物的本质；（2）意思表示的错误是否影响到合同目的的实现；（3）如果当事人在为意思表示时就知道该错误的后果，则不会作出此意思表示；（4）是否属于交易上认为是重要的民事关系或合同关系要素方面的错误。如果同时还要结合错误表示的后果来衡量的话，则还可以从“误解人是否为此受到较大损失”方面来考虑。

由上述分析可知，《民通意见》第 71 条规定的“行为人因为对行为的性质、对方当事人、标的物的品种、质量、规格和数量等的错误认识”等情形、无疑是符合重大误解的内涵的，而行为人对民事法律关系或合同关系的标的的数量、包装、履行方式、履行期限等内容的错误认识，只要具备上述四项内容和要求之一或者与之类似，理当可以作为对“重要的意思或合同内容”的错误理解或表意。“关于标的价格、数量、履行期、履行地之错误，须主观的及客观的均为严重时，始得为撤销原因。”在运输合同关系中，客票是证明旅客运输合同有效成立的书面凭证，客票上所载明的时间、班次是合同内容的重要组成部分，也是与客运合同标的即运送旅客行为密切相关的，它是与合同标的物的履行期限等相类似的合同内容；购票人对该时间的认识错误，显然是符合上述“重大误解”之内涵要素的，可以列入“重大误解”范围之内。当然，重大误解的构成，除了有误解的内容之外，还要具备误解人由此误解而造成较大损失的条件。

2. “格式条款”能否对抗重大误解人可撤销或变更合同的权利

生活中经常出现合同中已约定一方当事人不得行使因重大误解产生的撤销或变更合同权利的情形，诸如旅客运输合同的承运方在出售的客票中事先声明“不得退票、转签或者变更乘坐班次”的条款，买卖合同的出卖方以店堂告示等形式声明的“商品售出，概不退换”等。这些情形往往会引发纠纷，同时提出这样一个问题：用这种类似格式条款的形式作出的限制、排除合同一方当事人的包括因重大误解在内的撤销或变更合同权利的约定是否有效？如果有效，则这种“格式条款”的约定可以对抗重大误解人可撤销或变更合同的权利；反之则不得对抗重大误解人可撤销或变更合同的权利。对该问题的回答，应当围绕我国案件审理时适用的《民法通则》和《合同法》规定的重大误解一方当事人可撤销或变更合同权利的性质展开。

首先，从权利的内容与后果来分析，根据《民法通则》第 59 条和《合同法》第 54 条及司法解释的相关规定，合同一方当事人因重大误解而依法行使撤销或变更合同的权利，可以使已经生效的合同归于消灭或者使合同的内容予以改变，从而避免或减少重大损失。所以，重大误解人行使可撤销或变更合同权利的后果关乎其重要的实际利益。由此，该权利具备了民事权利的本质内涵。权利云者，依法律之担保，得贯彻主张某利益之可能也。[①] 权利的本质就是体现在其中受到法律保护的某种财产利益或人身利益上。[②]

其次，从权利产生方面分析，合同当事人因重大误解享有的变更、撤销合同的权利来源于《民法通则》和《合同法》的规定。即使合同当事人可以在合同中约定当事人享有这种撤销、变更合同的权利，也无法改变其法定权利的特性。如果合同中没有约定合同当事人因重大误解享有变更、撤销合同的权利，合同当事人依法律规定也享有这一权利。

再次，从权利的重要性程度来看，既然合同当事人因重大误解享有变更、撤销合同的权利的内容涉及合同关系的消灭或改变，结果关乎其重要的实际利益，那么，该权利就是当事人在具体的民事关系或合同关系中与其实际利益相关的重要权利。法律之所以赋予当事人这种权利，在于充分保护民事活动中当事人的意思自治与利益平衡上的公平。如果当事人意思表示与其本来的动机和目的有出入，并已影响或将会影响到其重大利益的，这种民事法律关系就失去了其存在的基础。

最后，从权利的分类归属来看，因错误认识行为预期后果的一方当事人行使撤销或变更合同关系的权利既然是法律赋予的，那么当事人是否行使这项权利，完全取决于重大误解方当事人的意思决定与表示；同时法律也规定该权利的行使与实现不要求其与对方当事人协商一致或者征得对方当事人的同意，所以，合同当事人因重大误解享有的变更、撤销合同的权利属于学理上以民事权利效力产生的条件为分类标准的撤销权、形成权。在民事权利的分类上，这种形成权也是民事实体权利，因为其权利内容就是撤销或变更已经成立、生效的合同行为与合同关系，其直接结果就是平衡合同当事人的利益，避免或减少重大损失。

在明确了重大误解一方当事人可撤销或变更合同权利的性质以后，用格式条款限制、排除合同一方当事人包括因重大误解在内的法定的撤销或变更合同权利的约定是否有效的问题基本上能够明了。《合同法》第40条明确规定："格式条款具有本法第五十二条和第五十三条规定情形的，或者提供格式条款一方免除其责任、加重对方责任、排除对方主要权利的，该条款无

---

① 史尚宽：《民法总论》，中国政法大学出版社2000年版，第40页。

② 刘淑华、杨善长、荆培才："优先购买权的法律效力探析"，载《政治与法律》2008年第8期，第88页。

效。”民事行为或合同的一方当事人因重大误解所享有的变更或撤销权不但是法定的权利，而且是当事人在具体的民事法律行为或合同关系中与其实际利益相关的重要的民事权利，以格式条款排除当事人这一权利的，该条款当然无效。在理论上，撤销权虽然是依附于民事主权利的从权利，但是这种依附关系，只是以权利的产生和存在为标准而区分出来的，其要说明和表达的是撤销权与合同或者与民事行为中当事人约定的直接与标的相关权利之间的关系，并无撤销权与民事主权利孰为重要、孰为次要的意义与作用。从权利行使效果来看，撤销权的行使关系到某具体合同或民事行为法律效力与后果的有无、大小；在具体的合同关系或民事关系中，其存在与否，不能不谓重要。所以，为维护法律关系的明确性和安定性，法律赋予重大误解行为人的这种性质为形成权的撤销权，理所当然地不受对方当事人的限制，也不受格式条款的排除。值得注意的是，即使提供格式条款的一方当事人已就排除对方当事人包括因重大误解撤销、变更合同在内的权利的格式条款作了充分提示，并说明了接受该条款的后果，也不能认为双方当事人在订立合同时就该条款作了协商而使该条款有效，可以此来对抗非格式条款提供方。因为非格式条款提供方对该提示和说明只能表示接受或者不接受，其表示接受该格式条款的确表明其同意将该格式条款纳入合同内容的意思，然而其并没有也不可能与格式条款提供方就该格式条款的内容、后果等进行商量、谈判。由此，案例中法院的判决理由之一“原告在购买特价机票时，被告已特别提示告知4折以下舱位的机票不得退票、转签和变更，原告确认后应当接受相关条款的约束”当存疑义。

3. 特价、降价客运合同中旅客是否享有因重大误解撤销或变更合同的权利

在实际生活中，许多特价、降价消费买卖中的经营者往往以一定方式声明诸如旅客运输客票“不得签转退”、一般商品“不得退换”等内容，经营者想以此来排除由消费者一方提出的变更或解除消费法律行为及消费关系的可能。由此带来的问题是，特价、降价等特殊消费买卖中经营者单方面事先告知“不得签转退”、“不得退换”是否与旅客、消费者所享有的因重大误解可撤销或变更合同的权利相抵触？

《合同法》之所以允许旅客享有的无须协商解除或者变更客运合同的权利可以受到（双方约定）时间的限制，是因为立法要尽可能地平衡合同各方当事人的经济利益，使社会关系处于和谐、平和状态。作为旅客运输承运方

的航空公司以类似于格式条款的形式，借助于手续费的手段，对特殊（特别低价）运输价格情形下的旅客所享有的无须协商解除或者变更客运合同的权利作出限制或事实上的排除，在不考虑收取全额退票手续费是否过分高于实际损失的条件下，也有其客观性。因为客运合同的标的比较特殊，运输服务往往有其时效性、效益的集约性，并且在特别降价的合同关系中，作为当事人一方的经营者的利益的确比正常价格下的有所降低，或者有较大的降低，其中有的是微利提供商品或服务，有的是低于成本提供商品或服务；如果旅客一方撤销或者变更这些合同，经营者一方在短时间内再安排新的交易当事人，难度会加大或费用会更高，将给经营者一方带来较大的利益损失等。在其他特价、降价等一些特殊消费合同关系中也有类似的情况。所以在这种合同关系中，出于双方当事人利益上务求公平的考虑，特价、降价、超过约定的时间等特殊性就自然可以成为某些合同关系中经营者一方排除或对抗对方当事人单方面无理由撤销或变更合同的因素。特价、降价等特殊合同中经营者的利益比正常价格情形下有所减少，但是，特价、降价消费并不能改变出现重大误解事实的情形，经营者在此情形下缺乏单方面以事先告知、事先约定等方式对抗重大误解的合同对方当事人可撤销或变更合同权利之可能和理由。在特价、降价消费合同中，也会像正常价格消费合同那样，出现当事人一方针对合同标的物本质内容的错误表示，或者其意思表示的错误会影响到合同目的的实现，或者其在为意思表示时如果知道该错误的后果，则不会作出此意思表示，或者交易习惯上认为是重要的民事关系或合同关系要素方面的错误，并且该误解方当事人会基于前述原因而使自己的重大利益受到损失等情形。

可见，特价、降价客运合同不得“签转退”可以是《合同法》规定的旅客无理由变更或解除权的限制或例外。法律对此可以预设的场景是：在合同当事人地位平等的基础上，购买特价客票的旅客在得到价格方面的特别利益的同时，放弃了可以单方面无理由变更、解除合同的法定权利。这种对法定权利的限制或例外，其宗旨是出于平衡合同各方当事人利益的需要，有其合理性。在旅客运输合同中，这种对合同的变更或解除权的主要特点，是旅客方由于自己的主客观原因而不能按照客票记载的时间接受运输服务；其不同于旅客由于重大误解享有的变更或撤销权的主要特点，它不具有旅客方对合同主要内容等方面的重大错误认识的前提。如果旅客在购买特价机票时对特价机票的性质、地点、期限等方面有重大误解的，即使航空承运人事先告知旅客，或者与旅客约定特价机票不得“签转退”，则旅客享有的变更或撤销该合同的权利并不因这一告知或约定而丧失。总之，特价机票不得“签转退”只能对作为消费者的旅客的法定无理由变更或解除权作出限制或例外，并不能对因重大误解而产生的合同撤销权或变更权有所限制或例外。[①]

（四）涉及法律及司法解释

（1）《民法通则》第59条规定：“下列民事行为，一方有权请求人民法院或者仲裁机关予以变更或者撤销：（一）行为人对行为内容有重大误解的；……”

（2）《合同法》第40条规定：“格式条款具有本法第五十二条和第五十三条规定情形的，或者提供格式条款一方免除其责任、加重对方责任、排除对方主要权利的，该条款无效。”第295条规定：“旅客因自己的原因不能按照客票记载的时间乘坐的，应当在约定的时间内办理退票或者变更手续。逾期办理的，承运人可以不退票款，并不再承担运输义务。”

（3）《民通意见》第71条规定：“行为人因为对行为的性质、对方当事人、标的物的品种、质量、规格和数量等的错误认识，使行为的后果与自己的意思相悖，并造成较大损失的，可以认定为重大误解。”

（4）《法国民法典》第1109条规定：“如同意系因错误所致，因受胁迫而为，因欺诈之结果，不为有效同意。”《法国民法典》第1110条规定“错误，仅在其涉及契约标的物的实质本身时，始构成契约无效之原因。错误，仅仅涉及当事人意欲与之订立契约的个人时，不构成无效原因；但如果出于对该个人的考虑是当事人与之订立契约的主要原因，不在此限。”

（5）《德国民法典》第119条（因错误而撤销）规定：“（1）表意人所为意思表示的内容有错误时，或表意人根本无意为此种内容的意思表示者，如可以认为，表意人若知其情事并合理地考虑其情况即不为此项意思表示时，表意人得撤销其意思表示。（2）关于人的资格或物的性质的错误，交易上认为重要者，视为关于意思表示内容的错误。”

---

① 徐澜波：“因重大误解而撤销和变更合同的法律问题——由旅客错误购买特价航空机票不能‘签转退’引发的思考”，载《法学》2009年第4期，第122~131页。

（6）《意大利民法典》第1428条规定：“当错误是本质性的并为缔约另一方可识别时，错误是合同得撤销的原因。”

（五）本案思考与讨论

（1）如何认定合同当事人对合同内容的重大误解？

（2）如何认识特价机票不得“签转退”不能对因重大误解而产生的合同撤销权或变更权有所限制或例外？

第三章

航空旅客运输合同

航空客运合同又称为航空旅客运输合同，是公共航空运输企业将旅客及行李运送至约定地点，旅客支付票款的合同。航空旅客行李运输合同既可以认为是一种独立的合同形式，也可以视为航空旅客运输合同的附属合同，此时合同形式便称作航空旅客和行李运输合同，如果没有其他特别说明，航空旅客运输合同即是航空旅客和行李运输合同。

第一节　航空旅客运输合同概述

一、航空旅客运输合同的订立

合同本质上是一种合意，合同的成立意味着各方当事人的意思表示一致，是当事人合意的成果。合同的成立要件包括：订约主体存在双方或多方当事人；订约当事人对主要条款达成合意；合同的成立应具备要约和承诺阶段。航空运输合同作为合同的一种，它的成立是航空运输合同当事人达成合意，并经过要约和承诺程序后订立的。

航空客运合同的订立通过旅客的购票行为完成。民航承运人的航班班期时刻应在实施前对外公布，这一行为可视为要约邀请，即一方邀请对方向自己发要约，符合《合同法》第 15 条“希望他人向自己发出要约的意思表示”规定。此时承运人作为合同当事人仍处于订约的准备阶段。《合同法》第 293

条规定："客运合同自承运人向旅客交付客票时成立，但当事人另有约定或者另有交易习惯的除外。"

航空旅客运输合同成立有以下三种情形。

（1）在先购票的情况下，旅客向承运人提出到达机场、座别、路径等要求，并付给相应承运旅费即构成有效要约，承运人售给旅客符合要求的客票为承诺，合同成立之时为交付客票时，这是最常见的一种情形。

（2）在采用取票预订制场合，预订行为为预约合同，旅客要求取票为要约，交付客票为承诺，合同自交付客票时成立。

（3）在采用送票预订制场合，预订行为系预约合同，旅客要求承运人送票为要约，承运人送票上门为承诺，合同自售票机构将客票送达旅客所在单位或居所并由接收人签收时成立。

航空客运合同的成立和生效并不一致。航空客运合同生效时间为旅客持客票办理完值机手续时，即公共航空运输企业通过其地面值机柜台工作人员查验客票、托运行李、发放登机牌等行为开始履行航空旅客运输合同。旅客到达目的地并走出航站楼到达厅视为合同的完成。采用电子客票的航空旅客运输合同自电子客票出票时成立生效。

（一）案情介绍

上诉人（原审原告）：艾某。

被上诉人（原审被告）：中国东方航空股份有限公司（本案中简称东方航空公司）。

上诉人艾某因航空旅客运输合同纠纷一案，不服上海市长宁区人民法院民事判决，向法院提起上诉。法院于 2011 年 6 月 23 日立案受理后，依法组成合议庭审理了本案。本案现已审理终结。

原审法院查明，艾某于2009 年 8 月 2 日，在东方航空公司网站订购2009 年 10 月 12 日上海虹桥经南昌昌北至昆明巫家坝机票一张。在"航空运输电子客票行程单"中登记的旅客姓名为艾某，机票票价为660 元，机场建设费为 50 元，座位等级为 R1，在签注栏中另标注："不得签转，不得变更，不得退票"。2009 年 10 月 2 日，艾某因家中有事，提前返回昆明，未能搭乘上述预订的航班。嗣后，艾某曾多次与某航空公司协商退票事宜，但因某航空公司以艾某所购系特价机票，根据某航空公司规定，除机场建设费外票款一律不予退还为由而协商未果，艾某遂起诉至法院，请求判令：（1）确认艾某与东方航空公司之间签订的运输合同无效；（2）某航空公司退还艾某票款人民币660元；（3）某航空公司退还艾某机场建设费人民币50元。①

法院认为：艾某、某航空公司间签订的航空旅客运输合同合法有效，双方当事人均应受该合同的约束，艾某主张某航空公司返还票款660元的主张，不符合双方预先约定，亦缺乏法律依据，不予支持。至于艾某起诉要求退还机场建设费，符合双方的约定，某航空公司也明确表示同意返还，故予以支持。

（二）案件难点

（1）该航空公司所设格式条款是否具有法律效力？

（2）艾某是否因自身客观理由向航空公司索要赔偿？

（三）法理分析

1. 本案合同订立后是否有效

合同效力是法律赋予依法成立的合同所产生的约束力。合同的效力可分为四大类，即有效合同，无效合同，效力待定合同，可变更、可撤销合同。按照《合同法》的规定，合同的生效要件应包括：行为人具有相应的民事行为能力；意思表示真实；不违反法律或者社会公共利益。本案中双方都具有完全民事能力，在不违反法律和社会公共利益的情况下达成合意，因此合同具有法律约束力，故为有效合同。

既然合同有效，当事人应该按照合同约定全面履行各自的义务。艾某在订票并支付足额票款后，因家中有事提前返回昆明，导致某航空公司客观上无法依约向艾某提供旅客运输服务，系艾某自身原因所致，某航空公司并无过错。艾某认为其未接受某航空公司的服务，依照《合同法》及《中国民用航空电子客票暂行管理办法》的相关规定，某航空公司应当退还票款。当事人在订立合同之时，应当遵循公平原则确定各自的权利和义务，而当事人行使权利、履行义务亦应当遵循诚实信用原则。艾某在网上订票之时，某航空公司提供了多种不同价位的机票供艾某做出选择，并对各类机票的舱位情况、退票及变更限制进行了明确的说明，艾某自愿选择票价较低但限制相应较多的舱位等级，系其自主选择，艾某作为一个有完全民事行为能力的成年人，应当对自己选择的后果承担相应的责任。且根据经验法则判断，价款打折伴

① 有关该案详见“艾某航空旅客运输合同纠纷案”，http://www.pkulaw.cn/Case/pfnl_117922530.html?match=Exact，2015年1月30日访问。

随一定的权利限制在日常生活中普遍存在,[①] 不仅是公平的，也是合理的，故上述购票限制并未违反《合同法》关于公平原则的规定，应属有效。至于艾某主张相关法律赋予了其退票的权利，应认为，上述法律和部门规章仅是规定了乘客可以有退票退款的权利，但从内容上看，并非是明确必须退票的强制性规定，故双方关于是否退票的相关事宜，仍应以合同双方约定为准。案件中的艾某、某航空公司间订立的运输合同对机票舱位及能否退票作出了对应约定，而艾某选择的C类舱位属于特价机票，不得签转，不得退票，故应以该约定为准，对于艾某要求返还票款的主张，缺乏事实和法律依据，难以支持。

2. 如何认定本案格式条款的效力

《合同法》第39条第2款规定："格式条款是当事人为了重复使用而预先拟定，并在订立合同时未与对方协商的条款。"本案中，关于特价机票不得改签，不得退票的约定，系由航空公司单方面为了反复使用而预先拟定，且在合同订立之时未与对方进行协商的格式条款。航空公司应确保其提供的格式条款没有违反《合同法》中关于认定合同无效的相关规定，否则对方可以向法院申请确认该条款无效。根据某航空公司在庭审中提供的证据，购票人自登录网站起到订票成功，其间有多次机会可以明确看到某航空公司告知其关于机票舱位的说明及特价机票不得签转、不得退票的相关约定。至于艾某提出其在购票过程中没有看到上述告知内容，且某航空公司提供的公证书仅能证明上海到海口的订票流程，与本案上海到昆明的订票流程不存在关联性的主张，原审法院认为，虽然公证书证明的是某航空公司上海到海口的订票流程，但是根据日常交易惯例，网站订票的流程不会因为起始地点的不同而有所改变，故有理由相信，在该公证书上记载的告知事项在艾某订票之时亦应可以看到。本案中，艾某虽非本人订票，但作为其朋友，应当将订票过程中出现的对艾某权利义务有重大影响的信息告知艾某，因此应认为，某航空公司已经履行了《合同法》规定的告知和说明义务。且上述约定并不符合《合同法》中关于认定合同或部分合同条款无效的规定，故对于艾某认为本案系争合同因违反相应法律法规应被认定为无

① 曹守晔："最高人民法院《关于适用〈中华人民共和国合同法〉若干问题的解释（二）》之情势变更问题的理解与适用"，载《法律适用》2009年第8期，第44页。

效的主张，不予采纳。

（四）涉及法律及司法解释

（1）《合同法》第39条第1款规定："采用格式条款订立合同的，提供格式条款的一方应当遵循公平原则确定当事人之间的权利和义务，并采取合理的方式提请对方注意免除或者限制其责任的条款，按照对方的要求，对该条款予以说明。"第40条规定："格式条款具有本法第五十二条和第五十三条规定情形的，或者提供格式条款一方免除其责任、加重对方责任、排除对方主要权利的，该条款无效。"

（2）《最高人民法院关于适用〈中华人民共和国合同法〉若干问题的解释（二）》第6条第1款规定："提供格式条款的一方对格式条款中免除或者限制其责任的内容，在合同订立时采用足以引起对方注意的文字、符号、字体等特别标识，并按照对方的要求对该格式条款予以说明的，人民法院应当认定符合合同法第三十九条所称'采取合理的方式'"。

（五）本案思考与讨论

（1）航空公司所设合同条款法律效力为何？

（2）旅客对于航空公司所设合同条款的遵守，违约的原因及承担的责任问题。

二、航空旅客运输合同的履行

（一）案情介绍

原告：张先生。

被告：中国东方航空股份有限公司（本案中简称东航）。

2015年2月，在日本工作的张先生春节回老家西安过年，为了及时回日本上班，他提前购买了东航的MU2159航班的机票。但就在出发前几天，张先生突然收到东航通知，告知其原定航班被取消，建议张先生改乘坐2月23日当天19点从西安飞往上海的航班。张先生表示，由于要在当天乘坐MU291航班飞往日本，因此改换航班会导致无法按时到达日本。随后，张先生询问为何航班会被取消，但东航方面并未给出解释。

张先生表示，在得知这一消息后，自己对航班被取消提出了质疑。由于收到东航通知时，离2月23日正式出发还有好几天，因此不可能是因为天气原因而取消航班，但东航却没有给出取消航班的具体原因。

之后，东航再次联系张先生并给出了几个候选方案：等待 2 月 23 日 11 点飞上海航班，看当日是否有退票；转乘 2 月 23 日当天 8 点航班，但需提前一天在机场附近住宿，费用自理；乘坐 23 日当日 19 点从西安飞往上海的航班，在上海住宿，2 月 24 日返回日本，上海住宿费用自理，退票、各项手续费需张先生承担；乘坐 2 月 23 日 11 点航班头等舱飞上海，差价由张先生承担。

再三交涉后，东航为张先生改换了 2 月 23 日 8 点由西安飞往上海的航班。对于这一安排张先生并不满意，他表示，如果是因为天气、故障等原因，航班被取消可以接受，但东航始终没有告知航班被取消的原因，也不考虑乘客可能遭受的损失，更未对因航班取消而对其造成的损失进行赔偿。[①]

（二）案件难点

（1）航空运输合同涉及的《合同法》《华沙公约》《民用航空法》等多部法律间的法律适用问题。

（2）航班取消后航空公司对旅客是否承担赔偿责任？

（三）法理分析

1. 航班延误的界定及后果承担

航班延误是指航班降落时间（航班实际到港挡轮挡时间）比计划降落时间（航班时刻表上的时间）延迟 15 分钟以上或航班取消的情况。航班延误影响着航空公司的运行效率和服务质量，一般使用准点率来衡量承运人运输效率和运输质量。准点率又称正点率、航班正常率，是指航空旅客运输部门在执行运输计划时，航班实际出发时间与计划出发时间较为一致的航班数量与全部航班数量的比率。

中国民用航空局已建立了保障航班正常的奖惩机制，即延误航班统计和警告，每 15 天公布一次延误信息，对排名后 20 位，且航班正常率在 50% 以下的国内航班进行一次内部警告通报，每月发布警告通报两次。由于航空公司自身原因每月受到两次警告的航班，经批准，从下月起取消其本航季该航班。对因空管、机场、油料等原因造成航班延误的，要查明原因，给予处罚。此外，对于航班延误 4 小时以上，因航空公司飞机调配和自身服务等方面原因引发群体性事件，造成重大社会影响的，取消航空公司该航班本航季时刻，

---

① 有关该案详情参见："东航无故取消航班引不满回应称不清楚取消原因"，http：//news. sohu. com/ 20150313/n409718821. shtml，2015 年 1 月 10 日访问。

并不再受理下一航季航班时刻的申请。

2010年11月1日，中国航空运输协会向湖北机场集团公司下发《航空运输服务质量不正常航班承运人服务和补偿规范（试行）》，除了春秋航空外，国内航空公司将实施新的延误补偿，内容如下。[①]

非承运人原因致延误不补偿、不包住宿。

任何原因造成航班在经停站延误，航空公司应根据需要向经停旅客提供免费的餐饮服务和住宿场所，如航班备降。

延误4小时以上有现金补偿，由于承运人原因造成航班延误、取消，客票的退、改、签费用由航空公司承担。

航空公司应根据延误时间向旅客提供免费的餐饮服务和休息场所。延误预计在1~4小时以内（含4小时）的航班，及时向旅客提供餐饮。

换乘高铁无须补偿。

航空公司在客票列明的离站时间24小时前已通知旅客航班取消，旅客接受变更航班或者选择退票，无须补偿。

如向旅客提供其他航班或其他运输方式，使旅客在原预计到达时间之后4小时内到达最终目的站，但旅客放弃该服务，也无须补偿。

旅客霸机延误时间不纳入补偿。

依据规范，由于旅客拒绝上、下机造成的航班延误时间，不计入承运人原因造成的累计延误时间。

飞机延误4~8小时（含8小时），航空公司还需向旅客提供价值300元的购票折扣、里程或其他方式的等值补偿，或是人民币200元。延误8小时以上则要向旅客提供价值450元的购票折扣、里程或其他方式的等值补偿，或是人民币300元。

2. 航班取消的含义及后果承担

航班取消是指先前计划执行飞行任务的航班停止飞行，并且该航班至少有一个座位被预订。

根据航班取消情形和原因不同，航空公司所要承担的责任也不同。如果

① 该规范适用于在国内运输过程中的不正常航班旅客服务中信息提供、航班服务、客票的退、改、签及补偿等，在补偿中分为非承运人原因和承运人原因。前者是指天气、突发事件、空中交通管制、安检、旅客或公共安全等原因；后者是指航班计划、机务原因、航班调配、运输服务、机组等原因。

在起飞24小时之前，航空公司就已经告知该航班将被取消，航空公司没有责任。如果是到了机场后临时被取消的航班，除天气，空管等原因所导致的不赔偿外其他原因导致航班取消，航空公司应予赔偿。根据《民用航空旅客、行李国内运输规则》第60条规定：“航班延误或取消时，承运人应迅速及时将航班延误或取消等消息通知旅客，做好解释工作。”我国《合同法》中也有明确规定：“承运人应当向旅客及时告知有关不能正常运输的重要事由和安全运输应当注意的事项”。

3. 航空运输承运人赔偿责任分析

《合同法》第299条规定：“承运人应当按照客票载明的时间和班次运输旅客。承运人迟延运输的，应当根据旅客的要求安排改乘其他班次或者退票。”《民用航空旅客、行李国内运输规则》第60条规定：“航班延误或取消时，承运人应迅速及时将航班延误或取消等消息通知旅客，做好解释工作。”但由于本案航空运输合同系国际航空运输合同，还应适用国际公约或条约。

有关承运人的责任，《统一国际航空运输某些规则的公约》（简称《华沙公约》）有明确规定。《华沙公约》1929年9月12日订于波兰华沙，1933年2月13日生效，后经多次修改。《华沙公约》统一了国际航空运输的规则和条件，为解决国际航空运输过程中产生的侵权损害赔偿问题，提供了国际统一的标准和条件。我国于1957年7月通知加入该公约，1958年10月对我国生效。1955年在海牙修改的《华沙公约》第19条规定：“承运人对旅客、行李或货物在航空运输过程中因延误而造成的损失应负责任。”第20条第1款规定：“承运人如果证明自己和他的代理人为了避免损失的发生，已经采取一切必要的措施，或不可能采取这种措施时，就不负责任。”

4. 航空公司取消航班的后续举措

如果航班被取消，航空公司会联系出票的售票处，让该售票处通知旅客询问是否需要改签当天或次日其他航班，具体改签到什么航班需根据当地天气以及航班的上座率来决定。

如果提前告知旅客原定的航班被取消了，航空公司将会为旅客办理免费签改退，但需要旅客尽快联系柜台，在有可利用位子的前提下尽量满足旅客的变更需求。由于机务维护、航班调配、商务、机组等原因造成航班延误或取消，航空公司将向旅客提供航班动态信息、安排餐食或住宿等服务。由于天气、突发事件、空中交通管制、安检以及旅客等非承运人原因，造成航班延误或取消，机场方面可向旅客提供航班动态信息，协助旅客安排餐食和住宿，费用由旅客自理。

就本案而言，张先生可与航空公司通过以下方式协商解决。

（1）协商：张先生可以与东航进一步协商，就住宿等额外支出费用的承担达成合意。

（2）调解：张先生可以申请由第三方介入，促使争议各方，也就是本人与东航相互谅解和让步，最终化解矛盾。

（3）诉讼：张先生可以向法院提起诉讼，要求东航赔偿自己因住宿额外支出的费用，要求东航告知自己航班取消的原因，以及要求东航当面道歉。在诉讼中，原告张先生可将东航公司或其法定代表人列为被告，按照原告就被告原则，可向上海市浦东新区人民法院申请管辖。

（四）涉及国际公约、法律及行业规则

（1）1955 年在海牙修改的《华沙公约》第 19 条规定："承运人对旅客、行李或货物在航空运输过程中因延误而造成的损失应负责任。"第 20 条第 1 款规定："承运人如果证明自己和他的代理人为了避免损失的发生，已经采取一切必要的措施，或不可能采取这种措施时，就不负责任。"

（2）《合同法》第 298 条规定："承运人应当向旅客及时告知有关不能正常运输的重要事由和安全运输应当注意的事项。"第 299 条规定："承运人应当按照客票载明的时间和班次运输旅客。承运人迟延运输的，应当根据旅客的要求安排改乘其他班次或者退票。"

（3）《民用航空法》第 124 条规定："因发生在民用航空器上或者在旅客上、下民用航空器过程中的事件，造成旅客人身伤亡的，承运人应当承担责任；但是，旅客的人身伤亡完全是由于旅客本人的健康状况造成的，承运人不承担责任。"第 125 条第 1 款规定："因发生在民用航空器上或者在旅客上、下民用航空器过程中的事件，造成旅客随身携带物品毁灭、遗失或者损坏的，承运人应当承担责任。因发生在航空运输期间的事件，造成旅客的托运行李毁灭、遗失或者损坏的，承运人应当承担责任。"

（4）《民用航空旅客、行李国内运输规则》第 60 条规定："航班延误或取消时，承运人应迅速及时将航班延误或取消等消息通知旅客，做好解释工作。"

（五）本案思考与讨论

（1）航空公司取消航班后的义务履行。

（2）虽然在《民用航空法》《华沙公约》中对航空公司延误、取消航班作出明确的处罚规定，但是作为承运人的航空公司应当如何完善自身的服务机制，提高服务能力，更好地为消费者提供运输服务，减少不必要的争端？

（3）作为消费者，在乘坐飞机等交通工具权益受损时，应该如何理性采取合理合法的手段积极维护自身的合法利益？

第二节 航空旅客运输合同承运人的责任

公共航空运输合同的承运人为公共航空运输企业，是利用民用航空器实施货物运输的公共航空运输企业，公共航空运输企业是以营利为目，使用民用航空器运送旅客、行李、邮件或者货物的企业法人。

公共航空运输合同的承运人包括缔约承运人和实际承运人，缔约承运人是指以本人名义与旅客或者托运人，或者与旅客或者托运人的代理人订立航空运输合同的人。实际承运人，是指根据缔约承运人的授权，履行前款全部或者部分运输的人，缔约承运人应当对合同约定的全部运输负责。实际承运人应当对其履行的运输负责。实际承运人只有经缔约承运人授权才能够履行部分或全部的航空运输，其在授权范围内的行为，后果由本人承担责任。缔约承运人授权实际承运人履行航空运输，一般不采用书面形式，以实际承运人参与履行全部或部分航空运输的事实构成缔约承运人授权的初步证据。除非有相反证明，否则这种授权被认为是存在的。连续承运人不是实际承运人，是航空运输合同的缔约一方，其缔约承运人资格基于本人的合同当事人身份，而不是基于他人授权。一般而言，在航空运输活动中，包机人(Charter)不过是实际承运人的代理人或航空器的承租者，旅行代理人（Travel Agencies）是实际承运人的代理人和居间人，货运代理人（Air Freight Forwarders or Forwarding Agent）可成为托运人、收货人和托运人的代理人，在特殊情况下如果他们以自己的名义向旅客、托运人出具并签发运输凭证，就可以被视作缔约承运人。

一、航班延误承运人的责任

（一）案情介绍

上诉人（原审原告）：张某。

被上诉人（原审被告）：中国南方航空股份有限公司（本案中简称南方航空公司）。

2005年6月9日，张某通过旅行社向南方航空公司购买了一张从湖南省张家界市飞往广东省广州市的CZ3888次航班机票。上述机票载明：填开单位为CHINA SOUTHERN AIRLINES，票价为610元人民币，起飞时间为2005年6月12日22:30，机票不得签转更改。2005年6月12日，张某到达张家界荷花国际机场，并办理了领取登机牌手续。当晚约22:00及22:30，荷花国际机场两次广播CZ3888次航班晚点，起飞时间待定。本次航班的部分乘客（包括张某在内）向机场询问误机原因及起飞时间，并要求进入贵宾室休息，未果。0:12，CZ3888航班的飞机抵达荷花国际机场。0:22，荷花国际机场对乘客进行广播，通知乘客登机。0:35，因张某及其他25名乘客未登机，荷花国际机场的值班经理与张某等人进行了交涉。张某等26名乘客向值班经理提出了道歉、赔偿票款、办理转签手续等要求。值班经理经请示南方航空公司后，口头向26名乘客进行了道歉，但拒绝了乘客其余的要求，并要求乘客自行致电南方航空公司解决纠纷或回到广州后再联系南方航空公司解决，且表示若26名乘客不登机，飞机将会起飞等。对此，张某在内的26名乘客拒绝登机。2006年6月13日1时，CZ3888航班飞机机长通知地面减载，并于1:10驾机驶离荷花国际机场。该航班实际乘客人数为54人。之后，荷花国际机场派车将张某与其他25名乘客载至张家界机场大酒店住宿，由张某等乘客共支付住宿费3500元。同日下午，张某与其他25名乘客乘坐火车返回广州市。后张某提起诉讼，要求被告南方航空公司退回张某购买机票款610元；南方航空公司赔偿张某住宿费损失135元；南方航空公司在广州当地报纸上对其没有对飞机延误作及时解释的行为向张某公开赔礼道歉；南方航空公司赔偿张某精神损害抚慰金5000元。[①]

原审法院认为，南方航空公司向张某出售机票，承诺以航空运输的方式

① 有关该案详情参见“6个乘客诉南航的案例”，http://blog.sina.com.cn/s/blog_660f5b4101016ifk.html，2016年2月10日访问。

将张某从荷花机场运至广州，故双方之间的航空运输合同关系依法成立，双方均应依约履行合同。南方航空公司未能按约定时间承运张某等旅客，该公司虽提供了“关于2005年6月12日CZ3888航班延误后的情况说明”，但上述说明不足以证实该次航班延误原因属免责原因，且南方航空公司在迟延期间，未能向张某等人做好解释、告知延误后果、并给予妥善安排，致张某等人在机场延误候机两个多小时，因此，南方航空公司对此次延误承担一定的违约责任，适当赔偿张某的损失。但在南方航空公司承运航班到达机场后，南方航空公司已具备完全履行合同条件，且此时已值深夜，在南方航空公司通知张某登机并告知张某等旅客解决纠纷途径和不登机的后果后，张某仍拒绝登机，张某的行为属单方解除合同，由此造成的损失应由张某自行承担。故张某要求返还机票款及赔偿住宿费损失的请求，该院不予支持。因南方航空公司的延误行为，综合延误时间及南方航空公司违约程度等因素，南方航空公司适当赔偿张某误机损失100元。张某诉请南方航空公司公开赔礼道歉及赔偿精神损害抚慰金的请求，因张某选择以合同关系主张权利，而上述两项请求均非合同责任的承担方式，故该院不予支持。综上，根据《合同法》第107条、第119条、第120条、第122条、第299条之规定，判决：（1）自判决生效之日起十日内，中国南方航空股份有限公司赔偿张某损失100元：（2）驳回张某的其他诉讼请求。如果未按判决指定的期间履行给付金钱义务，应当依照《民事诉讼法》第232条之规定，加倍支付迟延履行期间的债务利息。案件受理费290元，由张某负担240元，由南方航空公司负担50元。①

（二）案件难点

（1）对于流控造成的航班延误，航空公司是否承担责任？

（2）本案原告的上诉请求是否合理？

（3）乘客拒绝登机，航空公司是否可以留下乘客自行起飞？

（三）法理分析

1. 流控原因造成的航班延误，航空公司是否承担责任

天气原因、人为因素和航班时刻、飞机故障等是航班延误的原因，从流

---

① 案件一审由广州市白云区人民法审理并以广州市白云区人民法院（2006）云法花民二初字第335号判决书作出裁决。宣判后原告不服提出上诉，广东省广州市中级人民法院以民事判决书（2008）穗中法民二终字第54号作出驳回上诉、维持原判的裁定。

量控制的层面分析，造成航班延误的原因如下：

（1）空域大小和管制权限问题。国内的空域都属于空军管辖，即使一些移交给民航代管的空域也有诸多限制。民航飞机基本上只能在既定的航线和航路上飞行，任何偏离航线和航路的飞行都需经过空军审批。航路/航线周围划定了大量的限制区（R）、危险区（D）或禁区（P），在难以增加更多的航线和航路情况下，管制员缺乏指挥的自由度，只要航路或者航线附近天气不好，而空军又不允许偏航，或者不能借用其他航路，就会发生大面积、长时间的航班延误。我国虽然国土辽阔，但大部分空域民航飞机不能使用，或者需要绕来绕去，或者需要经过批准，造成我国飞机流量在一些繁忙航路上一直处于接近饱和状态。

（2）航路设计问题。我国早期和现有航路设计，多基于传统的思维，人为制造了很多“结点”。即很多航路/航线都交叉到一个点，大部分飞机都要飞越同一个点。结点附近的航路就像手机键盘的*符号，很多时候飞行员飞行时刻受到限制，这样才能保证所有飞机之间都有安全间隔，保证安全通过，不至于发生危险冲突。管制员在协调时，不同航路/航线上的飞机都需要分别分配不同高度，这还不包括通过这个点的对外未公布的国内航线。同一方向的所有飞机需要不同的高度，而在同一高度的飞机也需要有一定的时间间隔，造成所谓的结点。结点的高度层有限，势必限制整个需要通过这个区域的飞机总数。

（3）可用高度层浪费问题。为了协调飞行中的民航客机不至于危险接近或者相撞，必须保持必要的垂直间隔和水平间隔。垂直间隔是对于按照不同方向划分不同的高度，即不是所有的高度都是可用于飞行的。很多航空公司飞行员因为种种原因都不愿意上升到较高高度，或者因为其他高度颠簸，多架飞机常常挤在同一个低高度上飞行，这样人为造成高度有限资源的浪费，也加大管制难度，从而造成后续飞机的流控。

（4）绕飞天气裕度问题。当飞机在空中遇到特殊天气时，飞机为安全飞行必须绕飞。由于天气不断变化，绕飞的权利在于机长，管制员不能决定飞机绕飞的远近，这就可能造成原本足够的飞行间隔，因为大家绕飞距离远近的不一样，造成航路下一个点的飞机之间间隔不够。而管制员为了避免造成间隔不够，不得不在一开始就增加两架飞机的间隔。例如，正常情况下每两架飞机30公里间隔就够了，如果大家绕飞相同，间隔30公里不存在问题。但当绕飞标准不一样时，管制员就不得不将两架飞机的间隔增至50公里或者100公里，以避免绕飞不一样，正常的间隔变得不够。这样也大大浪费了有限的可用资源。

（5）机场起飞落地限制问题。国内很多繁忙机场虽然设计了双跑道，或者多跑道，也具备各个跑道独立运行的能力，但是受制于人员培训、运行经验、安全裕度等诸多因素，实际使用多跑道独立运行的并不是很普遍，这些在一定程度上造成飞机在开始时就有延误的可能。[①]

航空运输属于高度危险作业，与我国《合同法》确立的无过错归责原则不同，根据纠纷审理时适用的《民法通则》第123条的规定，所确立的高速运输工具等高度危险作业的责任制度，并参照有关国际航空法所规定的过错推定和无过错责任制度，依据《民用航空法》的规定，航空承运人对延误造成的损失适用过错推定责任制度。[②] 第一，如果旅客或托运人不能证明因延误对其造成损失，则承运人没有责任。第二，对航空承运人因延误造成旅客或货物及行李的损失采用国际上通行的过错推定责任制度，承运人免除责任的条件是证明其已采取必要措施以避免损失的发生，或者是出现承运人无法预料、无法控制的不可抗力因素。第三，承担责任的限额。

本案原告张某在诉讼中提供了由张家界机场航班值机室于2005年6月12日出具的一份延误证明，内容为：2005年6月12日，CZ3888航班执行张家界至广州航段，由于飞机晚到原因延误，预计本场起飞时间为22:50，实际起飞时间为次日1:00。诉讼中，南方航空公司则提供了一份由湖南省机场管理集团有限公司张家界荷花机场分公司（下称荷花机场）于2006年9月15日出具的一份“关于2005年6月12日CZ3888航班延误后的情况说明”，内容为：2005年6月12日，广州至张家界CZ3887/8航班因广州白云机场流控延误，预计当天21:10从广州起飞，实际起飞时间为22:55，并于次日0:12到达张家界，共计延误1小时45分钟；其间，部分旅客不理解民航总局有关赔偿的文件，吵闹非常激烈，经配备饮料及值班人员劝说和解释后，未果；次日0:22，航班通知登机，共有54名乘客上机，另有张某等26名乘客声称拒绝登机，要求南方航空公司赔偿全程机票款；经值班人员解释航班延误为流控原因而非南方航空公司造成，故不能赔偿，但张某等乘客仍拒绝登机；次日1:00，因已登机的乘客长时间等候，航班机长通知地面减载，对此，机场

① 有关流量控制详见陈建国：“流控流控流控！航班延误暴露五大问题”，http://news.hexun.com/2016-01-18/181863282.html，2016年10月2日访问。

② 蔡东辉：“航空旅客运输航班延误及其法律责任”，载《法律适用》2006年第8期，第60页。

又广播多次，并将拒绝登机的后果告知张某等乘客，未果，故航班只好于次日 1:10 起飞；之后，机场免费派车将张某等乘客载至市里住宿等。另经原审法院询问，张某表示本案纠纷选择合同关系主张权利。该院再查，南方航空公司和荷花机场之间存有经济利益关系，由南方航空公司按照航班降落的次数向荷花机场支付管理费。

原审法院认为：南方航空公司向张某出售机票，承诺以航空运输的方式将张某从荷花机场运至广州，故双方之间的航空运输合同关系依法成立，双方均应依约履行合同。南方航空公司未能按约定时间承运张某等旅客，该公司虽提供了“关于 2005 年 6 月 12 日 CZ3888 航班延误后的情况说明”，但上述说明不足以证实该次航班延误原因属免责原因，且南方航空公司在迟延期间，未能给张某等人做好解释，告知延误后果，并给予妥善安排，致张某等人在机场延误候机两个多小时，因此，南方航空公司对此次延误承担一定的违约责任，应适当赔偿张某的损失。但在南方航空公司承运航班到达机场后，南方航空公司已具备完全履行合同的条件，且此时已值深夜，在南方航空公司通知张某登机并告知张某等旅客解决纠纷途径和不登机的后果后，张某仍拒绝登机，张某的行为属单方解除合同，由此造成的损失应由张某自行承担。故张某要求返还机票款及赔偿住宿费损失的请求，该院不予支持。因南方航空公司的延误行为，综合延误时间及南方航空公司违约程度等因素，南方航空公司适当赔偿张某误机损失 100 元。张某诉请南方航空公司公开赔礼道歉及赔偿精神损害抚慰金的请求，因张某选择以合同关系主张权利，而上述两项请求均非合同责任的承担方式，故该院不予支持。①

① 一审宣判后张某不服，提起上诉称：一、南方航空公司在本案诉讼中未举证证明其向乘客提供办理转签及办理退票服务的事实。在本案中，南方航空公司不仅出现运输合同延误违约，也未依照法律规定向乘客提供相应的选择。二、本案中是南方航空公司单方面决定减载飞行，属单方面解除合同，上诉人从未声称拒绝登机，原审法院认定上诉拒绝登机没有任何事实依据。三、无论是单方减载或是乘客拒绝登机，均只是对航空运输合同的解除。上诉人在内的 26 名乘客并未实际享受南方航空公司提供的航空运输服务，运输合同的解除并不直接产生运输合同权利消灭的法律后果，故原审法院驳回上诉人退回机票的诉讼请求没有法律依据。四、本案是由于南方航空公司在履约过程中出现延误的违约行为，原审判决却强制上诉人必须接受其违约给付行为，如不接受该履行损失应自行承担的结论，没有任何事实和法律依据。五、本案应优先适用《合同法》分则中关于运输合同的规定（第 299 条的规定）。原审法院适用《合同法》第 119 条至第 122 条的规定，是错误的。六、上诉人的住宿费用及其他交通费用损失是由于乘客选择其他交通方式而造成的实际损失，南方航空公司应依法予以赔偿。综上请求本院判令：撤销原审判决第二项；南方航空公司退回张某购买机票款 610 元；南方航空公司赔偿张某住宿费损失 135 元；南方航空公司在广州当地报纸上对其没有对飞机延误作及时解释的行为向张某公开赔礼道歉；南方航空公司赔偿张某精神损害抚慰金 5000 元。

2. 对张某的上诉请求的法律分析

二审法院认为：张某以购买 CZ3888 航班机票的方式与南方航空公司成立的航空运输合同是双方当事人的真实意思表示，合同内容没有违反法律和行政法规的强制性规定，故该合同合法有效，双方当事人均应严格依约履行。对于张某上诉认为南方航空公司在涉案的 CZ3888 航班没有依约准时起飞的情况下，依法应当向其退还机票款 610 元及赔偿 135 元住宿费损失的问题，根据查明的事实，首先，根据《民用航空法》第 126 条规定："旅客、行李或者货物在航空运输中因延误造成的损失，承运人应当承担责任；但是，承运人证明本人或者其受雇人、代理人为了避免损失的发生，已经采取一切必要措施或者不可能采取此种措施的，不承担责任。"虽然涉案航班未能依约在 2005 年 6 月 12 日 22:30 起飞，但经南方航空公司方的运作，CZ3888 航班在 2005 年 6 月 13 日 0:22 通知张某在内的 80 名乘客登机，表明南方航空公司已经采取相当的措施避免张某损失的扩大。其次，根据《合同法》第 97 条的规定："合同解除后，尚未履行的，终止履行；已经履行的，根据履行情况和合同性质，当事人可以要求恢复原状、采取其他补救措施、并有权要求赔偿损失。"本案的客观事实是，张某等 26 名乘客虽然身处候机厅，且在同航班的其他 56 名乘客已登机的前提下，依然没有登机，表明张某等 26 人以自己的行为解除了与南方航空公司之间的航空运输合同关系，也放弃了相应的合同权利，因此张某无权要求南方航空公司退还机票款。最后，根据《合同法》第 299 条的规定："承运人应当按照客票载明的时间和班次运输旅客。承运人迟延运输的，应当根据旅客的要求安排改乘其他班次或者退票。"同时，《合同法》第 119 条第 1 款规定："当事人一方违约后，对方应当采取适当措施防止损失的扩大；没有采取适当措施致使损失扩大的，不得就扩大的损失要求赔偿。"在本案中，尽管南方航空公司的 CZ3888 航班未能准时起飞，但南方航空公司并未取消该航班，而且张某等 80 名该航班的乘客在荷花机场被通知登机时，仍然在候机厅等候，处于可登机的状态，在 54 名乘客登机后，张某等 26 人没有选择登机，而是继续与机场工作人员交涉，在客观上导致了损失的扩大（如住宿费），故张某无权要求赔偿扩大的损失。综上三点分析，张某在南方航空公司采取措施减少乘客损失的前提下，没有采取相应措施防止损失的扩大，而是单方面解除了双方之间成立的航空运输合同，因此，张某要求南方航空公司退还 610 元机票款及赔偿 135 元住宿费的上诉请求，依法不能成立。对于张某上诉要求南方航空公司向其赔礼道歉并赔偿其5000元精神损害抚慰金的上诉请求，因张某在原审诉讼中明确表明以合同关系提起本案诉讼，而赔礼道歉及赔偿精神损失的责任承担方式均属于侵权责任的范畴，故上诉法院依法不予处理。综上所述，因张某的上诉请求，不具有充分的事实和法律依据，本院依法予以驳回。原审法院认定事实清楚，适用法律和处理结果正确，二审法院依法予以维持。

（四）涉及法律及行业规则

（1）《民用航空法》第126条规定："旅客、行李或者货物在航空运输中因延误造成的损失，承运人应当承担责任；但是，承运人证明本人或者其受雇人、代理人为了避免损失的发生，已经采取一切必要措施或者不可能采取此种措施的，不承担责任。"

（2）《合同法》第97条规定："合同解除后，尚未履行的，终止履行；已经履行的，根据履行情况和合同性质，当事人可以要求恢复原状、采取其他补救措施、并有权要求赔偿损失。"第107条规定："当事人一方不履行合同义务或者履行合同义务不符合约定的，应当承担继续履行、采取补救措施或者赔偿损失等违约责任。"第119条第1款规定："当事人一方违约后，对方应当采取适当措施防止损失的扩大；没有采取适当措施致使损失扩大的，不得就扩大的损失要求赔偿。"第120条规定："当事人双方都违反合同的，应当各自承担相应的责任。"第122条规定："因当事人一方的违约行为，侵害对方人身、财产权益的，受损害方有权选择依照本法要求其承担违约责任或者依照其他法律要求其承担侵权责任。"第299条规定："承运人应当按照客票载明的时间和班次运输旅客。承运人迟延运输的，应当根据旅客的要求安排改乘其他班次或者退票。"

（3）《民事诉讼法》第170条第1款第1项规定："第二审人民法院对上诉案件，经过审理，按照下列情形，分别处理：（一）原判决、裁定认定事实清楚，适用法律正确的，以判决、裁定方式驳回上诉，维持原判决、裁定。"

（4）《中国民用航空旅客、行李运输国内规则》第57条规定："由于机务维护、航班调配、商务、机组等原因，造成航班在始发地延误或取消，承运人应当向旅客提供餐食或住宿等服务。"第58条规定："由于天气、突发事件、空中交通管制、安检以及旅客等非承运人原因，造成航班在始发地延误或取消，承运人应协助旅客安排餐食和住宿，费用可由旅客自理。"

（五）本案思考与讨论

（1）航班延误的原因及责任承担。

（2）国外类似情形的法律规制。

二、航班机械故障承运人的责任

（一）案情介绍

原告：米某。

被告：某航空公司。

1998年6月12日，原告米某等乘坐被告某航空公司的7604航班从大连经天津到太原，在始发站由于天气原因飞机延误8小时18分起飞，乘客在大连机场等候时，某航空公司地面代理人大连机场按规定向乘客提供了服务。该航班从大连到达天津，准备从天津再次起飞时，因飞机发生机械故障改在6月13日上午10时起飞。当晚，被告某航空公司对机械故障进行分析研究后，及时调动机务人员从太原赶往天津抢修飞机，并按规定为原告乘客免费安排了食宿。6月13日上午飞机故障没有排除，下午3:00左右，原告乘客提出退票，被某被告航空公司的地面服务代理人以到出票地退票为由拒绝了这一要求。后经交涉，天津机场为乘客李某、何某及由天津始发的五位乘客办理了退票手续，其他乘客未予办理。下午5:30，被告某航空公司通知原告飞机故障排除，请原告登机，原告拒绝。经天津机场负责人出面做工作，乘客于19:45登机，飞机于21:10到达太原。原告到达太原机场后，将联名签署的抗议书提交机场值班人员。2008年6月18日，被告某航空公司针对原告的投诉，向民航总局作了汇报，并将此报告及书面的情况说明和致歉信交给原告代表米某，对原告所投诉的问题进行了说明并表示歉意。对此，原告并不满意，向太原市中级人民法院提起诉讼。①

MU7604航班旅客共同起诉某航空公司服务质量纠纷案，经太原市中级人民法院作出一审判决：原告起诉要求每人赔偿400元，判决每人200元，诉讼费各负一半。在法定期限内双方均未上诉。

（二）案件难点

（1）机械故障航空公司是否承担责任，承担何种责任？

---

① 有关该案详情参见"乘客因航班延误集体诉航空公司案"，http：//news.carnoc.com/list/113/113697.html，2017年5月12日访问。

（2）延误旅客的转机问题如何解决？

（三）法理分析

1. 本案纠纷的法律适用

民用航空运输是在航空承运人与消费者之间进行的一种服务交换活动。服务交换是这种运输的经济内容，而航空运输合同则是这类服务交换所必须采取的法律形式。航空运输合同是航空承运人与消费者（旅客、货物托运人以及收货人、邮政组织）之间，依法就提供并完成以民用航空器运送服务达成的协议。契约关系是商品交换关系在法律上的表现，是反映商品交换关系的基本法律形式，是交换主体的意志自由的载体。在民用航空运输活动中，航空公司向消费者提供并完成运送服务，而购买这种服务的消费者则向航空公司支付相应的价款。作为社会经济生活中的一种流转形式，民用航空运输有偿服务是民事流转中的基本领域之一。

乘客与航空公司之间存在航空运输合同，乘客应向航空公司支付票款，航空公司应将旅客安全、快速地送达目的地。诉讼事务中，航空运输合同适用何法律进行规范和调整，是适用《合同法》《民用航空法》还是《消费者权益保护法》常存有争议。

在本案中，乘客的诉讼代表人一再坚持将《消费者权益保护法》作为本案的适用法律，要求赔偿旅客通信、交通、饮食、医疗、携带物品、耽误工作、精神损害等“综合损失”，并在庭审结束后单独向法院审判委员会致函，提出依照《消费者权益保护法》第 49 条规定双倍赔偿机票款。被告航空公司则提出，1995 年 10 月 30 日八届全国人大常委会第十六次会议通过的《民用航空法》是调整民用航空活动包括航空运输合同关系的基本法律，该法第 131 条明确规定：“有关航空运输中发生的损失的诉讼，不论其根据如何，只能依照本法规定的条件和赔偿责任限额提出，但是不妨碍谁有权提起诉讼以及他们各自的权利。”

原、被告双方的争执涉及民法适用的原则。民法分为一般法与特别法。一般法是指在效力范围上具有普遍性的法律，即针对一般的人或事，在较长时期内、在全国范围普遍有效的法律。特别法是指对特定主体、事项，或在特定地域、特定时间有效的法律。一般而言，特别法的效力优于普通法。如《中华人民共和国继承法》（以下简称《继承法》）的规定为一般法，而《民族自治地方关于继承的特殊规定》为特别法。以所适用之主体划分，则适用于一切民事主体的法律规定为一般法，而仅适用于特殊主体的法律为特别法。如《继承法》的规定为普通法，而《民族自治地方关于继承的特殊规定》为特别法。以所适用之主体划分，则适用于一切民事主体的法律规定为普通法，而仅适用于特殊主体的规定为特别法。如《民法通则》关于民事责任的规定为普通法，而《产品质量法》第四章关于缺陷产品侵权责任的规定为特别法。以法律规定的事项为标准，则关于一般民事关系的规定为普通法，而关于特殊民事关系的规定为特别法。如新法《中华人民共和国民法总则》（以下简称《民法总则》）颁布前的《民法通则》为普通法，《继承法》《合同法》为特别法。在这里，《消费者权益保护法》是适用于一切消费者的普通法，并且是规定一般民事关系的，而《民用航空法》是仅适用于乘坐飞机的消费者，并且规定航空运输这一特殊的民事关系的，因此是特别法。①

在民法适用上，以特别法优于普通法为原则。即对于该事项有特别法规定时，应适用特别法，而不适用普通法；只在无特别法时才适用普通法，普通法起补充特别法的作用。根据这一原则，《民用航空法》有优先适用的效力，《民用航空法》对民航运输中的法律纠纷有专属、优先管辖权。法院采纳了航空公司的这一主张。

2. 航班延误责任分析

（1）在航空运输中导致航班延误的原因。

在交通运输中，不管是在公路运输、铁路运输、水路运输还是航空运输中，延误是普遍存在的现象。1991 年春，我国西南某省一辆运输汽车途中遇到恶劣天气和严重交通堵塞，延误几十个小时，致使全体乘客状告承运单位，要求作出交通误点的损失赔偿，以致在代表消费者权益的权威传媒——《中国消费者报》引发了一场关于交通误点赔偿问题的讨论。由于人为原因或其他不可抗力，延误的发生频率比较高。延误发生后产生承运人对旅客或托运人进行赔偿以及如何赔偿问题。航班延误的原因是多方面的，归结起来包括以下四方面：

一是天气原因。如大雾、雷雨、风暴、跑道积雪、结冰、低云、低能

---

① 乔晓阳主编：《立法法讲话》，中国民主法制出版社 2000 年版，第 293 页。根据这一解释，特别规定就是立法者的有意安排，但实践中有不少法律适用困境是由于法律规范之间的不一致逃脱了立法起草人的视线而产生的，只要它们符合特别法规则适用条件，事实上也是在按照特别法规则作出法律选择。所以从法律适用实践现状及发展趋势看，特别规定应作广义解释为妥。

见度等危及飞行安全的恶劣天气。民航运输是由飞机在长距离的高空中实施，由于飞机经过的航路或机场上空出现的雷暴、雷雨云、台风、龙卷风、强烈颠簸以及低云、低能见度乃至机场跑道积雪结冰等恶劣气候，都有可能对飞机结构、通信导航设备以及飞机安全起降构成直接威胁，因此，天气这种自然不可抗力因素是影响航班正常起降的主要原因。据权威部门统计，由于天气原因导致民航航班延误一般占延误航班的70%左右，而目前世界上有70%的飞行事故是由于飞机违反天气标准允许范围规定起降造成的。

二是民航原因。如运力调配、飞机故障、机务维护、机场关闭、地面通信导航、商务、机组等原因。其中因飞机周转原因造成的飞机晚到（主要是飞机在前一站受天气、流量控制和其他原因的影响，致使飞机不能按时到达下一站）造成下一站航班的不正常率达到50%，其中因机械原因占6%左右。尽管飞机乃集高新技术于一身的产物，但机械故障在所难免。机型越先进或越新，机械故障相对就少，反之亦然。许多航空公司飞机在异地委托对方代为提供一般的过站服务，这种情况有时会因维护工具或器材无法保证，平添了机械故障排除的难度。因此，机械故障也是影响航班正常的因素之一。

三是空中管制原因。如空中流量控制、重要飞行、科学实验、上级发出的禁航令等，其中因流量控制造成的不正常航班占10%。

四是旅客原因。如有的乘客办完乘机手续后到附近购物、用餐、打电话，不注意听广播通知，因此，不能按时登机。有的乘客违反规定携带过多、超大的行李上机，堵塞通道，危及安全，重新办理交运手续时势必造成航班延误。由旅客原因造成的航班延误约占5%。

（2）航班延误的定义。

关于“延误”，《民用航空法》及其相关规则均没有明确的规定或解释。由曹三明、夏兴华主编的《民用航空法释义》（辽宁教育出版社1996年版）对上述“延误”作了如下解释：“本条规定的‘延误’，是指承运人未能按照运输合同约定的时间将旅客、行李或者货物运抵目的地点。运输合同约定的时间，一般指承运人的班机时刻表或者机票上载明的旅客抵达目的地的时间和航空货运单上载明的货物运达目的地的时间。如果航空运输合同没有明确约定具体的运达时间，就应根据完成该运输所需要的合理时间来判断是否构成延误。也就是说，本条规定的延误是不合理延误或称不正常的延误。判断是否合理与是否正常，要看承运人完成该运输所花费的时间是否符合合同约定的时间要求；在无约定时间的情况下，要看其所花费的时间是否超过一般情况下完成该项运输所需要的合理时间。”按照上述解释，合同约定的时间，一般指承运人的班机时刻表上载明的时间，如果承运人未能按照运输合同约定的时间将旅客运达目的地，就是延误，就构成违约，可能要承担损害赔偿责任。实际上该解释欠妥。在承运人的班期时刻表上列明的时间是一种预期的时间，况且，在客票上也只是注明了离站时间，并未注明到站时间。按《中国民用航空旅客、行李国内运输规则》的解释，“离站时间指航班旅客登机后，关机门的时间”。通常情况下，延误既可发生在始发地，也可在经停地发生延误。

《民用航空法》第126条规定：“旅客、行李或者货物在航空运输中因延误造成的损失，承运人应当承担责任；但是，承运人证明本人或者其受雇人、代理人为了避免损失的发生，已经采取一切必要措施或者不可能采取此种措施的，不承担责任。”该规定主要是参照了《华沙公约》第19条和第20条的规定，《华沙公约》第19条的内容是：“承运人对旅客、行李或货物在航空运输期间，因延误而产生的损失应承担责任。”而《华沙公约》中所规定的“延误”是一个非常模糊的概念，在实践中引起的争论很多。

参照国际航空运输协会起草的、被各国航空公司普遍采纳的《旅客行李运输的一般条件》等文本，承运人承担的只是“尽最大努力合理地迅速运送旅客及行李”的义务，班期时刻表上或其他地方所显示的时间是不能被保证的，它们不构成航空运输合同的一部分，承运人未遵守注明的时间不构成违约。可以说，在大多数情况下，就航空旅客运输而言，承运人和旅客没有约定非常明确的时间，航班时刻表仅仅是作为预期的运输时间。国际航空运输协会至今也没有把班期时刻表当作运输合同履行的组成部分。

纵观世界民航运输史，尤其是与之相关的各种法律文本，从1929年的《华沙公约》到1971年的《危地马拉议定书》及至1975年的《蒙特利尔第四号议定书》，再到1999年通过的《统一国际航空运输的某些规则的公约》，不难发现，航班延误一直是一个无法改变的客观存在，只能最大限度地降低航班延误的程度，却无法根除，这是科学技术发展的渐进性使然。

在本案中，原告于6月12日从大连出发去太原，直到6月13日21:10

到达太原，即便是没有约定运输时间，也已经大大超出了一般情况下完成该项运输所需要的合理时间。可以认为，原告迟延履行其义务，其行为已经构成违约。

（3）航班延误的性质。

航班延误是对航空运输合同的不正常履行，而航空运输合同属于格式合同，即承运人预先制定有关航空运输权利义务和责任条件，并通过特定的形式向社会公布；旅客购买航空公司客票视为对格式内容的认可，表现为对单方面规定的遵守，除非法院依法断定某些内容违反法律而无效。民航局制定的各种规章及航空公司的“运输条件”构成航空运输合同的主要内容。

《中国民用航空旅客、行李国内运输规则》第 4 条规定：“承运人的航班班期时刻应在实施前对外公布。承运人的航班班期时刻不得任意变更。但承运人为保证飞行安全、急救等特殊需要，可依照规定的程序进行调整。”

在始发地大连由于天气原因航班延误以及在经停地天津由于机械故障导致延误的情况下，承运人向乘客提供了膳宿。可以说，承运人已按《中国民用航空旅客、行李国内运输规则》第 57 条规定：“由于机务维护、航班调配、商务、机组等原因，造成航班在始发地延误或取消，承运人应当向旅客提供餐食或住宿等服务。”第 58 条规定：“由于天气、突发事件、空中交通管制、安检以及旅客等非承运人原因，造成航班在始发地延误或取消，承运人应协助旅客安排餐食和住宿，费用可由旅客自理。”和第 59 条规定：“航班在经停地延误或取消，无论何种原因，承运人均应负责向经停旅客提供膳宿服务。”履行了自己的义务。但是，《中国民用航空旅客、行李国内运输规则》还有以下几条规定，第 19 条第 1 款规定：“航班取消、提前、延误、航程改变或不能提供原定座位时，承运人应优先安排乘坐后续航班或签转其他承运人的航班。”第 23 条规定：“航班取消、提前、延误、航程改变或承运人不能提供原定座位时，旅客要求退票，始发站应退还全部票款，经停地应退还未使用航段的全部票款，均不收取退票费。”第 62 条规定：“航班延误或取消时，承运人应根据旅客的要求，按本规则第十九条、第二十三条的规定认真做好后续航班安排或退票工作。”根据上述规定，在承运人违反合同，履行迟延的情况下，如果严重影响旅客行程的，旅客有权利解除合同，承运人有义务全额退还票款。在运输途中发生停滞的，旅客也可以要求就尚未履行的部分解除合同，但对于承运人已经履行运输义务的部分则一般不能要求解除合同。另外，旅客也可以要求安排改乘其他班次，承运人应当根据旅客的要求作出妥善安排。

在本案中，承运人没有优先安排旅客乘坐后续航班或签转其他承运人的航班，并且在乘客提出退票的情况下，也只是给以天津为始发站的乘客退了票，没有满足其他乘客的要求。承运人违反了《中国民用航空旅客、行李国内运输规则》有关的规定，应承担相关责任。

（4）航班延误的法律责任。

①承运人承担责任的条件。根据《民用航空法》第126条的规定，承运人只在因延误造成损失时才承担责任，如果延误没有造成任何损失，承运人就不承担责任。这就要求旅客负责对因延误给其所造成的损失举证，[①] 如果旅客不能证明这一点，就不能要求承运人承担责任。并且，因延误造成的损失必须是实际的经济损失，不包括因延误给旅客造成的精神损失。

②承运人的免责条件。承运人如果能够举证证明其本人或者其受雇人、代理人已经采取一切必要措施以避免损失的发生，或者不可能采取此种措施，可以不承担责任。具体讲，承运人在两种情况下不承担责任：第一，承运人及其受雇人、代理人已经采取一切必要措施以避免损失的发生。例如，在航班因机械故障造成延误的情况下，承运人为旅客安排食宿、交通和通信等，或者为旅客改签其他航空公司的航班。第二，延误是承运人无法预料、无法控制的原因造成的，承运人不可能采取必要措施控制或阻止延误的发生。无法预料、无法控制的原因一般包括天气条件、航空器的机械故障、机组人员或机械维护人员的罢工等。

③承运人承担赔偿责任的范围。就航空运输赔偿的特征而言，《民用航空法》根据我国参加的《华沙公约》体系规定了航空运输的赔偿责任限额制，即各种原因造成的航空赔偿分别适用不同的赔偿最高数额限制，超出限额的主张除非双方有特别约定，否则法律不予支持。根据《民用航空法》第128条的规定，国内航空运输承运人各种情况下的赔偿责任限额由民航局制定，报国务院批准后公布执行。实践中执行的只有1993年11月29日国务院

① 2001年《最高人民法院关于民事诉讼证据的若干规定》第2条第1款规定："当事人对自己提出的诉讼请求所依据的事实或反驳对方诉讼请求所依据的事实有责任提供证据加以证明。"

修订后发布的《国内航空运输旅客身体损害赔偿暂行规定》，其中也只规定了旅客在航空器内或上下航空器过程中死亡或受伤的赔偿限额。《中国民用航空旅客、行李国内运输规则》从服务的角度规定了航班延误等不正常情况下的承运人的义务，其中又区分了非承运人原因和承运人原因两种情况，后一种原因下服务的范围也只限于“提供餐食和住宿等服务”。曹三明、夏兴华主编《民用航空法释义》中列明了航班延误法律赔偿的范围：旅客在等候另一航班过程中所支出的特殊费用；旅客误乘下一经停地点航班的损失；旅客购买另一航空公司机票而额外支出的票款。

综上所述，在本案中，确实发生了航空法意义上的“延误”，因为超出了合理的运输时间。但是，乘客必须证明这种延误给其造成了经济上的损失，否则，承运人不承担赔偿责任；而承运人要想免除其责任，则要证明其已经采取一切必要措施以避免损失的发生，或者不可能采取此种措施。从案情来看，承运人虽然采取了一些措施，并且天气原因和机械故障均可构成免责条件，但是承运人并未采取所有的措施，例如，没有为乘客改签航班，在乘客要求退票时，拒绝退票，因此，承运人应承担相关责任。①

本案判决的每人200元并不是通过计算乘客在等候另一航班过程中所支出的特殊费用等得出的，也无其他法律依据，所以只能说是一种情理上的补偿，不是法律意义上的赔偿。

（四）涉及法律、法规和行业规则

（1）《合同法》第288条规定：“运输合同是承运人将旅客或者货物从起运地点运输到约定地点，旅客、托运人或者收货人支付票款或者运输费用的合同。”

（2）《民用航空法》第126条规定：“旅客、行李或者货物在航空运输中因延误造成的损失，承运人应当承担责任；但是，承运人证明本人或者其受雇人、代理人为了避免损失的发生，已经采取一切必要措施或者不可能采取此种措施的，不承担责任。”第131条规定：“有关航空运输中发生的损失的诉讼，不论其根据如何，只能依照本法规定的条件和赔偿责任限额提出，但是不妨碍谁有权提起诉讼以及他们各自的权利。”

① 有关该案法理分析参见朱禹睿律师：“乘客因航班延误集体诉航空公司案”，http：//yn13888657778.blog.163.com/blog/static/18219918320116153381095/，2016年1月12日访问。

（3）《中国民用航空旅客、行李国内运输规则》第4条规定："承运人的航班班期时刻应在实施前对外公布。承运人的航班班期时刻不得任意变更。但承运人为保证飞行安全、急救等特殊需要，可依照规定的程序进行调整。"第19条第1款规定："航班取消、提前、延误、航程改变或不能提供原定座位时，承运人应优先安排旅客乘坐后续航班或签转其他承运人的航班。"第23条规定："航班取消、提前、延误、航程改变或承运人不能提供原定座位时，旅客要求退票，始发站应退还全部票款，经停地应退还未使用航段的全部票款，均不收取退票费。"第62条规定："航班延误或取消时，承运人应根据旅客的要求，按本规则第十九条、第二十三条的规定认真做好后续航班安排或退票工作。"

（五）本案思考与讨论

（1）如何解释《民用航空法》第126条规定："旅客、行李或者货物在航空运输中因延误造成的损失，承运人应当承担责任；但是，承运人证明本人或者其受雇人、代理人为了避免损失的发生，已经采取一切必要措施或者不可能采取此种措施的，不承担责任。"中的"一切必要措施"？

（2）旅客如何举证证明由于航班延误而耽误行程所造成的损失？

三、航班调配承运人的责任

（一）案情简介

上诉人（原审原告）：韩某。

被上诉人（原审被告）：中国南方航空股份有限公司。

2003年9月，上诉人韩某向被上诉人中国南方航空股份有限公司购买了由郑州飞往北京的头等舱客运机票1张，机票载明航班号为CZ3175，起飞时间为2003年9月5日18:30。2003年9月5日，上诉人按时在郑州机场办理了登机手续，并领取了登机牌。后因执行CZ3175航班的飞机出现故障，造成CZ3175航班延误，被上诉人通过机场广播传达了航班延误的信息及原因并表示歉意。上诉人对此表示不满，被上诉人曾派值班人员向上诉人解释原因。为使CZ3175航班的旅客能够尽早到达目的地，被上诉人临时调配了其他飞机执行CZ3175航班任务并及时向该航班旅客配发了正餐和饮料。因调配的飞机不设有头等舱，被上诉人同意退回原乘坐头等舱的旅客每人310元

（头等舱与经济舱的票价差额），并向包括上诉人在内的旅客进行了相应的解释工作。上诉人拒绝接受被上诉人退还票价差额的310元。并要求航空公司赔礼道歉，且赔偿1元电话费。因此产生了纠纷。[①]

（二）案件难点

（1）航班调配承运人的义务。

（2）承运人降舱后的违约赔偿问题。

（三）法理分析

1. 航班调配承运人的义务

原审法院认为，上诉人向被上诉人支付票款后，取得了被上诉人交付的飞机票，故双方之间的航空旅客运输合同关系依法成立。被上诉人作为承运人，应当按照飞机票载明的时间和班次运输旅客，现被上诉人因执行CZ3175航班任务的飞机出现故障而未能准时运载上诉人至目的地及未能提供原约定的服务标准，故被上诉人的行为已构成违约，依法应承担违约责任。

对于上诉人诉请被上诉人赔礼道歉的请求，因这一请求应属侵权责任的承担方式，而非合同之诉的责任承担方式，且被上诉人已就其违约行为向上诉人进行了道歉，故对此请求法院不予支持。根据被上诉人的陈述，CZ3175航班延误后，被上诉人已通过广播的方式及在降舱退款时向乘客进行了道歉。上诉人称其作为头等舱的乘客，应享有头等舱的服务，故要求被上诉人在郑州的报纸上以书面形式进行赔礼道歉，法院认为，认定被上诉人赔礼道歉的方式是否适当的关键在于被上诉人采取的方式能否真正地体现其赔礼道歉的真诚性，而不在于上诉人乘坐的是头等舱或是经济舱。现从法院上述认定的事实判断，被上诉人在CZ3175航班延误后，已通过广播在候机楼的范围内主动、及时地向乘客进行了赔礼道歉，并在降舱退款时亦再次当面向乘客进行了道歉，故法院认为被上诉人采取赔礼道歉的时间、范围、方式、数量均足以体现其真诚性。故对上诉人该上诉请求不予支持。

上诉人诉请被上诉人退还310元的请求，因被上诉人未能依约提供与上诉人购票舱位级别相等的服务标准，故法院予以支持。CZ3175航班延误后，

---

① 有关该案详情参见广东省广州市中级人民法院："2015年韩某与中国南方航空有限公司航空旅客运输合同纠纷上诉案"，https：//www.lawxp.com/Case/c316166.html，2017年10月6日访问。

被上诉人为乘客调配的其他飞机，因无头等舱的配置，故应当将降低服务标准的票价差额返还予上诉人。被上诉人称上诉人拒绝领取 310 元的行为应视为放弃权利的抗辩，根据法院查明的事实证实，上诉人拒绝领取 310 元的行为仅是表示其对被上诉人违约后所采取的补救措施的异议，并非放弃追索 310 元的权利，而权利人放弃自身的权利必须具有明确的意思表示，现被上诉人并无证据证实上诉人明确作出了放弃权利的意思表示，故其抗辩缺乏依据，依法应返还上诉人 310 元。

对于上诉人诉请被上诉人赔偿 1 元的经济损失的请求，原审法院认为因上诉人未能提供证据证实其损失，故不予支持。被上诉人违约后，依法应当赔偿上诉人因此所受到的损失。被上诉人认为其在航班延误后，已采取一切必要措施避免给旅客造成损失，故不承担赔偿责任。但因乘客的损失是由于飞机机械故障导致航班延误造成，而被上诉人并未提供证据证明其已采取一切必要措施避免飞机机械故障的产生，故被上诉人仍应当对乘客的损失承担相应的赔偿责任；至于被上诉人在航班延误后所采取的补救措施，仅能起到避免扩大乘客损失的作用，而不能因此免除被上诉人全部的赔偿责任；因此，法院对被上诉人的抗辩不予采纳。

2. 承运人降舱后的违约赔偿问题

二审法院认为：关于上诉人要求违约方赔偿非违约方的损失，即赔偿上诉人因航班延误被迫打电话取消商务会议造成电话费这一直接损失和个人及所任职公司信用的损失问题应依照《民用航空法》第 126 条的规定“旅客、行李或者货物在航空运输中因延误造成的损失，承运人应当承担责任；但是，承运人证明本人或者其受雇人、代理人为了避免损失的发生，已经采取一切必要措施或者不可能采取此种措施的，不承担责任。”即被上诉人应承担责任，若其已采取一切措施避免损失的扩大，可以免责。被上诉人出具的“不正常航班记录”以及值班日志，表明其已尽力采取了一些必要措施（立刻调配飞机执行该航班以及安排退票、签转、退款等）避免旅客损失的发生。但是由于被上诉人没有提供免费电话服务，才造成上诉人电话费损失，故原审法院认定上诉人诉请被上诉人赔偿因航班延误需电话通知他人的电话费损失，因无提供证据证实，法院不予支持的做法错误，二审法院撤销原审判决第二项；判令被上诉人中国南方航空股份有限公司在判决生效之日起 10 日内赔偿上诉人韩某 1 元的损失。[①]

（四）涉及法律

（1）《合同法》第 7 条规定：“当事人订立、履行合同，应当遵守法律、行政法规，尊重社会公德，不得扰乱社会经济秩序，损害社会公共利益。”第 60 条规定：“当事人应当按照约定全面履行自己的义务。当事人应当遵循诚实信用原则，根据合同的性质、目的和交易习惯履行通知、协助、保密等义务。”第 293 条规定：“客运合同自承运人向旅客交付客票时成立，但当事人另有约定或者另有交易习惯的除外。”第 299 条规定：“承运人应当按照客票载明的时间和班次运输旅客。承运人迟延运输的，应当根据旅客的要求安排改乘其他班次或者退票。”

（2）《民用航空法》第 126 条规定：“旅客、行李或者货物在航空运输中因延误造成的损失，承运人应当承担责任；但是，承运人证明本人或者其受雇人、代理人为了避免损失的发生，已经采取一切必要措施或者不可能采取此种措施的，不承担责任。”

（五）本案思考与讨论

航班延误、舱位变化后航空公司对乘客的损失赔偿范围认定。

四、航班拒载承运人的责任

（一）案情介绍

原告：皮某。

被告：海南航空股份有限公司（本案中简称海航）。

2006 年 1 月 15 日上午 10 时许，原告皮某因意外车祸造成右小腿脚腕处断伤。经酒泉市人民医院会诊后告知家属病情，家属和兰州军区陆军总

---

① 该案经广州市白云区人民法院以（2004）云法民二初字第 930 号民事判决如下：（1）被上诉人中国南方航空股份有限公司于判决生效之日起十日内，返还上诉人韩某票款 310 元；（2）驳回上诉人韩某其他的诉讼请求。本案受理费 100 元，由上诉人承担 67 元、被上诉人承担 33 元。宣判后，韩某不服向广东省广州市中级人民法院提出上诉，二审法院以（2005）穗中法民二终字第 21 号判决如下：（1）维持原审判决第一项；（2）撤销原审判决第二项；（3）被上诉人中国南方航空股份有限公司在判决生效之日起十日内赔偿上诉人韩某 1 元的损失；（4）驳回上诉人的其他诉讼请求。一、二审案件受理费各 100 元，分别由上诉人负担 20 元，被上诉人负担 80 元，一、二审案件受理费上诉人已预交，本院不予退回，由被上诉人在履行判决时径付上诉人。

院联系后，得知兰州军区总医院可做断肢再植手术。皮某之父皮某某征询酒泉市人民医院医生的认可，认为皮某可以乘坐飞机后，从被告售票处购得两张当日下午 6 时从嘉峪关飞往兰州的 HU7536 航班机票。皮某到达嘉峪关机场后，嘉峪关机场及当次航班机长既未查验病情，也不听取主治医生的病情介绍，拒绝原告登机，导致皮某无法及时到达兰州军区陆军总院接受断肢再植手术，最终造成右小腿（膝盖以下 8 厘米）被迫截肢的严重后果。

本案原告的代理律师认为，从自己掌握的证据看，皮某的购票人在购票时没有隐瞒实际情况。而被告认为乘客在购票时应该按规定如实说明情况，皮某的购票人在购票时隐瞒了实际情况，由此导致合同无法实行，不属于违约。虽然酒泉市人民医院开具了皮某可以登机的证明，但从实际情况看，皮某不符合登机条件。原告认为，在皮某赶到机场时，有证据表明机场的工作人员和医务人员没有对皮某的伤口做直接检查，就认为皮某受伤严重拒绝其登机。但事实上皮某不属于担架旅客，她完全可以由医生抱上飞机并且躺卧在座位上。被告认为皮某属于担架旅客，在飞机起飞和降落时会引起伤口大出血，在生命危险和肢体危险发生矛盾下，一般人会考虑生命安全。原告认为皮某的截肢与飞机拒载有很大的因果关系，同时中国国防大学医院骨外科专家弓某副主任医师在法庭上说，皮某是在车内碰断脚腕的，接肢的黄金时间是 6～8 小时，导致皮某断肢不能接活的直接原因就是时间拖延，皮某所乘的飞机飞行高度为 7000～8000 米，对皮某没什么影响，海航没有理由拒载。被告则认为海航拒载行为与皮某截肢结果并不存在法律上的因果关系。①

（二）案件难点

（1）皮某父亲皮某某委托的购票人在购票时是否隐瞒了皮某的真实伤情？是否符合承运条件？

（2）海航的拒载行为与皮某截肢是否存在因果关系，若存在则承运人的责任认定为何？

（3）持有客票的乘客是否可以无条件乘坐飞机？

① 本案一审由甘肃省嘉峪关市中级人民法院作出判决，当事人上诉于甘肃省高级人民法院，二审中当事人达成和解协议书，调解结案。

（三）法理分析

1. 客票是否就是客运合同、持有客票的乘客是否意味着可以乘坐飞机

很多人认为出售机票，持有人就有登机的权利；不许登机就违反了《消费者权益保护法》和《合同法》，只要一票在手，航空公司没有任何理由不让持票人登上飞机。这种观点是将客票置于和航空旅客运输合同等同的地位。对客票法律属性的这种认识，不免有混淆客票和客运合同固有区别之嫌。在法律上，客票和客运合同是两个不同的概念，二者不仅性质不同，而且功能也有差异。总体而言，两者的区别主要表现在：

首先，时间顺序上有先后之别。客票是客运合同成立的前提，在时间顺序上，先有客票，后有客运合同。法律之所以做此规定，是因为客运合同属于要式合同，即应当或者必须根据法律规定的方式方能成立的合同。因此，旅客必须按照承运人提供的格式要求履行相应义务，取得客票，客运合同才告成立。《合同法》第 293 条对此做了明确规定："客运合同自承运人向旅客交付客票时成立，但当事人另有约定或者另有交易习惯的除外。"

其次，内容范围上有大小之分。一般认为，一个完整的客运合同应当包括客票所载的简要运输条件（如旅客须知）、承运人制定的运输总条件（航空公司旅客、行李、货物运输条件）、承运人运价规则中的有关内容以及承运人公之于众的其他各类运输规定等。简言之，客运合同在实质上体现为明示存在的客票、公示生效的运输总条件和公布实施的其他各类运输规定三者的有机结合。客票所载的条款只是客运合同的部分内容，民航局《民用航空旅客、行李国际运输规则》第 5 条规定："……客票中的合同条件是运输条件部分条款的摘述。"因此，客票并非客运合同本身。

由此可见，客票和客运合同是两个虽有联系但却不同的法律概念。根据合同法的基本原理，当事人全面履行义务的依据应当是双方协商一致订立的有效合同，而不是其他凭证。所以，航空公司应当依据客运合同而不是客票履行运送旅客的基本义务。双方当事人行使权利、承担义务的法律行为应当受到客运合同的约束，而不是受客票的约束。由此可以确定，即使持有客票，航空公司也并不一定必须履行运送义务，因为客票不同于客运合同，航空公司所履行的义务是由客运合同而不是客票作出规定的。可见，航空公司若要实际履行运送旅客的义务，就必须首先审查该客运合同的合法有效性。即对客票所载的简要运输条件、承运人制定的运输总条件和承运人运价规则中的

有关内容以及承运人公之于众的其他各类运输规定等逐一分析和判断。

就本案而言，皮某虽持有客票，但该事实仅能说明客运合同在海航和皮某之间已经成立，至于该客运合同是否合法有效，还需要根据法律的相关规定和价值标准做进一步的分析。我们不能仅仅根据皮某持有客票这一事实就认定海航有运送皮某的义务，还应当对海航的运输总条件等客运合同的其他条款做深入分析和全面把握。因此，我们应当将视野扩大至整个客运合同，即除了客票所列条款之外，还应当对包括海航制定的运输总条件和海航运价规则中的有关内容以及海航公之于众的其他各类运输规定等内容做整体分析。在海航制定的地面服务代理手册（国内）中，对病残旅客运输条件有如下规定："病残旅客的健康情况可能危及自身或影响其他旅客安全者，公司有权拒绝运输或拒绝续程运输""近期进行过外科手术，伤口尚未完全愈合者，除为了抢救生命，经本公司同意安排者外，公司不予承运"。根据前述分析，该运输条件应当是海航和皮某应当共同遵守的行为规范，属于客运合同的应有条款。因此，海航考虑到皮某的生命安全和航班的飞行安全绝其登机，依据的就是双方客运合同中的明确规定。《中国民航旅客、行李国内运输规则》第 34 条第 1 款也有类似规定："无成人陪伴儿童、病残旅客、孕妇、盲人、聋人或犯人等特殊旅客，只有在符合承运人规定的条件下经承运人预先同意并在必要时做出安排方予载运。"易言之，特殊旅客如果不符合承运人规定的条件，并经承运人预先同意且在必要时做出安排的，不可载运。

2. 持有客票的乘客是否可以无条件乘坐飞机

有人主张：运输合同以票据为证，既然购买了机票，那么就是签订了合同，你就应该按照机票上的约定，让旅客乘坐这趟航班。购买了机票就应当有权乘坐航班的观点在法律上是不成立的。虽然海航和皮某之间"签订了合同"，但签订的客运合同在法律上是否一定有效？这就涉及合同成立和合同生效这两个不同的法律概念。

有关合同成立和生效的问题，《合同法》作出了明确的区别，具体表现在以下几个方面：一是法律判断的不同。合同成立与否属于事实判断问题，其着眼点在于判断合同是否存在，而合同生效与否则是法律价值判断问题，其着眼点在于判断合同是否符合法律的精神和规定，能否发生法律上的效力；二是法律规则的不同。合同成立适用意思自治原则，只要具备意思表示这一基本事实，合同即告成立。而合同的生效必须在国家的干预下，依法判断合同是否合乎法律，只有合法合同才能有效。合同的成立主要是强调当事人合意，体现了合同自由原则。合同的生效强调立法者对合同关系的评价，反映了立法者对合同的干预。因此，对于无效合同，国家会主动进行干预；三是法律要件的不同。合同的成立要件须有双方或多方当事人对主要条款达成一致，具备要约和承诺两个阶段。合同的生效就是指符合法定生效要件的合同，便可以受到法律的保护，并能够产生合同当事人所预期的法律后果。合同的生效要件主要有：主体合格、意思表示真实、不违反法律及社会公共利益等。

可见，合同成立和生效存在重大区别，有必要对客运合同之成立与生效进行区别分析。有关客运合同的成立与生效之不同，在《民用航空法》中也有所体现。《民用航空法》第 109 条规定："承运人运送旅客，应当出具客票。旅客乘坐民用航空器，应当交验有效客票。"第 111 条第 2 款规定："旅客未能出示客票、客票不符合规定或者客票遗失，不影响运输合同的存在或有效。"结合《合同法》第 293 条规定："客运合同自承运人向旅客交付客票时成立，但当事人另有约定或者另有交易习惯的除外。"可以推导出，客票只影响客运合同的成立，但与客运合同的生效并没有必然的联系，即虽然客票是客运合同成立的前提，但并非客运合同的生效要件。

《合同法》第 52 条规定："有下列情形之一的，合同无效：（一）一方以欺诈、胁迫的手段订立合同，损害国家利益；（二）恶意串通，损害国家、集体或者第三人利益；（三）以合法形式掩盖非法目的；（四）损害社会公共利益；（五）违反法律、行政法规的强制性规定。"因此，海航和皮某之间的客运合同虽然在法律上已经成立，但其是否有效，仍是一个需要考量的问题，并不是"买了机票就应该乘坐航班"这般的简单。

就本案而言，虽然客运合同已经在海航和皮某之间成立了，但该客运合同是否有效，还需要做进一步的分析。如前文所述，合同成立属于事实判断问题，合同生效则属于价值判断问题，对合同效力的考察，体现的是国家对当事人合意的强制干预，这种干预绝非公权力对当事人意思自治的粗暴干涉，而是国家行使市场监管职能，维护交易安全的必要手段。因此，我们在认定本事件客运合同的效力时，就不能局限于对事实的认定和判断，还需综合考虑"自由、秩序、正义和效益"等最基本的法律价值和合同法律关系中当事人双方之间以及当事人与社会之间的利益关系。

就本案航空旅客运输而言，不仅要关心皮某能否得到及时的救治，也应当对整个航班的飞行安全给予必要的关注。作为航空运输承运人，海航的义务是保证将整个航空器上的旅客安全运达目的地，而不是局限于其中某旅客的安全。因为，航空运输作为一种高度危险性的运输方式，保障航空飞行安全是关乎社会全体利益的头等大事，也是航空公司的最高义务，任何一个有碍飞行安全的细节都不容许忽视，也不应当通融。因此，海航根据自己的运输总条件，从保障整个航班的飞行安全出发，如果认为本次航班不具备运输皮某的条件，让皮某登机不足以保证飞行安全，应当有权不让其登机。在这种情况下，海航作为客运合同的一方当事人，在符合法律规定的情况下，可以单方终止该客运合同的效力。

3. 航空公司是否应该承担责任

法院判决海航拒绝皮某登机无错，驳回了皮某的全部请求，原告承担诉讼费用 14 593 元（缓交），但支持海航出于人道主义给付皮某 16 万元经济帮助金。对法院的判决理由分析如下：第一，皮某不符合乘机条件。嘉峪关市人民法院认为，根据《海南航空股份有限公司地面服务手册》规定，认为原告车祸导致右小腿离断损伤应属于地面服务手册①所说的无自理能力的担架旅客情形，不符合规定的乘机条件。第二，合同未生效海航不构成违约。根据合同法及其原理，该案的航空客运合同自被告向原告委托的购票人交付客票时即成立，但在未通过验票办理乘机手续前尚未生效，不存在违约问题。合同未生效的原因是原告不符合国家民用航空主管部门规定的病残旅客乘机条件，被告拒绝原告乘机没有过错。第三，断肢未能再植与拒载非因果关系。被告断肢未能再植的原因是伤情本身严重及断足冰冻时间过长，被告拒绝行为与其不存在法律上的因果关系。因此，原告要求被告承担因不履行航空旅客运输合同而引起的人身侵权损害赔偿责任的主张，该法院不予支持。

（四）涉及法律及行业规则、航空公司服务手册

（1）《合同法》第 52 条规定："有下列情形之一的，合同无效：（一）一方以欺诈、胁迫的手段订立合同，损害国家利益；（二）恶意串通，损害国

① 《海南航空股份有限公司地面服务手册》规定：因患重病或受重伤的原因，在旅行中不能使用飞机上的座椅而只能躺卧在担架上，或不能在飞机座椅上坐着而必须躺着乘机的病残旅客是担架旅客。本案中飞机执行的航班不能承运无自理能力的轮椅、担架旅客。

家、集体或者第三人利益；（三）以合法形式掩盖非法目的；（四）损害社会公共利益；（五）违反法律、行政法规的强制性规定。”第290条规定：“承运人应当在约定期间或者合理期间内将旅客、货物安全运输到约定地点。”第291条规定：“承运人应当按照约定的或者通常的运输路线将旅客、货物运输到约定地点。”第301条规定：“承运人在运输过程中，应当尽力救助患有急病、分娩、遇险的旅客。”第302条第1款规定：“承运人应当对运输过程中旅客的伤亡承担损害赔偿责任，但伤亡是旅客自身健康原因造成的或者承运人证明伤亡是旅客故意、重大过失造成的除外。”

（2）《民用航空法》第109条规定：“承运人运送旅客，应当出具客票。旅客乘坐民用航空器，应当交验有效客票。”第111条第2款规定：“旅客未能出示客票、客票不符合规定或者客票遗失，不影响运输合同的存在或有效。”第128条第1款规定：“国内航空运输承运人的赔偿责任限额由国务院民用航空主管部门制定，报国务院批准后公布执行。”

（3）《中国民用航空旅客、行李国内运输规则》第14条第4款规定：“重病旅客购票，应持有医疗单位出具的适于乘机的证明，经承运人同意后方可购票。”第34条第1款规定：“无成人陪伴儿童、病残旅客、孕妇、盲人、聋人或犯人等特殊旅客，只有在符合承运人规定的条件下经承运人预先同意并在必要时做出安排后方可载运。”

（4）《海南航空股份有限公司地面服务手册》规定：“因患重病或受重伤的原因，在旅行中不能使用飞机上的座椅而只能躺卧在担架上，或不能在飞机座椅上坐着而必须躺着乘机的病残旅客是担架旅客。”

（五）本案思考与讨论

（1）在情况危急而风险又不确定的情况下航空运输一方该如何救助受害人，相关的做法如何制度化、法定化？

（2）对航空运输合同成立与生效该如何认定？

第四章

航空货物运输合同

航空货物运输合同简称航空货运合同，是航空承运人与货物托运人之间依法就提供并完成以民用航空器运送货物达成的协议。一般我们所说的航空运输合同就是指航空旅客和行李运输合同及航空货物运输合同这两种合同形式。航空邮件运输合同为航空货物运输合同的特殊形式，受《中华人民共和国邮政法》（以下简称《邮政法》）及相关行政法规、部门规章等调整，不受《民用航空法》相关条文规范。

第一节　航空货物运输合同的法律效力

航空货物运输合同是航空承运人与货物托运人之间依法就提供并完成以民用航空器运送货物达成的协议。

《民用航空法》第91条、第92条规定，公共航空运输企业是指以营利为目的，使用民用航空器运送旅客、行李、邮件或者货物的企业法人。设立公共航空运输企业，应当向国务院民用航空主管部门申请领取经营许可证，并依法办理工商登记；未取得经营许可证的，工商行政管理部门不得办理工商登记。因此，航空承运人只能是取得航空运输许可证并依法办理工商登记的企业法人。航空货物运输合同的承运人包括缔约承运人和实际承运人。所谓缔约承运人是指以本人名义与旅客或者托运人或者与旅客或托运人的代理人订立航空运输合同的人。所谓实际承运人是指根据缔约承运人的授权，履行全部或者部分运输的人。缔约承运人对合同约定的全部运输负责，实际承运人对其履行的运输部分负责。

货物托运人是指与航空承运人订立合同，要求使用航空器运输特定货物的当事人，它可以是法人、其他经济组织、个体工商户、农村承包经营户和公民个人等。收货人是航空运输合同指定的货物被运送至约定地点后提取货物的当事人；收货人可以是托运人，也可以是托运人之外的第三人。

一、航空货物运输合同当事人的权利义务

（一）案情介绍

上诉人（原审被告）：联邦快递（中国）有限公司宁波分公司（本案中简称联邦快递宁波公司）。

被上诉人（原审原告）：铭朗公司。

联邦快递宁波公司与铭朗公司签订国际出口快递费结算协议书，双方约定：铭朗公司委托联邦快递宁波公司提供国际出口快递服务，铭朗公司承诺负担与托运相关之运费及国际空运提单上所载之费用（下称运费）和与托运相关之关税及海关所估算之税额（下称关税）；铭朗公司的国际出口联邦快递账号为368722685，该公司应对该账号所产生的全部运费及关税承担付款责任，在收到出口关税的账单后立即将账单结清，自运费账单日30天内将账单结清。如铭朗公司未于运费账单日起14天内提出异议，即视为对相关运费账单无异议，不得以部分款项有异议为由拖欠其他无异议部分款项。铭朗公司交予托运的每票货件，都应受国际空运提单的条款和其中提及的标准运送条款所约束。2008年1月8日，铭朗公司向联邦快递宁波公司出具公司地址变更证明，承诺对铭朗公司在联邦快递宁波公司处收、取件所产生的快递费用及垫付税金承担付款责任并提供不可撤销的保证担保。2011年9月30日起至2012年1月18日，铭朗公司先后交予联邦快递宁波公司23票航空货运货件，收货人为加拿大UTEX股份有限公司，境外由与联邦快递宁波公司合作的联邦快递（加拿大）有限公司（以下简称联邦快递加拿大公司）送货，并代为收取运费及附加费。国际空运提单中，铭朗公司选择的付款方式均为收件人付款。国际空运提单的国际契约条款之付款责任约定："即使贵公司给本公司不同的付款指示，贵公司仍须首先负责与托运有关之所有费用，包括运费、可能的附加费、海关税项及关税估算之税款（其中包括本公司以同

额预付之费用)、政府罚金、税金、本公司之律师费用及法律费用。”此外，贵公司亦应负责本公司因将托运货件送回贵公司或因尚未决定如何处理而将托运货件仓储所造成的一切费用。收件人 UTEX 公司收件后未支付运费及附加费，联邦快递宁波公司根据其公布的价目表的价格计算铭朗公司托运货件的（2012 年 1 月 17 日、24 日、31 日及 2 月 28 日运费账单）运费、附加费共 105 390. 71 元。后联邦快递宁波公司向铭朗公司催讨运费及附加费，铭朗公司认为联邦快递宁波公司未及时告知收件人未付款事项，认为应由收件人 UTEX 公司支付运费及附加费而拒付。

2012 年 9 月 14 日，联邦快递宁波公司向原审法院起诉，请求判令铭朗公司立即支付运费、附加费共 105 390. 71 元，并支付逾期付款违约金（自 2012 年 3 月 30 日起至款项实际清偿之日止按中国人民银行同期逾期贷款利率计算)。①

（二）案件难点

（1）联邦快递公司是否有权要求铭朗公司付清相关钱款?

（2）对于选择收件人付款的国际空运快递业务，寄件人是否承担付款义务?

（3）该案件当事人所签格式条款的效力。

（三）法理分析

1. 航空货物运输合同当事人的权利与义务

（1）航空货物运输合同托运人的义务。

①托运人应认真填写航空货运单，对货运单内容的真实性、准确性负责，并在货运单上签字或者盖章。托运人托运政府规定限制运输的货物以及需向公安、检疫等有关政府部门办理手续的货物，应当随附有效证明。

②托运人要求包用飞机运输货物，应先填交包机申请书，并遵守民航主管机关有关包机运输的规定。

③托运人对托运的货物，应按照国家主管部门规定的标准包装；没有统一标准的，应当根据保证运输安全的原则，按货物的性质和承载飞机等条件包装。凡不符合上述包装要求的，承运人有权拒绝承运。

---

① 有关该案详情参见“铭朗公司与联邦快递（中国）有限公司宁波分公司航空货物运输合同纠纷上诉案”，http：//www. pkulaw. cn/Case/pfnl_ 120289875. html？match = Exact，2014 年 12 月 29 日访问。

④托运人必须在托运的货件上标明发站、到站以及托运人单位、姓名和详细地址，按照国家规定标明包装储运指示标志。

⑤托运国家规定必须保险的货物，托运人应在托运时投保货物运输险。对于每千克价值在10元以上的货物，实行保险与负责运输相结合的补偿制度，托运人可在托运时投保货物运输险，具体办法另行规定。

⑥托运人在托运货物时，应接受航空承运人对航空货运单的查核；在必要时，托运人还应接受承运人开箱进行安全检查。

⑦托运货物内不得夹带国家禁止运输、限制运输物品和危险物品。如发现托运人谎报品名，夹带上述物品，应按有关规定处理。

⑧托运在运输过程中必须有专人照料、监护的货物，应由托运人指派押运员押运。押运是对货物的安全负责，并遵守民航主管机关的有关规定，承运人应协助押运员完成押运任务。

⑨托运人托运货物，应按照民航主管机关规定的费率缴付运费和其他费用。除托运人和承运人另有协议外，运费及其他费用一律于承运人开具货运单时一次付清。

（2）承运人的义务。

①承运人应按照货运单上填明的地点，按约定的期限将货物运达到货地点。货物错运到货地点，应无偿运至货运单上规定的到货地点；如逾期运到，应承担逾期运到的责任。

②承运人应于货物运达到货地点后24小时内向收货人发出到货通知。收货人应及时凭提货证明到指定地点提取货物。货物从发出到货通知的次日起，免费保管3日。

③货物从发出提货通知的次日起，经过30日无人提取时，承运人应及时与托运人联系征求处理意见；再经过30日，仍无人提取或者托运人未提出处理意见，承运人有权将该货物作为无法交付货物，按运输规则处理。对易腐或不易保管的货物，承运人可视情况及时处理。

④承运人应按货运单交付货物。交付时，如发现货物灭失、短少、变质、污染、损坏，应会同收货人查明情况，并填写货运事故记录。收货人在提取货物时，对货物状态或重量无异议，并在货运单上签收，承运人即解除运输责任。

（3）收货人的义务。

①收货人在接到提货通知后，应持提货证明或者其他有效证件在规定的时间内提取货物；逾期提取货物的，应当向承运人支付保管费。

②托运货物发生损失，收货人最迟应在收到货物之日起 10 日内提出异议。货物发生延误的，收货人最迟应自货物交付或者处理之日起 21 日内提出异议。收货人应将所提异议写在运输凭证上或者另以书面提出。收货人未在上述规定期限内提出异议的，不能向承运人提起索赔诉讼，但承运人有欺诈行为的情形除外。

2. 航空货物运输合同的违约责任

（1）承运人的责任。

①从承运货物时起至货物交付收货人或依照规定处理完毕时止，货物发生灭失、短少、变质、污染、损坏的，如果是已投保货物运输险的货物，由承运人和保险公司按规定赔偿；除上述情况外，均由承运人按货物的实际损失赔偿。但由于以下原因造成货物灭失、短少、变质、污染、损坏的，承运人遇下列情形不承担责任：不可抗力；货物本身性质所引起的变质、减量、破损或灭失；包装方法或容器质量不良，但从外部无法发现；包装完整，封志无异状而内件短少；货物的合理损耗；托运人或者收货人的过错。①

②如果托运人或收货人证明损失的发生确属承运人的故意行为，则承运人除按规定赔偿实际损失外，由合同管理机关处其造成损失部分 10% 到 50% 的罚款。

③货物超过约定期限运达到货地点，每超过 1 日，承运人应偿付运费 5% 的违约金，但总额不能超过运费的 50% 。但因气象条件或不可抗力原因造成货物逾期运到，可免除承运人的责任。

④免责条件。承运人证明货物的毁灭、损灭或者损坏完全是由于下列原因之一造成的，不承担责任：

a. 货物在航空运输中因延误造成的损失，承运人应当承担责任；但是，承运人证明本人或者其受雇人、代理人为了避免损失的发生，已经采取一切必要措施或者不可能采取此种措施的，不承担责任。

b. 在货物运输中，经承运人证明，损失是由索赔人或者代行权利人的过

---

① 详见《中国民用航空货物国际运输规则》，民航局第 91 号令，CCAR－274。

错造成或者促成的，应当根据造成或促成此种损失的程度，相应免除或者减轻承运人的责任。

（2）托运人的责任。

①签订包机航空货物运输合同后，包机人因故要求解除合同时，应按规定交付退包费，并承担在此之前承运人已经发生的调机等项费用。

②托运人未按照规定缴纳运输费用的，应承担违约责任。

③因航空货运单上的说明和声明不符合规定不正确或者不完全，给承运人或者承运人对之负责的其他人造成损失的，托运人应承担赔偿责任。

④托运人在托运货物内夹带、匿报危险物品，错报笨重货物重量，或违反包装标准和规定，而造成承运人或第三者的损失，托运人应承担赔偿责任。

（3）收货人的责任。

①由于收货人的过错，造成承运人或第三者的损失的，收货人应承担赔偿责任。

②收货人应在规定的期限内提取货物；逾期提取的，应向承运人支付保管费用和其他应付费用。

托运人或收货人要求赔偿时，应在填写货运事故记录的次日起 180 日内，以书面形式向承运人提出，并随附有关证明文件。承运人对托运人或收货人提出的赔偿要求，应在收到书面赔偿要求的次日起 60 日内处理。

本案中，联邦快递宁波公司已经将货物运送至合同中的地点，已履行其合同中的义务，有权利要求铭朗公司或收货人付清运费及合同中约定的款项。

3. 选择收件人付款的货物运输合同的约束力

合同具有相对性，即合同项下的权利义务只能赋予当事人或加在当事人身上，合同只能对合同当事人产生拘束力，而非合同当事人不能诉请强制执行合同。

（1）主体的相对性。

主体的相对性是指合同关系只能发生在特定的主体之间，只有合同当事人一方能够基于合同向合同的另一方当事人提出请求或提起诉讼。具体地说，由于合同关系是仅在特定人之间发生的法律关系，因此只有合同关系当事人之间才能相互提出请求，非合同关系当事人、没有发生合同上的权利义务关系的第三人不能依据合同向合同当事人提出请求或提出诉讼。[①] 另外，合同一方当事人只能向另一方当事人提出合同上的请求和提起诉讼，而不能向与合同无关的第三人提出合同上的请求及诉讼。

（2）内容的相对性。

内容的相对性是指除法律、合同另有规定以外，只有合同当事人才能享有合同规定的权利，并承担该合同规定的义务；当事人以外的任何第三人不能主张合同上的权利，更不负担合同中规定的义务。在双方合同中，还表现为一方的权利就是另一方的义务；权利义务相互对应，互为因果，呈现出“对流状态”，权利人的权利须依赖于义务人履行义务的行为才能实现。从合同内容的相对性可以引申出几个具体规则：一是合同赋予当事人享有的权利，原则上并不及于第三人，合同规定由当事人承担的义务一般也不能对第三人产生拘束力。二是合同当事人无权为他人设定合同上的义务。三是合同权利与义务主要对合同当事人产生约束力，法律的特殊规定即为合同的相对性原则的例外。

（3）责任的相对性。

违反合同责任的相对性的内容包含三个方面：第一，违约当事人应对因自己的过错造成的违约后果承担违约责任，而不能将责任推卸给他人。第二，在因第三人的行为造成债务不能履行的情况下，债务人仍应向债权人承担违约责任。债务人在承担违约责任后，有权向第三人追偿，债务人为第三人的行为负责，既是合同相对性原则的体现，也是保护债权人利益所必需的。第三，债务人只能向债权人承担违约责任，而不应向第三人承担违约责任。

根据合同的相对性原则，只有合同的债权人能够向合同的债务人提出履行债务的要求，也只能由合同的债务人向债权人履行债务，而不能由他人向债权人履行债务，但是法律另有规定或者合同另有约定的除外。合同当事人可以约定，由双方当事人以外的第三人向债权人履行债务。此种合同即为由第三人履行的合同，又称第三人负担的合同。例如，甲乙约定，甲欠乙的钱由丙偿付，即是由第三人履行的合同。丙之所以能向乙清偿，多是因甲丙之间另有对价关系。由丙直接向乙清偿债务，可省去多环履行的烦劳。

保证合同也可以发生由第三人履行的法律事实，但与由第三人履行的合

---

① 陈小君主编：《合同法学（第二版）》，高等教育出版社2009年版，第45页。

同不同。保证合同是从合同，保证人需承担连带责任。由第三人履行的合同非从合同，第三人不是债务人，其只实施履行行为而不承担违约责任。

由第三人履行合同的特点是第三人与债权人、债务人并未达成转让债务的协议，第三人并未成为合同当事人，只是按照合同当事人之间的约定，代表债务人向债权人履行债务。根据合同自愿原则和从保护债权人出发，合同当事人约定第三人替代债务人履行债务，只要不违反法律规定和合同规定，且没有给债权人造成损失或者增加费用，这种履行在法律上是有效的。

此类合同应注意如下问题：

第一，第三人负担的合同以第三人的履行行为为标的，故双方签订由第三人履行的合同，债务人事先应当征得第三人的同意。债务人未征询第三人意见而签订合同，事后征得第三人同意的，第三人也应向债权人履行。

第二，第三人单方表示代替债务人清偿债务或者与债务人订立代替其清偿债务的协议，并没有与债权人或者债务人达成转让债务的协议，也就是说，第三人与债务人的约定即使产生效力，也不能对抗债权人。

第三，由第三人履行的合同以债权人、债务人为合同双方当事人，第三人不是合同的当事人。第三人只负担向债权人履行，不承担合同责任。第三人同意履行后又反悔的，或者债务人事后征询第三人意见而第三人不同意向债权人履行的，或者第三人向债权人瑕疵履行的，违约责任均由债务人承担。第三人不履行的，债务人可以代第三人履行；债务人不代为履行，应当赔偿损失。第三人瑕疵履行的，瑕疵责任由债务人承担。

在本案中，联邦快递宁波公司与铭朗公司签订的国际出口快递费结算协议是双方当事人的真实意思表示，内容不违反法律规定，且联邦快递宁波公司与铭朗公司已实际履行，应认定合同合法有效，对联邦快递宁波公司与铭朗公司具有法律约束力。联邦快递宁波公司与铭朗公司之间是货物运输合同法律关系，托运人铭朗公司委托承运人联邦快递宁波公司运输货物应当支付约定的运费及附加费，国际空运提单所附的国际契约条款付款之责任约定，即使铭朗公司给联邦快递宁波公司不同的付款指示，铭朗公司仍需首先负责与托运货物有关的费用。虽然铭朗公司与联邦快递宁波公司约定由加拿大UTEX股份有限公司付清相关款项，但该合同对加拿大UTEX股份有限公司无约束力，所以加拿大UTEX股份有限公司与联邦快递未能形成债务关系。

4. 格式条款无效的情形

格式条款又称为标准条款，是指当事人为了重复使用而预先拟定并在订立合同时未与对方协商的条款，如保险合同、拍卖成交确认书等都是格式合同。《合同法》从维护公平、保护弱者出发，对格式条款从三个方面予以限制：第一，提供格式条款一方有提示、说明的义务，应当提请对方注意免除或者限制其责任的条款，并按照对方的要求予以说明；第二，免除提供格式条款一方当事人主要义务、排除对方当事人主要权利的格式条款无效；第三，对格式条款的理解发生争议的，应按通常理解予以解释。对格式条款有两种以上解释的，应当作出不利于提供格式条款一方的解释。格式条款具有下列情形之一的，该条款无效：（1）一方以欺诈、胁迫的手段订立格式条款，损害国家利益的。欺诈是指当事人一方故意制造假象、隐瞒真相，致使对方当事人产生错误的认识而同意与其订立格式条款。（2）恶意串通，损害国家、集体或第三者利益的。恶意串通是指双方当事人非法串通在一起，共同订立某种格式条款，造成国家、集体或第三者利益的损害。（3）以合法形式掩盖非法目的的。以合法形式掩盖非法目的是指当事人通过实施合法的行为来掩盖其非法的目的；或其从事的行为在形式上是合法的，但在内容上是非法的。（4）损害社会公共利益。凡是扰乱社会经济秩序或者损害人们健康、损害消费者利益等达到一定程度的格式条款，都属于损害社会公共利益的内容，即使合同当事人双方同意，也属于无效格式条款。（5）违反法律、行政法规中的强制性规定的。违反法律法规的规定包括当事人的订约目的、格式条款内容和形式违反了法律法规规定。

在本案中，铭朗公司提供的背面的格式条款免除其责任，加重了对方责任，并且是英文版本，未提供中文版本，铭朗公司没有采取措施使联邦快递宁波公司注意，导致联邦快递宁波公司未注意到该条款。因此，该格式条款不具备法律约束力。

（四）涉及法律

（1）《合同法》第 8 条第 1 款规定："依法成立的合同，对当事人具有法律约束力。当事人应当按照约定履行自己的义务，不得擅自变更或者解除合同。"第 39 条规定："采用格式条款订立合同的，提供格式条款的一方应当遵循公平原则确定当事人之间的权利和义务，并采取合理的方式提请对方注意免除或者限制其责任的条款，按照对方的要求，对该条款予以说明。格式条款是当事人为了重复使用而预先拟定，并在订立合同时未与对方协商的条款。”第40条规定：“格式条款具有本法第五十二条和第五十三条规定情形的，或者提供格式条款一方免除其责任、加重对方责任、排除对方主要权利的，该条款无效。”第60条规定：“当事人应当按照约定全面履行自己的义务。当事人应当遵循诚实信用原则，根据合同的性质、目的和交易习惯履行通知、协助、保密等义务。”第65条规定：“当事人约定由第三人向债权人履行债务的，第三人不履行债务或者履行债务不符合约定，债务人应当向债权人承担违约责任。”第67条规定：“当事人互负债务，有先后履行顺序，先履行一方未履行的，后履行一方有权拒绝其履行要求。先履行一方履行债务不符合约定的，后履行一方有权拒绝其相应的履行要求。”

（2）《民事诉讼法》第64条第1款规定：“当事人对自己提出的主张，有责任提供证据。”

（五）本案思考与讨论

（1）合同的相对性包含哪些内容？

（2）格式条款中应注意的事项。

（3）航空货物运输合同当事人的权利与义务。

二、航空托运货物合同与行纪合同

（一）案情介绍

原告：重庆文怡菌业食品有限公司（本案中简称菌业公司）。

被告：重庆会通华联国际运输服务有限公司（本案中简称运输公司）。

2002年2月19日，菌业公司作为卖方与法国邦都公司签订一份1000公斤鲜块菌的购销合同，数量为：直径3厘米以内，净重360公斤；直径3厘米以上，净重640公斤。约定合同总金额为CIF（里昂）17 400美元，发货时间为2002年3月3日前（含3月3日）。为办理这批鲜块菌的出口运输手续，菌业公司于同年2月25日向运输公司出具了一份委托编号为WQL0227的出口代运委托单，订单载明：托运人为原告，核销单号为505081029，合同号为101085，发票号为WQL0227，海关商品编号为07095200.10；委托运输的货物为鲜块菌94件（净重为1000公斤），总金额为17 400美元；货物起始地为重庆机场，目的地为法国里昂机场；2月28日从重庆机场运往北京，3 月 4 日抵达目的地法国里昂机场，且在北京机场的转机过程中必须将货物储藏在 2～5 摄氏度的冷库中，在重庆机场的装运期限为 2002 年 3 月 1 日。同年 2 月 27 日，菌业公司向运输公司出具了进出口货物代理报关委托书；该委托书记载货物为鲜块菌 1000 公斤，价值 17 400 美元，运输方式为空运。菌业公司委托运输公司办理该批货物的出口报关手续，运输公司于次日为菌业公司办理了“出境货物通关单”“植物检疫证书”。同年 2 月 28 日，运输公司在收到该批货物后向菌业公司出具了编号为 CKG002671 的“分运单”。该提单载明：主运单号为125－66221400;发货人为菌业公司，收货人为法国邦都公司，起运港为重庆机场，目的港为法国里昂机场；航班号为 BA038；货物品名为鲜块菌。该“分运单”的签署人为运输公司。同日，运输公司通过西南航空公司将该批货物从重庆运到北京，并将货物存放于冷库中。

运输公司在为菌业公司办理该批鲜块菌从北京运往法国里昂的相关出口运输手续后，于 2002 年 3 月 2 日将货物交给英国航空公司，并收到英国航空公司签署的编号为 125－66221400 不可转让的空运提单。该提单载明：托运人为菌业公司，收货人为法国邦都公司：承运人为英国航空公司；航班号为 BA038，航班日期为 2002 年 3 月 3 日；起运港为北京，目的地为法国里昂；货物品名为干块菌。同年 3 月 6 日，法国邦都公司的货运代理 Fly－Sea 公司传真菌业公司，称该批鲜货产品仍然滞留在伦敦机场，存在到达目的地变腐的风险，因此拒绝收货。同年 3 月 12 日，法国装卸公司进口部传真法国邦都公司，称其收货后开箱检查，由于 3 月 3 日航班在伦敦滞留 4 天之久，该批货物状况非常糟糕。同年 3 月 15 日，该批货物被法国里昂地区海关按照法国装卸公司的要求在里昂机场予以销毁。同年 7 月 16 日，运输公司向菌业公司开出国际货物运输代理业专用发票，该发票载明菌块 94 件；空运费人民币 27 020.4 元，报关费人民币 250 元，共计人民币 27 270.4 元；起运港重庆机场，目的地法国里昂机场。

另查明，运输公司系依法成立的国际货物运输代理企业，其经营范围是：承办海运、空运进出口货物的国际运输代理业务，包括揽货、订舱、仓储、保险等相关的短途运输服务及咨询业务。2002 年 2 月 10 日，菌业公司向英国航空公司出具货运保证书，载明：“我公司委托贵航空公司承运块菌，无温度控制要求，可按普通货物运输，由此产生的货物质量问题，由我公司承担一切责任。”2002年2月8日，英国航空公司为菌业公司运输过菌块，2月28日英国航空公司为菌业公司再次运输菌块，两次运输的目的地都是法国里昂。

另外，从2001年12月24日至2002年3月7日，运输公司先后受菌业公司委托，为其办理了四票菌块的出口运输及相关手续，运输公司扣留了第四、七、八、九票核销单，号码分别为：505079111、505081029、505082533、505081030，造成菌业公司未退税的损失为人民币35 590.4元。原告的货物损失人民币158 862元，菌业公司为组织该批货物而借款12万元人民币，造成利息损失14 400元。

2002年7月26日，菌业公司以运输公司在代理本案所涉菌块的出口运输中造成菌业公司及国外客户经济损失以及扣留菌业公司四票核销单及相关退税联造成该公司退税损失为由，向重庆市江北区法院起诉。运输公司答辩提出应由香港法院管辖，重庆市江北区人民法院遂将案件移送至重庆市第一中级人民法院。

在重庆市第一中级人民法院审理期间，运输公司撤回其关于管辖异议的请求。[①]

（二）案件难点

（1）本案被告的行为是行纪合同关系还是委托代理合同关系？

（2）本案应适用什么法律？

（三）法理分析

1. 行纪合同与委托代理合同

（1）行纪合同概述。

行纪合同是指行纪人接受委托人的委托，以自己的名义，为委托人从事贸易活动，委托人支付报酬的合同。接受委托的一方为行纪人，而另一方则为委托人。如某配件厂（甲方）委托某销售公司（乙方）代销产品，乙方接受甲方的委托并以自己的名义代甲方销售，代销价款归甲方，乙方收取代销费。在这个关系中，甲方为委托人，乙方为行纪人。

（2）委托合同概述。

委托合同是指受托人为委托人办理委托事务，委托人支付约定报酬或不

① 董念清：《中国航空法：判例与问题研究》，法律出版社2007年版，第189页。

支付报酬的合同。其特征有：委托合同是典型的劳务合同；受托人以委托人的费用办理委托事务；委托合同具有人身性质，以当事人之间相互信任为前提；委托合同既可以是有偿合同，也可以是无偿合同；委托合同是诺成的、双务的合同。委托合同又称委任合同，是指委托人和受托人约定，由受托人处理委托事务的合同。

（3）行纪合同与委托合同的区别。

①委托合同既可以是有偿合同，也可以是无偿合同；行纪合同属于有偿合同。

②委托合同中受托人从事交易活动产生的权利义务由委托人承担；行纪合同中行纪人从事交易活动产生的权利义务由行纪人自己承担。

③委托合同中受托人处理委托事务的费用由委托人承担；行纪合同中行纪人处理委托事务支出的费用，由行纪人负担，但当事人另有约定的除外。

就本案而言，有观点认为，运输公司虽系进出口货物的代理企业，但其以自己的名义向原告菌业公司出具分运单，并以自己的名义与英国航空公司签订运输合同，符合《合同法》关于行纪合同的规定。但结合全案，被告的行为应是委托代理关系，原因如下：

一是因为运输公司并没有以自己的名义向原告菌业公司出具分运单，也没有以自己的名义与英国航空公司签订运输合同。运输公司在收到该批货物后向菌业公司出具了编号为 CKG002671 的“分运单”。该提单载明：主运单号为 125－66221400；发货人为菌业公司，收货人为法国邦都公司，起运港为重庆机场，目的港为法国里昂机场；航班号为 BA038；货物品名为鲜块菌。该分运单的签署人虽为运输公司，但运输公司是在分运单上托运人的代理人处签署的。另外，分运单还载明了主运单号、航班号以及发货人的名称，其中“BA”是承运人英国航空公司的代码。说明运输公司为代理人。而从主运单上看运输公司在为菌业公司办理该批鲜块菌从北京运往法国里昂的相关出口运输手续后，于 2002 年 3 月 2 日将货物交给英国航空公司，并收到英国航空公司签署的编号为 125－66221400 不可转让的空运提单。该提单载明：托运人为菌业公司，收货人为法国邦都公司：承运人为英国航空公司；航班号为 BA038，航班日期为 2002 年 3 月 3 日；起运港为北京，目的地为法国里昂；货物品名为干块菌。分运单和主运单记载的当事人完全相同，故托运人、收货人和承运人分别是菌业公司、邦都公司和英国航空公司，运输公司为菌业公司的代理人。

二是行纪关系涉及两个合同关系：其一是委托人与行纪人之间的委托合同关系，如委托人委托行纪人购买货物或出售货物；其二是行纪人和第三人之间的买卖合同关系，如行纪人接受委托以后，以自己的名义向第三人购买货物或向第三人出售货物。行纪合同要同时具备这两个合同关系。本案似乎符合行纪合同这一特征，因为本案确实存在三方当事人和两个合同关系：一个分运单，一个主运单。但从主运单记载的内容来看，根本没有反映出运输公司是以自己的名义与英国航空公司签署运输合同，因为主运单明确写明托运人为菌业公司。

三是行纪人应当是从事法律批准的特定业务法人。本案中虽然运输公司是通过批准专门从事国际货物运输代理企业，但是就行纪事物的种类而言，除了动产买卖、寄售、贸易货栈这些外，是否包括货物运输，在现行法律上缺乏明确的规定。

四是行纪合同都是有偿的。而运输公司赚取的是“差价”：它给托运人的报价高于实际支付给航空公司的价格。

五是本案中菌业公司与运输公司的关系完全符合委托代理的法律特征。代理是指代理人在代理权范围内以被代理人名义与第三人实施的，法律效果直接归属于被代理人的行为。本案中，被告运输公司受原告菌业公司的委托办理货物运输，并且原告向被告出具了出口代运委托单、进出口货物代理报关委托书等文件。被告接受委托后出具了分运单，同时联系运输的航空公司。综合所有这些事实，可以认定运输公司是菌业公司的代理人。菌业公司为被代理人，运输公司为代理人和第三人英国航空公司之间的法律关系相当清楚。

2. 本案适用法律问题

本案应该应该适用《民用航空法》，而非《合同法》。

（1）从法律关系上看，托运人是菌业公司，承运人是英国航空公司，运输公司只不过是菌业公司的代理人。它们三者之间是航空货物运输法律关系。

（2）本案是国际航空货物运输。《华沙公约》第 1 条第 1 款规定：“本公约适用于所有以航空器运送旅客、行李或货物而收取报酬的国际运输。……”因此本案审理时候适用的法律是《华沙公约》及其修订的《海牙议定书》，而不适用我国《合同法》。

（3）本案之所以适用《民用航空法》而不是《合同法》，是根据《华沙公约》第 1 条第 1 款的规定："本公约适用于所有以航空器运送旅客、行李或货物而收取报酬的国际运输。本公约同样适用于航空运输企业以航空器办理的免费运输。"

传统认识上的货运代理人作为托运人或承运人的代理人，促成托运人与承运人订立运输合同；其本人并非运输合同的当事人，也不承担货物运输的义务。如货运代理人是托运人的代理人，国际航空条约对其法律责任并无规定，其责任应依据国内法确定；如货运代理人是承运人的代理人，其法律责任应当依据相关航空公约确定。《蒙特利尔公约》规定，如货物在国际航空运输过程中受损，托运人可以起诉货运代理人要求赔偿损失，代理人也有权引用公约规定的责任限额，具体规定包括：

第一，托运人可以向货运代理人主张赔偿。根据《蒙特利尔公约》第 18 条的规定，在货物航空运输期间内，因毁灭、遗失或者损坏而产生损失，一般应由承运人直接承担赔偿责任。但从《蒙特利尔公约》第 30 条的规定看，托运人亦可向代理人索赔其遭受的损失。该条规定："就本公约中所指损失向承运人的受雇人、代理人提起诉讼时，该受雇人、代理人证明其是在受雇、代理范围内行事的，有权援用本公约中承运人有权援用的条件和责任限额。……"由此看来，如货物在航空运输途中因代理人行为受损，托运人可以选择向承运人的代理人主张赔偿。

第二，代理人有权援用责任限额。国际航空条约就承运人的货物赔偿责任设定了限额，在《蒙特利尔公约》中，此限额为每公斤货物 17 特别提款权；但如货运代理人被追偿且能证明自己在被代理人授权范围内行事，也有权援用责任限额，其与承运人、承运人受雇人的赔偿总额不得超过公约规定的责任限额。[①]

在国际航空旅客运输实践中，对此问题已有定论。如美国"里德诉威泽"案中，美国环球航空公司的第 841 次航班于 1974 年 9 月 8 日失事，原告里德是死亡旅客的遗产管理人，其不起诉环球公司而起诉该公司的经理威泽，意图避免在本案中适用《华沙公约》的承运人责任限额；[②] 美国第二巡回上

① 参见《蒙特利尔公约》第 30 条、第 43 条、第 44 条。

② 赵维田：《国际航空法》，社会科学文献出版社 2000 年版，第 247 页。

诉法院认为，承运人作为一个法人团体，离开实际履行团体职责的工作人员就很难成立；从法律观点上说，承运人与受雇人或代理人是同一个人，并对其适用公约的责任限额。

（四）涉及国际公约及法律

（1）《合同法》第414条规定："行纪合同是行纪人以自己的名义为委托人从事贸易活动，委托人支付报酬的合同。"第396条规定："委托合同是委托人和受托人约定，由受托人处理委托人事务的合同。"第399条规定："受托人应当按照委托人的指示处理委托事务。需要变更委托人指示的，应当经委托人同意；因情况紧急，难以和委托人取得联系的，受托人应当妥善处理委托事务，但事后应当将该情况及时报告委托人。"第406条规定："有偿的委托合同，因受托人的过错给委托人造成损失的，委托人可以要求赔偿损失。无偿的委托合同，因受托人的故意或者重大过失给委托人造成损失的，委托人可以要求赔偿损失。受托人超越权限给委托人造成损失的，应当赔偿损失。"

（2）《华沙公约》第1条第1款规定："本公约适用于所有以航空器运送旅客、行李或货物而收取报酬的国际运输。……"

（五）本案思考与讨论

（1）委托代理的特征是什么？

（2）在民航运输中，如何规避风险，使利益得到最大保障？

三、航空托运动物的损害赔偿

（一）案情介绍

原告：景某。

被告：某航空公司。

2010年7月3日，景某从北京某地购买藏獒3只，每只花费50万元，通过航空运输到达九江，运费共计4000元；抵达九江机场时，死亡2只。事发后，某航空公司对景某的损失没有异议。但是就赔偿标准未达成协议。于是，景某便以运输合同纠纷为由起诉某航空公司，要求赔偿其购买藏獒实际价款100万元。[①]

① 有关该案详情参见"天价藏獒空运死亡可否获同价赔偿"，http://china.findlaw.cn/info/hangkongfa/hkfal/1051232.html，2015年4月20日访问。

（二）案件难点

天价藏獒空运死亡可否获同价赔偿？

（三）法理分析

1. 本案的法律适用问题

本案发生后，有关藏獒赔偿有不同意见：第一种意见认为，景某的藏獒死亡的事实存在，每只花费50万元，航空公司没有异议。按照《中华人民共和国侵权责任法》（以下简称《侵权责任法》）与《合同法》的规定，航空公司应该赔偿景某的全部损失。第二种意见认为，根据特别法优于一般法的原则，本案应当适用国家民航局公布的《国内航空运输承运人赔偿责任限额规定》，即对运输的货物的赔偿责任限额，按每公斤人民币100元的标准进行理赔。

航空货物运输业，尤其是活体航空运输，在我国属于较少量运输行业，尚未形成主导行业。航空运输在一个较为复杂的条件环境下进行，活体货物的运输又必须具备复杂繁多的辅助设备，否则，就不可能保障航空运输的安全，因此该行业属于特种行业。

如果确定藏獒的死亡原因属于运输设备的条件限制所造成，不属于故意致死，则应该适用我国《合同法》第312条的规定："货物的毁损、灭失的赔偿额，当事人有约定的，按照其约定；没有约定或者约定不明确，依照本法第六十一条的规定仍不能确定的，按照交付或者应当交付时货物到达地的市场价格计算。法律、行政法规对赔偿额的计算方法和赔偿限额另有规定的，依照其规定。"本案不适用"按照交付或者应当交付时货物到达地的市场价格计算"的规定精神，而适用"法律、行政法规对赔偿额的计算方法和赔偿限额另有规定的，依照其规定"，即该赔偿应该适用特别法。①

2006年1月29日国务院根据《民用航空法》第128条第1款的规定，批准了国家民航总局起草的《国内航空运输承运人赔偿责任限额规定》的报告，由民航总局作为规章公布执行。同时批复"1989年2月20日国务院发布、1993年11月29日国务院修订后重新发布的《国内航空运输旅客身体损害赔偿暂行规定》，自《国内航空运输承运人赔偿责任限额规定》施行之日

① 有关该案分析详见九江县人民法院曹茂幸："藏獒空运死亡可否获同价赔偿"，http://www.lawtime.cn/info/hetong/wywypc/20110823139179.html，2015年12月28日访问。

起同时废止。”该规定于2006年2月28日中国民用航空总局令第164号发布，并自2006年3月28日起施行。《国内航空运输承运人赔偿责任限额规定》第3条第1款第3项规定：“对旅客托运的行李和对运输的货物的赔偿责任限额，为每公斤人民币100元。”因此，根据特别法优于一般法的原则，应该遵从第二种意见。

2. 如何更好解决承运人和旅客之间的冲突

《国内航空运输承运人赔偿责任限额规定》对旅客托运行李在民航运输和监管期间发生运输事故受到损害的赔偿限额，从每公斤50元提高到每公斤100元，将旅客随身携带物品的赔偿限额从2000元提高到3000元。这一赔偿限额与国际每名旅客托运行李和非托运行李的赔偿限额相比，仍存在较大差异。按照民航局法规司对媒体的解释，原因在于综合考虑了我国公民收入水平和发展水平还远低于世界上的发达国家。赔偿限额的制定兼顾了国家、承运人和旅客三方利益，民航总局将根据今后我国经济发展的速度和情况，对赔偿额适时进行调整。

诚然，对从事民航旅客行李查询和赔偿的员工而言，无论是在处理旅客行李丢失和破损的纠纷中，还是在处理旅客由于行李出现运输事故而产生的投诉方面，这个举措都会在一定程度上缓解承运人与旅客之间的矛盾。《国内航空运输承运人赔偿责任限额规定》发布实施前的行李不正常运输处理状况的确令人担忧，由于各种原因造成的旅客行李延误、破损和丢失事件的数量，随着航班量以及旅客人数的不断增长而节节攀升，因此而引发的旅客投诉事件也以每年翻番的速度增长，承运人和旅客双方承受了不同的压力和损失。承运人因为赔偿限额的限制，不能逾越现行规定，又苦于无法向旅客详细解释缘由；而旅客受行李损失的影响，在与承运人交涉时难以平静面对现实。实际损失额和赔偿限额之间较大的差距，时常导致矛盾和冲突的发生，不得不反思行李赔偿限额规定本身存在的问题。

《国内航空运输承运人赔偿责任限额规定》中行李赔偿限额，无疑为承运人处理行李事故拓宽了道路，同时在减少旅客行李实际损失方面也减轻了承运人的压力，由此而引发的矛盾也会相对缓和。受我国经济发展的影响，承运人与旅客之间，因为行李问题产生的矛盾，难以达到处理起来双方都满意的效果；这就要求作为承运人，要从自身原因找差距，减少旅客行李运输中发生事故的可能性，对行李运输加强控制和管理，杜绝野蛮装卸，加大对责任人的处罚力度，切实做到安全、正点运输，使旅客的行李运输得到保证。作为旅客，一旦遇到行李受损，尽量保持理智对待。乘机前充分了解承运人关于行李运输的规定，这些规定可以通过以下方式获悉：购买机票时询问售票处；为了尽到告知义务，承运人将行李运输的相关规定印制在飞机票上；如果是在网上购买的电子客票，在进入购买程序时，这些行李运输规定会在完成购票程序之前向旅客展示；除此以外，旅客还可以在办理登机手续时询问机场值机工作人员；民航局对外发行的《消费者航空旅行指南》告知旅客的权利和责任，这些信息同时登载在民航局网（www. caac. gov. cn）的网页上。对乘机托运行李规定的多方了解，有助于减少旅客行李运输发生的损失。①

在法制不断健全的今天，相信广大乘机旅客在维护自身权益的同时，能够做到理智和妥善解决与承运人之间因行李运输发生的矛盾。民航主管部门为了减少旅客和承运人之间的矛盾，发挥了民航运输主管部门应有的作用，这种与时俱进的做法，无疑将为维护我国民航旅客、行李运输的正常发展起到积极的作用。

（四）涉及法律及运输规则

（1）《合同法》第312条规定：“货物的毁损、灭失的赔偿额，当事人有约定的，按照其约定；没有约定或者约定不明确，依照本法第六十一条的规定仍不能确定的，按照交付或者应当交付时货物到达地的市场价格计算。法律、行政法规对赔偿额的计算方法和赔偿限额另有规定的，依照其规定。”

（2）《民用航空法》第128条规定：“国内航空运输承运人的赔偿责任限额由国务院民用航空主管部门制定，报国务院批准后公布执行。旅客或者托运人在交运托运行李或者货物时，特别声明在目的地点交付时的利益，并在必要时支付附加费的，除承运人证明旅客或者托运人声明的金额高于托运行李或者货物在目的地点交付时的实际利益外，承运人应当在声明金额范围内承担责任；本法第一百二十九条的其他规定，除赔偿责任限额外，适用于国内航空运输。”

---

① 杨芳：“国内航线提高行李赔偿额的思考”，http：//news. carnoc. com/list/113/113806. html，2015年10月28日访问。

（3）《国内航空运输承运人赔偿责任限额规定》第3条规定："国内航空运输承运人（以下简称承运人）应当在下列规定的赔偿责任限额内按照实际损害承担赔偿责任，但是《民用航空法》另有规定的除外：（一）对每名旅客的赔偿责任限额为人民币40万元；（二）对每名旅客随身携带物品的赔偿责任限额为人民币3000元；（三）对旅客托运的行李和对运输的货物的赔偿责任限额，为每公斤人民币100元。"

（五）本案思考与讨论

（1）如何协调旅客的赔偿责任限额和各地区经济发展不平衡间的关系？

（2）关于活体动物的赔偿问题，是否可以适用精神损害赔偿？

（3）如何更好解决承运人和旅客之间的冲突？

四、航空货物运输到付运费的风险责任

（一）案情介绍

原告：江苏省江阴市恒源制衣有限公司（本案中简称恒源公司）。

被告：江苏大田国际货运有限公司江阴分公司（本案中简称大田公司）。

2004年4~5月，恒源公司为向外国订货方送检服装样品，委托大田公司通过联邦快递（FedEx）运出十票快件到美国。当时双方快递提单的格式合同上约定快件费实行到付，也就是由恒源公司指定的美国收货人在收货时付快件费（freight to collect），同时合同的背面条款也载明：即使有不同的付款提示，仍由托运方承担最终的付款义务。然而，当十票快件安全运抵美国后，美国收货人却没有支付快件费。快递公司顺利将货发送给收货人，但由于收货人是快递公司的月结客户，费用通常是月底结算，因而当时并未向其收取航空运费。但事后，快递公司虽多次向收货人催讨运费，但收货人均拒绝支付运费。于是拿不到快递费的大田公司向恒源公司催要快件运费。大田公司则认为合同背面有载明"即使有不同的付款提示，仍由托运方承担最终的付款义务"的条款，按此条款，即使在到付运费条件下，恒源公司仍应承担最终的付款义务，就应该支付快递运费。但恒源公司认为到付运费条件下，既然承运人已将货交付给收货人，就表示收货人接受到付运费条件，则承运人就应向收货人催讨运费，因而拒绝支付运费。双方发生争议，大田公司便将恒源公司诉至法庭。法院经审理认为，大田公司与恒源公司之间的国际快

递服务合同合法有效，虽然合同约定到付运费，但合同的背面条款已明确约定在收货人未付运费的情况下仍由托运方支付运费，恒源公司拒付运费于法无据，应负给付之责。法院据此作出判决。①

（二）案件难点

（1）本案到付运费条件下当事人各方责任分析。

（2）承运人向收货人收取运费的责任分析。

（3）托运人承担运费的法律依据是什么？

（三）法理分析

对于本案判决，西南政法大学教授赵万一表示，本案的合同关系实际上是第三人履行义务的合同，我国《合同法》第65条对此作了明确规定。当合同约定的第三人未履行义务，根据合同相对性原理，合同当事人一方只能在履行付款义务之后，向合同另一方当事人请求承担违约责任。因此，不管合同当事人有无特别约定（本案中的合同背面条款即为特别约定），都不能免除合同当事人的责任。对此，五邑大学经济管理学院张永、吴淑娟提出不同观点如下：②

（1）本案到付运费条件下当事人各方责任分析。

到付运费条件下，为什么未支付运费前，承运人会把货物交付给收货人呢？实际业务中，大致有三种原因导致承运人已将货物发送出去却未能及时收到运费。第一，收货人与承运人之间另订有运费结算协议。若收货人是承运人的重要客户，收货人与承运人之间也会签订运费结算协议。按照此类协议，承运人会直接将货物交付给收货人，通常月底时再向收货客收取有关费用，而结算时收货人却拒绝支付这笔运费。第二，承运人为节省仓储费用。由于航空运费的仓储费用较高，为节省成本，承运人都希望尽可能快地将货物发送出去。如果收货人在支付运费上耽误时间，务必导致承运人的成本增加，因而导致承运人不愿等收货人先支付运费再发货。第三，承运人或其代理人的操作失误。在国际航空快递运输中，货物经过的流通环节较多，有关

① 有关该案详情参见法制网记者吴晓锋："国际快递合同约定收货方付费外方拒付费后国内托运人被判买单"，http：//www.legaldaily.com.cn/bm/content/2007－01/28/content_526747.htm，2015年1月20日访问。

② 张永、吴淑娟："国际航空运输到付运费的风险责任分析"，载《北方经贸》2014年第8期，第99页。

运费支付条款、收货人等信息在传递过程中可能会出现偏差，[①] 导致承运人或其代理人的操作失误，没有收取运费却将货运已发送给收货人，或者把货物错发给其他人。

（2）航空运输到付运费的确使得承运人将面临汇率、操作、诚信等各种风险。

因而在实际业务中，承运人通常不会接受这种支付方式，但面向大客户也会接受到付运费方式。为规避到付运费的风险，承运人通常会要求托运人出具保函，或在与托运人签订的运费结算协议中，或在航空货运单背面条款中载明此类条款，如“即使贵公司给快递公司不同的付款指示，贵公司仍须首先负责与托运有关之所有费用，包括运费、可能的附加费、关税及税捐（其中包括本公司以同类预付之费用、政府罚金、税金、本公司律师费及法律费用）”。然而在保函、结算协议、空运单背面条款中载明上述此类条款时，承运人是否可以不向收货人收取运费，就把货物交付给收货人呢？承运人是否无须承担任何责任，就可以完全保留对托运人的运费请求权呢？但是，如果在任何情况下均承认承运人向托运人收取运费的权利，承运人仍负有向收货人收取运费的责任，无疑会使承运人与托运人双方关于到付运费的约定失去意义。原因如下：

第一，从直接的法律依据上看。《中国民用航空货物国际运输规则》第22条第1款规定：“托运人托运货物，应当支付所有预付运费和其他费用。收货人提取货物，应当支付所有到付运费和其他费用。”由此可知，收货人在同意收取货物后，有义务支付运费。同时《中国民用航空货物国际运输规则》第43条规定：“收货人接收货运单或者货物，应当承担与运输有关所有未支付费用的支付责任。……承运人可根据支付费用的情况有条件的移交货运单或者交付货物。”托运人在航空货运单上选择的付款方式只是要求收货人付款，并没有约定收货人应何时付款，也未约定当收货人未付款时承运人不得将货物交给收货人。此处可适用《合同法》第66条的规定：“当事人互负债务，没有先后履行顺序的，应当同时履行。一方在对方履行之前有权拒绝其履行要求。一方在对方履行债务不符合约定时，有权拒绝其相应的履行

① 于丽君、王立群：“中国民航使用国际航空货物运输规则盲区分析”，载《中国民航学院学报》2002年第2期，第16～19页。

要求。”这是我国《合同法》对同时履行抗辩权的规定。抗辩权根据其行使的效果是使对方的请求权消灭还是使对方请求权效力延期为标准，可分为永久性的抗辩权和一时性的抗辩权。同时履行抗辩权是双务合同效力的体现，是一时性的抗辩权。其并无消灭对方请求权的效力；一旦产生抗辩权的事由消灭，债务人应履行债务。同时履行抗辩权的基础来自双务合同的牵连性理论，即给付与对待给付具有不可分离的关系。这种牵连性的表现有三：其一，成立上的牵连性，即指一个合同产生两项方向相反、互为对价、互为条件的债务。其中一项债务不成立或无效时，一项债务也因此不成立或无效。其二，履行上的牵连性，是指在双务合同成立后，一方负担的义务以他方负担义务为前提，假若一方不履行自己的义务，对方原则上亦可不履行。其三，存续上的牵连性，即如果非因双方的过错导致合同事实上履行不能时，所发生的危险应由何方负担的问题。同时履行抗辩权的基础在于双务合同履行上的牵连性，即双方为了实现自己的债权便须履行自己的义务，倘若一方债务没有履行，根据双务合同牵连性理论，则导致同时履行抗辩权的发生。同时履行抗辩权又建立在诚实信用原则的基础之上，既具有担保自己债权的实现又具有迫使对方履行的双重功能。合同法设立同时履行抗辩权制度在于维护合同当事人的利益平衡，以彰显公平正义的法律理念。此外，同时履行抗辩权的行使也要受到诚实信用原则的约束。如当事人一方以对方的履行仅存在微小瑕疵为由而主张同时履行的抗辩，拒绝履行自己的债务，则此种情形明显违背诚实信用原则，也有违同时履行抗辩权保障交易实现、平衡当事人双方利益的立法目的。可见，同时履行抗辩权与诚实信用密切相关，其行使既要以对方违背诚信原则为前提，又要以己方遵守诚信原则为条件。同时履行抗辩权是双务合同中私力救济手段之一，在对方不履行债务时，当事人可自主行使以对抗对方的债权请求权，并给相对方施加压力以迫使其履行债务。在相对方不履行或者不适当履行债务的情况下，同为合同履行救济手段的违约责任固然可以发挥重要作用，也为中国审判实践所倚重，但它往往需要借助公权力；[①] 相比之下，同时履行抗辩权具有行使上的便捷性和效力上的对抗性，在合同履行过程中具有广泛的应用基础，如果使用得当，能够发挥违约责任

① 韩世远：“构造与出路：中国法上的同时履行抗辩权”，载《中国社会科学》2005 年第 5 期，第 106 页。

等其他救济方式所不能发挥的巨大作用。这表明承运人也必须在向收货人交付货物的同时，向收货人收取运费，交货与收运费要同时履行，即“一手交钱一手交货”。虽然国际快递的习惯操作是先交付货物然后再收取运费，但这种只是快递行业的习惯做法，除非在合同中体现，否则此做法就不能对托运人、承运人具有约束力。承运人没有收取运费的情况下，擅自将货物交付给收货人，违反了其与托运人订立的运输合同，没有履行其收取运费的责任，造成了托运人的运费损失，由此承运人要向托运人的损失进行补偿。

第二，从法律原则上看。实际业务中，相对于预付运费，到付运费方式下承运人收取的运费通常要高出 30% ~40% ，甚至更高，并对此还加收额外费用。因此，若承运人接受到付运费的支付方式，承运人为此应有经济利益所得。按照《合同法》中的“对价”精神，承运人在享受额外经济收益的权利的同时，应当承担多于预付运费条件下的责任，即及时向收货人收取运费的责任。关于《合同法》的“对价原则”，首先，对价必须充分，即必须具有某种价值，普遍的观点认为对价要足以支持允诺，就必须是有价值的。这里所谓的有价值必须是事实上有用，为人们所需求的，并且人们愿意提供其他东西与之交换。但是，说对价是有价值的，并不是说它必须与被允诺与之交换的东西具有同等的市场价值。也不是说它必须达到一定水准的价值，它只是事实上被谋求的东西。一个人可以按他自己的定价作出允诺，且法律可以对此允诺强制执行。另外，对于价值的规定也是为了排除那些不属于人们合约和交换之标的事物的规定。最典型的例子就是它排除了自然的爱和情感以及其他纯粹的情感性动机这些不能用价值衡量的事物，它们不能构成一个充分而合格的对价，不能支持允诺人的允诺的执行。在《科宾论合同》一书中，作者否认了对价必须是法律上的不利益这一观点。因为所谓法律上的不利益无非是说这种不利益必须是法律承认为充分的不利益，这就陷入了以论题证明论题的恶性循环中，我们仍旧无法证明一个对价是否充分，是否能被强制执行。[①] 其次，对价无须适当。尽管对价必须要有充分的有价值的东西作为当事人允诺的回报，但是法院对当事人之间交易的价值是否适当或相当、他们之间的协议是否苛刻或片面并不过问。立约人所谋求并由受约人为换取允诺而提供的东西，并不因为其市场价值与允诺的东西不相当而成为不充分

① ［美］A. L. 科宾：《科宾论合同》，王卫国等译，中国大百科全书出版社 1997 年版。

对价。事实上，被谋求的对价并非在价值相等的意义上被要求为适当。英美国家之所以秉承这样的对价规则是因为他们认为“交易活动贵在当事人能透过其自主意思而获得其欲望之满足，因此，交易标的之价值几何，亦由当事人自行判断。至于是否是一桩好买卖，则法院毋庸亦无权置喙。”这一原则与我国合同法中意思自治的理念也是一脉相承的。合同是由双方当事人在自愿基础上的主观合意，法院不能过分地干预当事人的自治行为，需要为当事人的意思自治留下足够的空间。最后，对价必须是待履行或已履行的，而不能是既往对价。在英美法律制度中，赋予非正式允诺以强制执行力的因素可以分为三类：（1）在允诺作出之前发生的，并非以诱引与之交换的允诺为目的的事实；（2）与允诺相交换而提供的，并为立约人所谋求的行为或不行为；（3）在允诺以后发生的，并非为立约人所谋求的行为或不行为。我们通常译为既往对价、已履行对价和待履行对价。一般认为，已履行对价和待履行对价都是有效的、良好的对价，而既往对价则不是对价或不是良好的对价，不能支持合同或允诺的执行。也就是说如果一方当事人自愿地履行了某种行为，即使接受履行的一方在事后为了报答该当事人的履行行为而作出相应的允诺，一般的规则仍然是，受诺人不能执行允诺人的允诺，因为他所提供的是既往对价。但是，既往对价也并非没有成为有效对价的可能。科宾认为，“如果过去的事件与一个允诺的关系不属于前者构成后者的诱因的情形，那么这个允诺就绝不会因为这些事件而成为能够强制执行。它们不必是该允诺的唯一诱因，但是至少是主要的诱因之一……因此，在探究有效力的‘既往对价’时，只需要找出其中的导致允诺被作出的诱因。”

如果承运人擅自将货物交给收货人，不履行向收货人收取运费的责任，转而向托运人追索运费，这就构成了不当得利。不当得利是民法上的一项制度，也是债的发生根据之一，其规定源自于罗马法。罗马法规定：无原因或因不法行为而负担债务的，履行后可提起“不当得利之诉”，请求返还或赔偿。这里所说的“无原因”是指没有法律根据，具体包括：一是因自己的过错而偿还不存在的债务；二是以将来发生某项结果为目的，给付某物于他人而结果并未发生；三是法律行为不成立。“因不法行为”也包括以下三种情况：一是盗窃他人而取得财物的；二是依不正当的原因而将财产给予他人的；三是依有伤风化之原因而将物品给予他人的。这一规定对后世影响深远。后来，法国、荷兰、意大利等国在制定其民法或商法时，承袭了罗马法的规定。

过去，我国民事立法对不当得利无明文规定，但实践中是承认不当得利的。在1986年颁布的《民法通则》中规定了这一法律制度。《民法通则》第92条规定："没有合法根据，取得不当利益，造成他人损失的，应当将取得的不当利益返还受损失的人。"根据这一规定，我们可以看出，不当得利是指没有合法根据，有损于他人而自己获取的利益。因不当得利而产生的债称为不当得利之债。其中，因不当得利事实而获得财产利益的一方是债务人；因不当得利事实发生而使财产受损的一方是债权人。具体分析，不当得利具有以下法律特征：其一，不当得利本身是一种利益。不当得利是获利人从他人方面所获得的一种利益，以利益的存在为其发生的契机；如果无利益存在，便不会有不当得利的发生。这种利益，主要是物质利益，具体表现为财产的增加或者应减少的财产而没有减少。其二，不当得利是一种法律事实。法律事实是指能够引起法律关系发生、变更或终止的客观情况。不当得利引起债的法律关系的发生，所以它也属于法律事实。就其发生原因来看，这种法律事实既包括有关人的事实行为，也包括与人意志无关的自然事实——事件。其三，不当得利是债的发生根据之一。在我国，债可因行政命令而产生，也可因法律行为而产生，还可因事实行为而产生。事实行为中即包括无因管理，也包括不当得利。因此，不当得利也属于债的发生根据之一。因不当得利的发生，依照法律规定，在本来没有债权债务关系的当事人之间产生一种债权债务关系。因为不当得利没有法律根据，所以，不受法律保护，受益人应将其取得的不当得利返还给受损失的一方。这就是不当得利之债的内容。"不当得利应当返还"是调整不当得利之债的基本原则。在这种债的法律关系中，受益人是不当得利之债的债务人，负有返还不当得利的债务；财产受损失的人是不当得利之债的债权人，享有请求受益人返还不当得利的债权。其四，不当得利从性质上讲，不是受益人的违法行为。前面讲过，不当得利是一种法律事实，当然也包括有关当事人的行为；但这里的行为，并不是违法行为，而是一种事实行为。这从不当得利之债的内容也可以看出。违法行为要受到法律相应的处罚，而不当得利之债的内容仅为受益人将取得的利益返还给受损失的人，而无惩罚的性质。不当得利的成立，必须具备一定的条件：一是必须是一方获得利益。一方获得利益是不当得利构成的要件之一。如果一方使他方的财产利益受到损害，但自己并未从中获得利益，如将别人的东西加以毁坏，可能构成赔偿之债，却不能构成不当得利。"获得利益"是指一方因有一定事实的结果而增加其财产总额。这种财产总额的增加既包括受益人财产数额的直接增多，如别人多找的钱；也包括得利人财产数额的间接增多即该减少而没有减少，如买得他人之物应付款而少付或没付。这两种情况都使得得利人获得了利益。二是必须是使他方受有损失。使他方受损是不当得利成立的又一要件。如果有一方受益而他方并不因此而受到任何损失，则不构成不当得利。如拣拾他人废弃的东西（如捡破烂）、利用化肥厂排放的废水浇地。所谓“受损”，是指一方因一定事实的发生而使其财产总额的减少。财产总额的减少包括财产直接减少，如多付款或多给付货物；也包括应增加而未增加，如应收款没能收取。三是获得利益和受有损失之间应有因果关系。即前两个要件之间须有直接的、内在的必然联系：一方获得利益系他方受到损失所致；有一方受到损失才使得另一方获得利益。否则，就不构成不当得利。也就是说，双方的“得”与“失”之间应基于同一原因事实。四是获得利益没有合法根据。获得利益没有合法根据，所以才不受法律保护，法律才要求受益人返还所得利益；如果获得利益是有根据的，如按照合同取得的财物、合法经营获取的利润以及从单位领取的工资，则受法律保护。可见，没有合法根据获得利益，也是不当得利成立的要件，而且是一个至关重要的要件。这里的“合法根据”是指法律或合同上的根据，从性质上说即法律上的支持。没有合法根据，即没有法律上的支持，法律上没有根据而享有某种利益，法律不予承认，当然不予保护。以上是不当得利成立的四个方面的条件，这四个条件必须同时具备，才能构成不当得利。①

第三，从外贸业务操作上看。若承运人不需要承担收取运费的责任，那么一些没有诚信的收货人完全可以利用这一条件去逃避支付运费的责任。特别是为建立新业务而邮寄样品的，因为若收货人对收到的样品不满意，就很可能拒绝支付运费，由此对托运人造成损失。然而，由托运人去向收货人主张权利，无论是通过司法途径还是商业途径，其难度都非常大。而若承运人在交付货物时即向收货人收取运费，或获得收货人的付款承诺，却相对容易。因此，承运人收取运费的责任可以有利于商业环境的改善。因此，承运人若把货物交付给收货人，就应承担向收货人收取运费的责任，虽承运人凭借双

---

① 黄军峰：“论民法中的不当得利”，载《西藏民族学院学报（社会科学版）》1997 年第 3 期，第 6 页。

方订立的“即使有不同的付款提示，仍由托运人承担最终的付款义务”条款，承运人也应向托运人赔偿其部分损失。

（3）在到付运费的条件下，若收货人不支付运费，承运人是否也只能将货物交给收货人？

若承运人只能将货物交给收货人，则表明承运人是不得已必须将货物交给收货人，因而表明承运人已完成了其承运责任，理应向托运人收取运费。然而，情况并非如此。按照《中国民用航空货物国际运输规则》第23条规定：“托运人或者收货人未支付运费和其他费用的，承运人可以依法留置货物，并催付有关的运费和其他费用。托运人或者收货人未在规定的期限内支付运费和其他费用的，承运人可按照有关规定处置货物，并事先通知货运单上载明的托运人或者收货人。”因此，收货人不愿支付运费，承运人是完全可以依法留置货物，而无须将货物交付给收货人。《中国民用航空货物国际运输规则》第40条规定：“货物运达目的地后，收货人拒绝或者未在规定的时间内提取货物的，承运人应当执行货运单上载明的托运人的指示。货运单上未载明指示或者指示不能执行的，承运人应当将收货人未提取货物的情况通知托运人，并要求托运人予以指示。”因此，当承运人依法留置货物时，承运人有责任查明情况，查明收货人拒绝提货的原因，并且承运人应及时将相关情况告知托运人，并等候托运人的指示来处理这批货物。《中国民用航空货物国际运输规则》第35条规定：“托运人要求处置货物的，应当符合中华人民共和国以及运输过程中有关国家的法律和规定。对不符合规定的，承运人应当拒绝办理。托运人处置货物的指示不能执行的，承运人应当立即通知托运人。”托运人在收到承运人告知之后，也应及时向承运人发出合理的指示，承运人在收到托运人指示前，不得擅作主张来处理这批货物。承运人在收到托运人的合理指示后，按指示来处理货物，而由此产生的额外费用也就由托运人自行承担。[①] 由此可知，当收货人不支付运费时，承运人享有对货物的留置权。当承运人能够行使留置权而未行使时，可以视为承运人放弃了向托运人追偿的权利，也不能就其所欠的运费等再向托运人追偿。

---

① 韩立新、于诗卉：“中国《海商法》下承运人对托运人的运费追偿权”，载《中国海商法年刊》2000年第11期，第189~197页。

（4）当收货人不愿支付运费、拒绝提货或无人提货时，承运人依法留置货物后，那么承运人能否向托运人收取运费及相关费用？

《中国民用航空货物国际运输规则》第42条规定：“托运人应当承担因收货人未提取货物而产生的其他费用，包括根据托运人指示运回货物所产生的其他费用。”因此，承运人可向托运人收取运费，托运人负有支付运费的责任。此外，《合同法》第65条规定：“当事人约定由第三人向债权人履行债务的，第三人不履行债务或者履行债务不符合约定，债务人应当向债权人承担违约责任。”所谓第三人代为履行，是指第三人在一定条件下可以代债务人履行债务的制度。由于第三人履行债务后产生了履行的法律效果，所以有些国家的立法例，如日本民法，也将第三人代为履行称为第三人代为清偿。第三人代为履行制度的价值主要是以下两点：首先，债务人清偿的目的在于消灭债权债务关系，满足债权人利益要求；如果第三人代为履行的行为能使债权人的利益得以满足，而同时又对债务人并无不利，而且第三人在代为履行之后可以依清偿代位制度向债务人求偿，对第三人而言也并无不利可言，那么法律原则上应承认第三人的清偿为有效。这样可以更好地平衡债权人、债务人和第三人之间的权利义务关系。其次，在交易过程中，转手买卖的现象大量存在；法律对第三人代为履行制度的承认可以大大提高交易的效率，降低交易的成本。虽然在司法实践中代为履行的现象广泛存在，但是我们也应看到第三人也并非在一切情况下都可以代债务人履行债务，很多国家的立法例中对第三人代为履行都规定了适用的条件。一般来说，第三人代为履行应符合以下条件：① 第一，须依债之性质允许由第三人为清偿。如果是不作为债务，以债务人本身的特别技术技能为内容的债务，因债权人与债务人之间的特别信任关系所生的债务，则不许代为清偿。第二，在法律有特别规定必须由债务人履行债务时，则第三人代为履行是无效的。第三，在债权人与债务人之间如果有不得由第三人代为履行的约定，则第三人不得代为履行；但该约定必须在代为履行之前为之，否则无效。第四，债权人没有拒绝代为履行的特别理由，债务人也无提出异议的正当理由。一般来说在以下几种情况下，债权人或债务人可以拒绝代为履行：代为履行有违社会公共利益或社

① 史尚宽：《债法总论》，中国政法大学出版社2000年版，第777页；王铁：“代为清偿制度论纲”，载《法学评论》1995年第1期，第19~23页。

会公德，对债权人、债务人或社会有不利的影响；或代为履行违背其他的强行性规范。第五，代为履行的第三人必须有代为清偿的意思。若第三人在清偿时误信为在清偿自己的债务，则不成立代为履行。第六，须债权人不得拒绝，或未因债务人之异议而拒绝其清偿。相关的立法例可参考《日本民法》第474条第2款的规定："无利害关系的第三人，不得违反债务人的意思进行清偿"及《德国民法》第267条第2款的规定："债务人提出异议时，债权人可以拒绝受领此给付"。[①] 对于符合以上条件的已成立的代为履行，将在债权人、债务人和第三人之间产生以下效力：首先，从债权人与债务人之间的关系看，由于代为履行是第三人以债务人的意思而为的履行，所以在债权人与债务人之间，债务人应免除履行的义务。此时如果债权人无正当理由拒绝受领第三人的履行，应负受领迟延的责任。其次，从债权人与第三人之间的关系考察，如果债务人系就债务履行有利害关系的第三人，则根据清偿代位制度，在其可得求偿的范围内，债权人所享有的权利当然地转移于第三人，此即法定代位。而对于就债务的履行没有利害关系的第三人代为履行后如何代位，各国民法的规定并不一致。对于清偿代位的种类，法国民法规定了两种，即第1250条的约定代位和第1251条的法定代位。日本民法也规定了两种，即第499条的任意代位和第500条的法定代位。[②]《德国民法》和我国台湾地区"民法"则只承认法定代位而不承认任意代位。最后，从第三人与债务人之间的关系考察，如果第三人与债务人之间有委托合同，则适用委托合同的规范处理。第三人因代为履行而取得代位权时，在其求偿权的范围内可对债务人行使债权人的全部权利；债务人对于债权人有可供抗辩的事由，有可供抵销的债权的，对于代位后的第三人也可主张；第三人因代为履行而固有的求偿权与代位权，与请求权并存，因一权利的行使而得到满足时，其他权利就归于消灭。

托运人与航空快递公司签订运输合同，请求承运人提供航空运输服务，支付运费是托运人应尽的义务，只不过托运人选择由收货人向承运人履行支付运费的债务，属于收货人代托运人履行合同债务。航空单中的到付运费条款，并未解除承运人和托运人之间的运输合同关系，当目的地无人提货或收

---

① 《德国民法典》，郑冲、贾红梅译，法律出版社1986年版。

② 《日本民法》，曹为、王书江译，法律出版社1999年版。

货人拒绝提货时，由于承运人和托运人之间的运输合同并未转移，托运人仍需承担运输合同的义务，即需支付运费。因此根据《合同法》第65条的规定，托运人作为债务人理应向承运人支付运费。托运人只能根据其与收货人之间的买卖合同，再向收货人主张其权利。在外贸实务操作中，目的地无人提货或收货人拒绝提货时，也可能是出于托运人的原因，如要求一个不愿付款的人来付款；这会给承运人造成风险或损失，因此托运人也理应支付运费。因此，当收货人不愿支付运费而拒绝提货或目的地无人提货时，托运人应自行承担支付运费的责任。若承运人依法留置货物，所产生的其他费用都也应由托运人支付。本案件中，承运人在没有征得托运人同意的条件下，将货物交付给收货人，此时，托运人无须再承担支付运费的责任。

在到付运费条件下，即使承运人与托运人之间合同背面有载明“即使有不同的付款提示，仍由托运方承担最终的付款义务”的条款，承运人仍负有向收货人收取运费的责任。如果收货人未支付运费，而承运人未依法留置货物，未得到托运人的指示就将货物交付给收货人，承运人不得向托运人收取运费，应自行承担或向托运人收取运费。如果像本案件中一味地支持承运人向托运人收取运费的权利，只会纵容承运人的不当操作，可能会使收货人利用这一做法逃避支付运费的责任。

（四）涉及法律及运输规则

（1）《合同法》第65条规定：“当事人约定由第三人向债权人履行债务的，第三人不履行债务或者履行债务不符合约定，债务人应当向债权人承担违约责任。”第66条规定：“当事人互负债务，没有先后履行顺序的，应当同时履行。一方在对方履行之前有权拒绝其履行要求。一方在对方履行债务不符合约定时，有权拒绝其相应的履行要求。”

（2）《中国民用航空货物国际运输规则》第22条第1款规定：“托运人托运货物，应当支付所有预付运费和其他费用。收货人提取货物，应当支付所有到付运费和其他费用。”第23条规定：“托运人或者收货人未支付运费和其他费用的，承运人可以依法留置货物，并催付有关的运费和其他费用。托运人或者收货人未在规定的期限内支付运费和其他费用的，承运人可按照有关规定处置货物，并事先通知货运单上载明的托运人或者收货人。”第35条第1款规定：“托运人要求处置货物的，应当符合中华人民共和国以及运输过程中有关国家的法律和规定。对不符合规定的，承运人应当拒绝办理。托运人处置货物的指示不能执行的，承运人应当立即通知托运人。”第40条规定：“货物运达目的地后，收货人拒绝或者未在规定的时间内提取货物的，承运人应当执行货运单上载明的托运人的指示。货运单上未载明指示或者指示不能执行的，承运人应当将收货人未提取货物的情况通知托运人，并要求托运人予以指示。”第43条规定：“收货人接收货运单或者货物，应当承担与运输有关所有未支付费用的支付责任。……承运人可根据支付费用的情况有条件的移交货运单或者交付货物。”

（五）本案思考与讨论

防范航空运输到付运费风险的措施有哪些？

五、贵重物品航空运输损失赔偿

（一）案情介绍

原告：广汉某食品有限公司。

被告：某运输服务有限公司。

2010年12月30日，原告广汉某食品有限公司与被告某运输服务有限公司订立运输合同，约定被告通过航空托运运送肝素钠10千克至江苏省吴江市某生化制品有限公司。肝素钠是从猪或牛肠黏膜中提取的硫酸氨基葡聚糖的钠盐。因肝素钠提取工艺复杂且具有广泛的药用价值，所以价格不菲，市价在每千克2.5万元左右。被告在向原告出具的货运单上载明了运送货物的品名、件数、重量、航空运费等信息。原告也依合同约定向被告支付了运费1300元。2011年1月2日，原告指定的收货人在收货时发现托运的肝素钠丢失了6200克，价值15.81万元。原告得知此情况后，多次就赔偿问题与被告交涉未果，后诉至法院要求被告赔偿货物损失15.81万元。

四川省双流县人民法院审理了这起航空运输合同纠纷，判决运输服务公司赔偿620元。[①]

（二）案件难点

（1）合同当事人应该照价赔偿，还是部分赔偿，或者不承担赔偿责任？

---

① 有关该案详情参见“托运公司丢失价值15万元贵重物品，托运人托运时未作声明仅获赔620元”，http://www.lawtime.cn/lawyer/casecont575714580808oo13472，2015年3月2日访问。

（2）航空运输合同涉及的《合同法》与《中国国际航空公司货物国内运输总条件》间的法律适用问题。

（三）法理分析

1. 本案违约主体的确定

《合同法》第 304 条规定："托运人办理货物运输，应当向承运人准确表明收货人的名称或者姓名或者凭指示的收货人，货物的名称、性质、重量、数量，收货地点等有关货物运输的必要情况。因托运人申报不实或者遗漏重要情况，造成承运人损失的，托运人应当承担损害赔偿责任。"本案中"被告在向原告出具的货运单上载明了运送货物的品名、件数、重量、航空运费等信息"，因此原告不违反该条法律。《合同法》第 311 条规定："承运人对运输过程中货物的毁损、灭失承担损害赔偿责任，但承运人证明货物的毁损、灭失是因不可抗力、货物本身的自然性质或者合理损耗以及托运人、收货人的过错造成的，不承担损害赔偿责任。"但本案中被告未能举证证明货物的遗失是因不可抗力、货物本身的自然性质或者合理损耗以及托运人、收货人的过错造成的，故应予赔偿。《合同法》第 312 条规定："货物的毁损、灭失的赔偿额，当事人有约定的，按照其约定；没有约定或者约定不明确，依照本法第六十一条的规定仍不能确定的，按照交付或者应当交付时货物到达地的市场价格计算。法律、行政法规对赔偿额的计算方法和赔偿限额另有规定的，依照其规定。"而《中国国际航空公司货物国内运输总条件》第 12 章第 33 条规定："赔偿限额（一）办理了声明价值并交付了声明价值附加费的货物，在运输过程中发生损失，该声明价值为最高赔偿限额。承运人能够证明货物的实际损失低于声明价值的，按实际损失赔偿。（二）未办理声明价值的货物，在运输过程中发生损失，承运人承担的最高赔偿限额为每千克人民币 20 元。（三）投保航空运输险的货物，在运输过程中发生损失，由保险公司按照有关规定赔偿。……"

2. 本案处理意见及理由

原告的收货人在收货时发现交由被告运输的肝素钠遗失了 6200 克，对此，被告未能举证证明货物的遗失是因不可抗力、货物本身的自然性质或者合理损耗以及托运人、收货人的过错造成的，故应予赔偿。原告所交托运货物为贵重物品，应申报货物价值，并支付运输声明价值费或保险费。但被告出示的货运单中仅载明了运送货物的品名、件数、重量、航空运费等信息，运输声明价值栏和运输保险价值栏无相应记载。原告未向被告声明货物的价值或办理运输保险价值，因此原告应承担货物遗失后因未办理声明运输价值和运输保险价值而造成的法律后果。根据《合同法》《中国国际航空公司货物国内运输总条件》的相关规定，被告只是按照货物的重量标准收取了运费，并不知道货物的实际价值，原告仅凭向被告支付的运费要求被告赔偿遗失货物的实际价值不合理，故按每千克赔偿100元的标准，被告应赔偿原告损失费620元。

3.《合同法》与《中国国际航空公司货物国内运输总条例》的适用

《中华人民共和国立法法》（以下简称《立法法》）第92条规定："同一机关制定的法律、行政法规、地方性法规、自治条例和单行条例、规章，特别规定与一般规定不一致的，适用特别规定；新的规定与旧的规定不一致的，适用新的规定。"由此，引申出两个问题。

（1）如何理解法与法之间的"不一致"？结合本案可知，本案中《合同法》与《中国国际航空公司货物国内运输总条例》的"不一致"不是指互相抵触，而是两法存在包含关系，即《中国国际航空公司货物国内运输总条例》在《合同法》范围中作出了更加明确具体的规定，或者说是一种补充和延伸。

（2）如何识别"特别规定"与"一般规定"？特别规定是根据某种特殊情况和需要规定的调整某种特殊问题的法律规范。一般规定是为调整某类社会关系而制定的法律规范。在本案中比较容易区分，由于特别规定是在考虑具体社会关系的特殊需要的前提下制定的，更符合它所调整的社会关系的特点，所以具有优先适用的效力。所以《中国国际航空公司货物国内运输总条例》作为特别规定，其效力理应优先于普通法的《合同法》。

（四）涉及法律及运输规则

（1）《立法法》第92条规定："同一机关制定的法律、行政法规、地方性法规、自治条例和单行条例、规章，特别规定与一般规定不一致的，适用特别规定；新的规定与旧的规定不一致的，适用新的规定。"

（2）《合同法》第304条规定："托运人办理货物运输，应当向承运人准确表明收货人的名称或者姓名或者凭指示的收货人，货物的名称、性质、重量、数量，收货地点等有关货物运输的必要情况。因托运人申报不实或者遗漏重要情况，造成承运人损失的，托运人应当承担损害赔偿责任。"《合同法》第 311 条规定："承运人对运输过程中货物的毁损、灭失承担损害赔偿责任，但承运人证明货物的毁损、灭失是因不可抗力、货物本身的自然性质或者合理损耗以及托运人、收货人的过错造成的，不承担损害赔偿责任。"《合同法》第 312 条规定："货物的毁损、灭失的赔偿额，当事人有约定的，按照其约定；没有约定或者约定不明确，依照本法第六十一条的规定仍不能确定的，按照交付或者应当交付时货物到达地的市场价格计算。法律、行政法规对赔偿额的计算方法和赔偿限额另有规定的，依照其规定。"

（3）《中国国际航空公司货物国内运输总条件》第 12 章第 33 条规定："（一）办理了声明价值并交付了声明价值附加费的货物，在运输过程中发生损失，该声明价值为最高赔偿限额。承运人能够证明货物的实际损失低于声明价值的，按实际损失赔偿。（二）未办理声明价值的货物，在运输过程中发生损失，承运人承担的最高赔偿限额为每千克人民币 20 元。……"

（五）本案思考与讨论

在办理贵重货物航空运输过程中，为避免货物在运输过程中遗失后蒙受不必要的经济损失，托运人在与承运人签订运输合同时，应及时办理货物运输声明价值和运输保险价值。如果未能办理"声明价值"的货物，应该尽早办理航空保险的灭失险，以减少航空运输中可能遇到的风险。

第二节　航空货物运输代理合同

货物运输代理合同在合同法里属无名合同，一般是指委托人和受托人约定，由受托人为委托人处理货物运输及相关业务的合同。货物运输及相关业务包括订舱、仓储、报关、报验、结算交付杂费等货运代理人从事的具体业务。合同与货物运输代理合同可从以下几个方面进行区分。

1. 合同内容不同

合同内容包括权利、义务两个方面。因为权利、义务具有相对性，在这里以承运人和货运代理人的权利和义务作为比较对象。在合同义务方面，运输合同中承运人的义务为组织整程运输，对整程运输负责。在货物运输代理合同法律关系中，货物运输代理人的主要义务为将货主的货物安排至承运人的运输器上出运；此种安排可能是整个运输过程，也可能仅是运输的某段路程。在合同权利方面，承运人的权利为收取运输费用，这是其履行运输义务的对价。货物运输代理人收取的费用虽然有时也以运费的名义收取，但其实质是提供货运代理服务的报酬；这种报酬或者通过代收代付运费另加一定报酬的方式，或者通过赚取向委托人收取的费用与其支付给承运人等有关方的费用之间的差价来收取。

2. 履行义务的时空性不同

货物运输代理合同的履行，本质上是为航空货物运输合同提供服务。因此，货运代理合同对货物运输合同具有依附性。如果将货运代理合同与货物运输合同在时间和空间上予以区分的话，在时间概念上，货运代理人的义务先于或后于承运人义务。先由货运代理人办理订舱、报关、打板交接等业务，将货物安排至承运人的运输器，才由承运人进行运输，最后可能由货运代理人再完成收货义务、办理进口报关等手续。在空间概念上，货运代理人的义务往往是在同一地（起运地或目的地）完成，承运人的义务则具有跨境性和空间的连续性，这是由运输合同本质上是货物的空间移动特征决定的。

3. 调整的法律不同

调整航空货物运输合同的法律规范较为复杂，除主要由《民用航空法》调整外，国际航空货物运输合同还受《华沙公约》、1999 年《蒙特利尔公约》的调整。承运人根据《蒙特利尔公约》的规定可享受赔偿责任的限额，而托运人提出索赔需在特定期间内提出等。货运代理合同属于合同法上的无名合同，在性质上最接近于委托合同，因此在法律适用上多是参照委托合同的相关规定。

一、航空货物运输代理合同的特征

（一）案情介绍

上诉人（原审原告）：王某。

被上诉人（原审被告）：深圳市北翔空运代理有限公司（原名深圳市北翔贸易有限公司）。

王某于 2001 年 12 月 29 日在深圳市通信器材配套市场购买了西门子 3508 型手机 80 台、摩托罗拉 998 电池 100 块、摩托罗拉 2688 电池 80 块，价值合计人民币 62 700 元。第二天（12 月 30 日）深圳市北翔航空运代理有限公司给原告开具了编号为0001278号的“深圳市北翔航空货运出货运单”，载明：“货物品名为配件，件数2件，毛重28公斤，发往目的站郑州，收货人程某、马某，收货时间为2001年12月30日，托运人庆某，经手人汪某，航空运费126元。”托运人未声明价值。后原告指定的收货人在目的站没能领取该批货物，遂由此提起诉讼，要求被告深圳市北翔空运代理有限公司赔偿货款人民币62 700元、退还运费126元及赔偿经济损失4000元。一审法院宣判后原告王某不服并提起上诉，要求被告深圳市北翔空运代理有限公司：（1）赔偿货款损失人民币62 700元；（2）赔偿经济损失人民币4000元；（3）承担本案诉讼费。被上诉人深圳市北翔空运代理有限公司认为：托运货物时上诉人王某没有声明价值，自己也没有验货，而是按商业惯例和上诉人自己方便操作的要求，由上诉人将货物送至机场货站，货物灭失属航空运输中的损失，应适用《民用航空法》的规定进行赔偿，要求维持原判。经过调解，上诉人王某愿意放弃一半的货款损失。

经查，被上诉人经民航管理机关批准，具有从事国内航线航空货物运输销售代理业务的资格，并与中国南方航空股份有限公司签订了“航空货物销售代理协议书”，规定代理人在代理承运人进行航空货物运输销售业务时，应使用承运人的货物运输凭证。被上诉人未能提供应由承运人开具的、该批被诉货物单独或与其他货物统一托运的运输凭证。

上诉人提供了一份证人郭某证明托运货物与上诉人购物发票载明货物一致的书面证言，尽管双方承认货物交接时证人郭某在场，但是对其身份各执一词。郭某承认曾在被上诉人公司工作过且与被上诉人的法定代表人是亲戚关系，也承认自己曾在2001年12月30日收到过上诉人的该批货物，只是自己收货后当即交给了深圳机场货站，并且认为上诉人当时托运货物数量和品名与发票上的一致。①

（二）案件难点

（1）本案双方当事人之间签订的合同是否属于运输合同？

---

① 本案由深圳市宝安区人民法院（2002）深宝法经初字第406号一审作出民事判决。二审法院深圳市中级人民法院维持深圳市宝安区人民法院（2002）深宝法经初字第406号民事判决第二项；变更深圳市宝安区人民法院（2002）深宝法经初字第406号民事判决第一项为：被上诉人深圳市北翔空运代理有限公司支付上诉人王某货物灭失赔偿款人民币31 350元；对上诉人要求被上诉人在货款之外赔偿4000元经济损失的上诉请求，未予支持。有关该案详情见 http：//www. 110. com/panli/panli_59659. html，2015年11月1日访问。

（2）上诉人在托运货物时并未声明该托运货物的价值是否对赔偿产生影响?

（3）被上诉人除了赔偿直接损失以外，对于间接损失应否赔偿?

（三）法理分析

1. 本案双方当事人之间签订的合同是否属于运输合同

上诉人王某与被上诉人深圳市北翔空运代理有限公司签订的合同不属于运输合同，而是委托代理合同。深圳市北翔空运代理有限公司系从事航空运输销售代理业务深圳地区的代理人，是经批准从事国内航空货运代理业务的企业，既可以代理承运人（航空公司）与托运人签订航空运输合同，又可以代理托运人与承运人签订航空运输合同，其代理承运人承运货物还是代理托运人托运货物的根本标志是其出具的不同的货运单。根据深圳市北翔空运代理有限公司与中国南方航空股份有限公司签订的《航空货物销售代理协议书（国内)》第 10 条第 1 款的规定，代理方为航空承运人办理国内航空运输销售业务，应使用委托方（航空公司）的货物运输凭证，而被告深圳市北翔空运代理有限公司开具给原告王某的是其自制的“深圳市北翔航空货运出货运单”，单据上没有任何有关承运人的授权条款或指示信息，虽然形式上具有货物运输合同的主要条款，但由于深圳市北翔空运代理有限公司自身并不具备航空货物运输资格，不能签订航空运输合同，因此其与王某之间的货运单不能认定为航空货物运输合同，实质上是代办航空货物托运的委托代理合同。

2. 上诉人在托运货物时并未申明该托运货物的价值是否对赔偿产生影响

王某在托运货物时并未声明该托运货物的价值对赔偿产生一定影响。首先，根据《合同法》第 304 条第 1 款的规定，“托运人办理货物运输，应当向承运人准确表明收货人的名称或姓名或者凭指示的收货人，货物的名称、性质、重量、数量，收货地点等有关货物运输的必要情况。”因为王某与深圳市北翔空运代理有限公司在签订合同时并不知道他们所签的合同不属于运输合同而是单纯的委托代理合同，因此有理由认为王某应当在交付货物时告知深圳市北翔空运代理有限公司其所托运的货物是什么。在深圳市北翔空运代理有限公司看来，货物的灭失是在航空运输途中发生的，属于航空运输中的损失，应根据《民用航空法》第 128 条第 2 款的规定“旅客或者托运人在交运托运行李或者货物时，特别声明在目的地点交付时的利益，并在必要时支付附加费的，除承运人证明旅客或者托运人声明的金额高于托运行李或者货物在目的地点交付时的实际利益外，承运人应当在声明金额范围内承担责任；本法第一百二十九条的其他规定，除赔偿责任限额外，适用于国内航空运输”进行赔偿，而其赔偿标准则应根据《民用航空法》第129条规定的“国际航空运输承运人的赔偿责任限额按照下列规定执行：（一）对每名旅客的赔偿责任限额为16600计算单位；[①] 但是，旅客可以同承运人书面约定高于本项规定的赔偿责任限额。（二）对托运行李或者货物的赔偿责任限额，每公斤为17计算单位。旅客或者托运人在交运托运行李或者货物时，特别声明在目的地点交付时的利益，并在必要时支付附加费的，除承运人证明旅客或者托运人声明的金额高于托运行李或者货物在目的地点交付时的实际利益外，承运人应当在声明金额范围内承担责任。托运行李或者货物的一部分或者托运行李、货物中的任何物件毁灭、遗失、损坏或者延误的，用以确定承运人赔偿责任限额的重量，仅为该一包件或者数包件的总重量；但是，因托运行李或者货物的一部分或者托运行李、货物中的任何物件的毁灭、遗失、损坏或者延误，影响同一份行李票或者同一份航空货运单所列其他包件的价值的，确定承运人的赔偿责任限额时，此种包件的总重量也应当考虑在内。（三）对每名旅客随身携带的物品的赔偿责任限额为332计算单位”来计算。然而深圳市北翔空运代理有限公司没有提供其根据原告王某委托将货物交承运人承运的运输凭证，也没能举证证明托运货物是在航空运输过程中灭失，因此本案货物灭失的损失不能认定为航空运输期间发生的损失。自然也就不适用上述法条，而是应该适用《合同法》第66条规定：“当事人互负债务，没有先后履行顺序的，应当同时履行。一方在对方履行之前有权拒绝其履行要求。一方在对方履行债务不符合约定时，有权拒绝其相应的履行要求”和第406条第1款“有偿的委托合同，因受托人的过错给委托人造成损失的，委托人可以要求赔偿损失。无偿的委托合同，因受托人的故意或者重大过失给委托人造成损失的，委托人可以要求赔偿损失”的规定进行民事赔偿。本案是由王某对深圳市北翔空运代理有限公司提出起诉，因此王某应对货物灭失的实际损失负举证责任。根据王某提供的托运前一天

---

① 以上所称“计算单位”，是指国际货币基金组织规定的特别提款权；其人民币数额为法院判决之日、仲裁机构裁决之日或者当事人协议之日，按照国际外汇主管机关的国际货币基金组织的特别提款权对人民币的换算办法计算得出的人民币数额。下文中提及的“计算单位”为同义。

的购货发票和证人郭某的书面证言，法院认定王某的货款损失是发票上记明的 62 700 元。鉴于法院调解时，王某承诺愿意放弃一半货款损失，且王某在签订合同时未声明货物内容，所以，被告深圳市北翔空运代理有限公司赔偿王某 31 350 元。

3. 被上诉人深圳市北翔空运代理有限公司除了赔偿直接损失以外，对于间接损失应该如何赔偿

深圳市北翔空运代理有限公司无须对王某要求的间接损失进行赔偿。《合同法》第 311 条规定："承运人对运输过程中货物的毁损、灭失承担损害赔偿责任，但承运人证明货物的毁损、灭失是因不可抗力、货物本身的自然性质或者合理损耗以及托运人、收货人的过错造成的，不承担损害赔偿责任。"通常认为货物运输的损害赔偿限于实际损失即直接损失，对于间接损失也即期待利益的损失不负赔偿责任，因此本案中王某提出的赔偿其间接经济损失的诉求无法得到支持。

（四）涉及法律

（1）《合同法》第 66 条规定："当事人互负债务，没有先后履行顺序的，应当同时履行。一方在对方履行之前有权拒绝其履行要求。一方在对方履行债务不符合约定时，有权拒绝其相应的履行要求。"《合同法》第 304 条第 1 款规定："托运人办理货物运输，应当向承运人准确表明收货人的名称或姓名或者凭指示的收货人，货物的名称、性质、重量、数量，收货地点等有关运输的必要情况。"第 311 条规定："承运人对运输过程中货物的毁损、灭失承担损害赔偿责任，但承运人证明货物的毁损、灭失是因不可抗力、货物本身的自然性质或者合理损耗以及托运人、收货人的过错造成的，不承担损害赔偿责任。"第 406 条第 1 款规定："有偿的委托合同，因受托人的过错给委托人造成损失的，委托人可以要求赔偿损失。无偿的委托合同，因受托人的故意或者重大过失给委托人造成损失的，委托人可以要求赔偿损失。"

（2）《民用航空法》第 128 条第 2 款规定："旅客或者托运人在交运托运行李或者货物时，特别声明在目的地点交付时的利益，并在必要时支付附加费的，除承运人证明旅客或者托运人声明的金额高于托运行李或者货物在目的地点交付时的实际利益外，承运人应当在声明金额范围内承担责任；本法第一百二十九条的其他规定，除赔偿责任限额外，适用于国内航空运输。"

第129条规定："国际航空运输承运人的赔偿责任限额按照下列规定执行：（一）对每名旅客的赔偿责任限额为16600计算单位；但是，旅客可以同承运人书面约定高于本项规定的赔偿责任限额。（二）对托运行李或者货物的赔偿责任限额，每公斤为17计算单位。旅客或者托运人在交运托运行李或者货物时，特别声明在目的地点交付时的利益，并在必要时支付附加费的，除承运人证明旅客或者托运人声明的金额高于托运行李或者货物在目的地点交付时的实际利益外，承运人应当在声明金额范围内承担责任。托运行李或者货物的一部分或者托运行李、货物中的任何物件毁灭、遗失、损坏或者延误的，用以确定承运人赔偿责任限额的重量，仅为该一包件或者数包件的总重量；但是，因托运行李或者货物的一部分或者托运行李、货物中的任何物件的毁灭、遗失、损坏或者延误，影响同一份行李票或者同一份航空货运单所列其他包件的价值的，确定承运人的赔偿责任限额时，此种包件的总重量也应当考虑在内。（三）对每名旅客随身携带的物品的赔偿责任限额为332计算单位。"

（五）本案思考与讨论

（1）航空运输合同与委托代理合同的区别是什么？

（2）货物交付时不符合规定造成损失的责任承担。

（3）当承运人未能按规定提醒托运人检查货物而货物发生损毁灭失时，承运人是否应该承担责任？

二、航空货物代理合同的履行

（一）案情介绍

原告：N公司。

被告：S公司。

2012年10月，浙江S公司向美国服装零售公司J公司出口女款成衣20 000件，为赶上圣诞节行情，J公司决定将该货物从上海航空运输至美国洛杉矶。外商自己与熟悉的货运代理谈妥了运费、航次，并交代货运代理公司联系中国S公司办理订舱、接货、出口清关等工作。中国S公司以电子邮件附件的方式向设立在中国的货运代理N公司送达了"订舱委托书"，并按货运代理公司的要求价格将货物送交到上海浦东机场的仓库。货运代理公司也是以电子邮件附件的方式向S公司送达了"航空分运单"。分运单载明：托运人（shipper）为中国S公司，运费由J公司预付，"费率"按协议执行。

2013年4月，S公司收到货运代理N公司快递的运杂费发票，总计人民币36万元；2013年5月，收到货运代理N公司催讨运费的律师函；2013年9月，S公司收到上海市浦东新区法院的传票，原告货运代理N公司以被告S公司拒付运杂费为由，起诉要求支付运杂费及逾期付款的利息损失合计40万元。①

（二）案件难点

（1）货运合同当事人没有约定运费的实际负担问题。

（2）外国法律的适用问题。

（三）法理分析

1. 货代及其责任承担

货代，是货运代理的简称，英文为 freight forwarding，是货主与承运人之间的中间人、经纪人和运输组织者，指在流通领域专门为货物运输需求和运力供给者提供各种运输服务业务的总称。它们面向全社会服务，是货主和运力供给者之间的桥梁和纽带。

在中国，货代就是代理报关企业。国际货运代理是指一种新兴的产业，“是处于国际贸易和国际货物运输之间的‘共生产业’或‘边缘产业’”。② 从工作内容来看是接受客户的委托完成货物运输的某一个环节或与此有关的环节，涉及这方面的工作都可以直接或间接通过货代来完成，以节省资本。国际贸易中的货运代理往往包括三个主体、两份合同。从本案来看，三个主体分别是中国浙江S公司、货运代理N公司、美国服装公司J公司；两份合同是S公司与J公司的服装购销合同、N公司和J公司的国际贸易运输合同。由于S公司轻信了J公司，没有明确约定违约责任的承担主体，且没有确认N公司与J公司的货运合同内容，导致双方产生纠纷。

货代的责任包括：

（1）基本责任：作为承运人完成货物运输并承担责任（由其签发货运单据，用自己掌握的运输工具或委托他人完成货物运输，并收取运费）。

作为承运人完成货物运输不直接承担责任（由他人签发货运单据，使用掌握的运输工具，或租用他人的运输工具，或委托他人，完成货物运输，并

① 案例参见 http：//www. excelawyer. com/Article/sfzc/201402/534. html，2016年10月27日访问。

② 万长云：“国际货运代理的业务责任分析”，载《中国市场》2008年11月，第132页。

不直接承担责任）。

根据与委托方订立的协议或合同规定，或根据委托方指示进行业务活动时，货代应以通常的责任完成此项委托，尤其是在授权范围之内。

如实汇报一切重要事项。在委托办理业务中向委托方提供的情况、资料必须真实，如有任何隐瞒或提供的资料不实造成的损失，委托方有权向货运代理人追索并撤销代理合同或协议。

负保密义务。货运代理过程中所得到的资料不得向第三者泄露。同时，也不得将代理权转让与他人。

（2）对合同的责任：国际货运代理人应对自己因没有执行合同所造成的货物损失负赔偿责任。

（3）对仓储的责任：货代在接受货物准备仓储时，应在收到货后向委托方开具收据或仓库证明，并在货物仓储期间尽其职责，根据货物的特性和包装，选择不同的储存方式。

2. 货代赔偿责任及费用标准

国际货运代理协会一般条款规定的赔偿原则包括两个方面：一是赔偿责任原则，二是赔偿责任限制。

收货人在收到货物发现货物灭失或损害，并能证明该灭失或损害是由货运代理人过失造成，即应向货代方发出索赔通知，提出索赔要求。否则，视为货代已完成交货义务。从现有的国际公约看，有的采用单一标准的赔偿方法，有的采用双重标准的赔偿方法；对国际货运代理人的赔偿方法也应同样如此，但实际做法不一，差异较大。

（1）运输单据标准。

FIATA[①] 标准规则的第 7.1 部分中关于货代作为承运人承担的责任规定如下：货代……当其签发自己的运输单证，或以其他方式明示或默示地表示承担承运人的责任（缔约承运人），根据 NSAB 标准条款，货代在以下情况下应被认为具备缔约承运人的地位：其以自己的名义签发运输单据；其要约进行了某种意思表示，如报出自己的运价，而从该种意思表示中可以合理推断其初期以承运人的身份承担责任的意愿。

---

① 国际货运代理协会联合会（法文缩写 FIATA——“菲亚塔”），是一个非营利性的国际货运代理行业组织。其于奥地利维也纳成立，总部设在瑞士苏黎世，并分别在欧洲、亚洲和太平洋、非洲、中东四个区域设立了地区办事处，任命有地区主席。其中亚洲和太平洋地区秘书处设在印度孟买。

如果客户与货代就货物的运输达成的协议中明显体现出货代承担承运人的责任的意思表示时，货代当然是作为承运人无疑。而由于运输单据对运输协议的证明作用，货代以自己的名义签发运输单据（主要是提单），在承运人一栏中明确签上自己的名称，这种情况下，一旦客户接受了这种运输单据，除非其能够提出相反证据，则应认定其与货代（作为承运人）的运输合同关系的存在。但这种运输单据转让后，货代依据这一运输单据向收货人、运输单据持有人承担承运人的责任。

这一标准符合中国相关法规的规定。《中华人民共和国国际海运条例》第7条第2款规定：前款所称无船承运业务，是指无船承运业务经营者以承运人身份接受托运人的货载，签发自己的提单或者其他运输单证，向托运人收取运费，通过国际船舶运输经营者完成国际海上货物运输，承担承运人责任的国际海上运输经营活动。

（2）运输标准。

当根据运输单据无法明确货代在运输合同中法律地位时，相关标准条款或立法往往通过考查货代对货物运输过程的实际参与程度来确认货代的法律地位。

德国运输法（HGB）规定：货代进行组织集中不同来源的货物，以同一运输工具进行运输时应被认定为承运人。

NCBFAA[①]标准条款认可，货代在占有货物的情况下，可以作为承运人、仓储人或包装人，从而对货物承担相应的责任。在其他情况下，货代根据本标准条款只是作为代理人而出现。

FIATA 标准规则的第7.1部分中关于货代作为承运人出现的责任规定：当货代运用其自己的运输工具实际从事运输时，货代作为运输合同当事人而承担责任。

（3）固定费用标准。

德国运输法的新法令规定：收取固定费用的货代，就其权利义务而言，将被作为承运人对待。这一标准似乎为中国司法实践所否认。在太仓兴达制罐有限公司诉江苏中远国际货运有限公司太仓分公司、江苏中远国际货运有限公司货损纠纷案中，原告太仓兴达制罐有限公司认为被告“太仓货运”收取了“太仓兴达”的包干费，因此原告与被告之间不再是货运代理的委托关

① 指美国海关经纪人和货运代理企业协会。

系，而应当是货物运输合同关系，被告应对运输途中的货损负责。原告的这一诉讼主张并未得到一审及二审法院的支持。法官认为，在目前货代市场中，包干费是货代市场竞争的产物。货运代理人预收包干费已经形成惯例。庭审查明的事实显示，太仓货运向本案航联公司支付的包括运杂费在内的费用已超过其向原告收取的包括包干费在内的费用。由此可见，货运代理人收取的包干费中，剔除代理佣金之外的费用，其性质实际上是代理人事先预收、事后代付的费用。代理人为此亦承担了一定的市场风险。由此可见，被告向货主预收包干费，并不因此而改变其货运代理人的地位。

3. 航空货代的法律责任

货代有可能因为提单中对于签发人规定的不明确而被认定为承运人，对货物的灭失、损害和迟延承担责任。但若货代已在提单中毫无异议地表明了自己的代理身份，那么是否可以免除其对所运输的货物的灭失、损害和迟延的责任呢？这在很大程度上取决于是否存在承运人对货代的这种签单代理权事前授权或者事后追认。货代的这种双重代理的地位在海运中还是相对新生的事务，而这种做法已被国际航空货物运输业所普遍接受。

航空货代，作为国际航空运输协会（IATA）的代理，航空货运代理企业接受进出货物收货人、发货人或其代理人的委托，向客户签发航空货运单，履行运输合同并收取运费和服务费。其所签发的航空货运单将毫无疑义约束该航空公司。由于整个航空货物运输业已建立起这样一种制度，因此单个航空公司必然承认这种双重代理的做法的法律效力。

（四）涉及法律及运输规则

（1）《合同法》第396条规定：“委托合同是委托人和受托人约定，由受托人处理委托人事务的合同。”第398条规定：“委托人应当预付处理委托事务的费用。受托人为处理委托事务垫付的必要费用，委托人应当偿还该费用及其利息。”第402条规定：“受托人以自己的名义，在委托人的授权范围内与第三人订立的合同，第三人在订立合同时知道受托人与委托人之间的代理关系的，该合同直接约束委托人和第三人，但有确切证据证明该合同只约束受托人和第三人的除外。”第403条规定：“受托人以自己的名义与第三人订立合同时，第三人不知道受托人与委托人之间的代理关系的，受托人因第三人的原因对委托人不履行义务，受托人应当向委托人披露第三人，委托人因此可以行使受托人对第三人的权利，但第三人与受托人订立合同时如果知道该委托人就不会订立合同的除外。受托人因委托人的原因对第三人不履行义务，受托人应当向第三人披露委托人，第三人因此可以选择受托人或者委托人作为相对人主张其权利，但第三人不得变更选定的相对人。委托人行使受托人对第三人的权利的，第三人可以向委托人主张其对受托人的抗辩。第三人选定委托人作为其相对人的，委托人可以向第三人主张其对受托人的抗辩以及受托人对第三人的抗辩。”第405条规定：“受托人完成委托事务的，委托人应当向其支付报酬。因不可归责于受托人的事由，委托合同解除或者委托事务不能完成的，委托人应当向受托人支付相应的报酬。当事人另有约定的，按照其约定。”

（2）《中华人民共和国海商法》（以下简称《海商法》）第44条规定：“海上货物运输合同和作为合同凭证的提单或者其他运输单证中的条款，违反本章规定的，无效。此类条款的无效，不影响该合同和提单或者其他运输单证中其他条款的效力。将货物的保险利益转让给承运人的条款或者类似条款，无效。”第71条规定：“提单，是指用以证明海上货物运输合同和货物已经由承运人接收或者装船，以及承运人保证据以交付货物的单证。提单中载明的向记名人交付货物，或者按照指示人的指示交付货物，或者向提单持有人交付货物的条款，构成承运人据以交付货物的保证。”

（3）《中华人民共和国对外贸易法》第12条规定：“对外贸易经营者可以接受他人的委托，在经营范围内代为办理对外贸易业务。”

（4）《中华人民共和国国际货物运输代理业管理规定实施细则（试行）》（以下简称《国际货物运输代理业管理规定实施细则（试行）》）第42条规定：“国际货运代理企业作为代理人，可向货主收取代理费，并可从承运人处取得佣金。国际货运代理企业不得以任何形式与货主分享佣金。国际货运代理企业作为独立经营人，从事本细则第三十二条中有关业务，应当依照有关运价本向货主收取费用。此种情况下，不得从实际承运人处接受佣金。”

（五）本案思考与讨论

（1）委托合同和代理合同的区别。

（2）在有中间人参与的经济活动中，货代合同应当如何签订，注意哪些内容？

（3）货运代理人有哪些法定义务和责任？

三、航空货运代理包机合同

（一）案情介绍

原告：中外运空运发展股份有限公司华东分公司（本案中简称华东分公司）。

被告：江苏天行健国际物流有限公司（本案中简称天行健公司）。

被告：江苏天行健国际物流有限公司上海分公司（本案中简称天行健上海分公司）。

2008年2月25日，原告华东分公司与被告天行健上海分公司签订“国际航空运输货物代理协议”一份，约定：被告天行健上海分公司委托原告办理航空货物国际进口和出口运输；被告天行健上海分公司接受原告提供的包机或包舱的转包业务，如果是整架包机或整个包舱业务的转包，原告在底价基础上发生的亏损由被告天行健上海分公司承担。被告天行健上海分公司负责提供货源、将货物全部交原告发运，并负责报关、制单等工作，原告负责货物在机场的打板交接事宜。2009年11月，双方签订“包机业务合作协议”一份，约定原告将2009年11月26日之德国SZW的一架次包机转包给被告天行健上海分公司。转包价格为底价3 065 000元（含包机费283万元，拆板费8.5万元，卡车转运预付款15万元），另收取操作费0.5元/公斤及上货航地面费用0.3元/公斤。货源由被告天行健上海分公司负责组织销售，并由其负责空舱风险，原告不承担包机空舱产生的亏损。报关、排舱、单证制作由被告天行健上海分公司负责。原告负责货站打板交接事宜。原告不得以该包机名义对外销售，但可以组织货源向被告订舱，被告给予优于其他同行的优惠价格结算。如果由于航空公司临时取消飞行计划造成被告天行健上海分公司组织货源无法按期出运，原告华东分公司不承担赔付责任，但原告如有从航空公司处得到赔付或者补偿应该视为被告天行健上海分公司的损益赔付。其他未列明部分参照“国际航空运输货物代理协议”。

同年11月23日，原告华东分公司与案外人东方中天（河南）航空服务有限公司（以下简称东方中天公司）签订了“包租合同”一份，约定原告向东方中天公司租用11月26日（后实际航班日期为11月28日）由上海至德国的货机一架，包机费用为283万元。原告于11月25日向东方中天公司支付了包机费283万元、运转及拆板费23.5万元。

被告天行健上海分公司组织货源，并向托运人以承运人代理人的身份签发了航空货运单23份。2009年11月26日、27日，原告在浦东机场货站为被告天行健上海分公司办理了上述23票货物的打板交接事宜。11月28日，装载上述货物的飞机在起飞后随即坠毁于浦东国际机场。2009年12月，东方中天公司将拆箱费、卡车运输费退还给原告华东分公司，但未退回包机费。2010年1月和3月，原告分别向被告天行健上海分公司开具两张金额283万元和4 1706元的发票要求被告支付包机合作协议中约定的包机费和打板操作费，但是后者拒绝支付。原告故诉至法院，请求判令被告支付费用。

被告天行健公司、天行健上海分公司共同辩称：（1）原告与被告间不存在代理合同关系，原告并非被告的代理人，双方之间系运输合同关系；（2）即使双方之间构成代理关系，被告也并未授权原告向第三人支付费用。①

（二）案件难点

（1）原告与被告天行健上海分公司所签订的“包机业务合作协议”性质。

（2）原告与被告双方之间的法律关系如何认定？

（3）涉案包机协议是否已履行完毕？

（三）法理分析

1. 原告与被告天行健上海分公司所签订的“包机业务合作协议”性质

货运代理合同与货物运输合同的区别在于货物运输合同即通常所说的货运合同，是委托人将需要运送的货物交给承运人，由承运人按委托人的要求将货物运送到指定地点交付给委托人或者收货人，并由委托人或收货人支付运费的合同。而货运代理合同为合同法上的无名合同，一般是指委托人和受托人约定，由受托人为委托人处理货物运输及相关业务的合同。货物运输及相关业务包括订舱、仓储、报关、报验、结算交付杂费等货运代理人从事的具体业务。② 货物运输合同与货运代理合同可从以下几个方面进行区分。

---

① 有关该案详情参见郭俭主编：《国际航空货运代理纠纷疑难案例评析》，法律出版社2013年版，第51页。

② 李福清、刘路英：“由一起航空运输合同纠纷引发的法律思考”，载《法制与社会》2012年第29期，第97页。

（1）合同的主体不同。

货物运输合同的主体是托运人和承运人。托运人是将货物委托承运人运输的人，包括自然人、法人和其他组织。托运人可以是货物的所有人，也可以不是。承运人是运送货物的人，多为法人，也可以是自然人、其他组织。货物运输合同涉及收货人，收货人是接收货物的人。收货人与托运人可以是同一人，但多数情形都为第三人。当第三人为收货人时，收货人就是货物运输合同的关系人，此时货物运输合同就是为第三人利益的合同。

货运代理合同的主体是委托人和货运代理人。我国的货运代理业是经由向国家工商行政部门注册登记，并领有经营该项业务执照的企业法人组织专营的，其他单位与个人一律不得经营。因此，货运代理合同中的货运代理人是特定主体。但是，货运代理合同中委托人的范围则没有限制，可以是国家机关、企事业单位、群众团体、公民个人、个体工商户、农村承包经营户等。

（2）合同的内容不同。

合同内容包括权利、义务两个方面。权利、义务具有相对性，以承运人和货运代理人的权利和义务作为比较对象。在合同义务方面，运输合同中承运人义务的特征为组织整程运输，对整程运输负责。在货运代理合同法律关系中，货运代理人主要义务特征为将货主的货物安排至承运人的运输器上出运，此种安排可能是整个运输过程，也可能仅是运输的某段路程。在合同权利方面，承运人的权利为收取运输费用，这是其履行运输义务的对价。货运代理人收取的费用虽然有时也以运费的名义收取，但其实质是提供货运代理服务的报酬；这种报酬或者通过代收代付运费另加一定报酬的方式，或者通过赚取向委托人收取的费用与其支付给承运人等有关方的费用之间的差价来获取。

（3）履行义务的时空性不同。

货运代理合同的履行本质上是为货物运输合同提供服务。因此，货运代理合同对货物运输合同具有依附性。如果将货运代理合同与货物运输合同在时间和空间上予以区分的话，可以看出，在时间概念上，货运代理人的义务大体先于或后于承运人义务。先由货运代理人办理订舱、报关、打板交接等业务，将货物安排至承运人的运输器，才由承运人进行运输，最后可能由货运代理人再完成收货义务，办理进口报关等手续。在空间概念上，货运代理人的义务往往是在同一地（起运地或目的地）完成，承运人的义务则具有跨境性和空间的连续性，这也是由运输合同在本质上是货物的空间移动的特征决定的。

（4）调整的法律不同。

调整货物运输合同的法律规范较为复杂，除主要由《合同法》调整外，根据货物运输合同运输方式的不同，具体调整法律也存在差异。按运输方式的不同，货物运输合同可以分为：铁路货物运输合同、公路货物运输合同、水路货物运输合同、航空货物运输合同与管道货物运输合同等。例如，由于公路运输是我国较为传统的运输方式之一，发展速度也相对较快，因此调整公路运输的法律相对比较全面，常用的有《公路法》《合同法》《汽车货物运输规则》《道路货物运输服务业管理办法》《道路交通管理条例》《城市道路管理条例》《道路零担货物运输管理办法》等一系列法律法规。又如，调整航空货物运输合同的法律规范，除主要由《民用航空法》调整外，国际航空货物运输合同还受华沙公约体系、1999 年《蒙特利尔公约》的调整。货运代理合同属于合同法上的无名合同，在性质上最接近于委托合同，因此在法律适用上多是参照委托合同的相关规定。

（5）归责原则与举证责任不同。

《合同法》第 107 条规定："当事人一方不履行合同义务或者履行合同义务不符合约定的，应当承担继续履行、采取补救措施或者赔偿损失等违约责任。"这个条文中并没有规定"当事人能够证明自己没有过错的除外"，一般认为合同法采用了严格责任原则作为违约责任的一般归责原则。因此，在诉讼中主张追究对方违约责任的当事人仅须证明对方有违反合同义务之行为即可。但委托合同却是特例，因为《合同法》第 406 条明确规定："有偿的委托合同，因受托人的过错给委托人造成损失的，委托人可以要求赔偿损失。无偿的委托合同，因受托人的故意或者重大过失给委托人造成损失的，委托人可以要求赔偿损失。受托人超越权限给委托人造成损失的，应当赔偿损失。"可见，委托合同的归责原则实行的是过错责任原则。货运代理合同从性质上讲属于委托合同，当然也应当适用过错责任。因此在货运代理合同中，委托人试图让货运代理人承担违约责任时，就应当证明其在履行合同时存有过错。

在海上货物运输合同中，根据《海商法》第 51 条的规定，海上货物运输合同违约责任的归责原则亦为过错责任，但在举证责任上属于过错推定，即一般来说，证明货物损坏非系承运人过错所致之责应由承运人自己承担，货方仅需证明在承运人责任期间发生了货损事实即可，对承运人有无过错无须举证。而承运人需证明自己没有过错方可免责，否则推定其有过错。但是，《海商法》同样规定了承运人可适用的12种免责事项，例如，按照《海商法》第51条第2款的规定，在火灾引起货损的情况下，只有当权利人证明该火灾系承运人本人过失所致时，承运人才承担责任。即在火灾导致货损的情况下，《海商法》又规定此时举证责任归于货方，这又构成了海上货物运输合同过错推定原则的例外。对此，要区别不同案情，在同一过错归责原则之下，正确适用不同的举证责任。

在本案中，“包机业务合作协议”明确约定合作内容为原告将包机转包给被告，货源由被告天行健上海分公司组织销售，货站打板交接事宜由原告负责。如果由于航空公司临时取消飞行计划造成被告天行健上海分公司组织货源无法按期出运，原告不承担赔付责任。原告在合同中仅负责货物的打板交接及货上飞机的过程，对此后货物的运输行为原告并无履行义务，也不承担相应责任。由此可看出，“包机业务合作协议”是一个货运代理合同。

2. 货运代理合同法律关系分析

货运代理合同是指货物运输代理企业接受收货人或发货人的委托，以委托人的名义办理货物运输业务并收取报酬的合同。

（1）货运代理人的特征。

货运代理合同属服务类合同，除具有该类合同的一般特征外，从合同主体、客体以及合同当事人间的法律关系上来看，还有其本身的特征。从事货运代理业务企业资质问题已在上文予以论述，此处不再赘述。

（2）货运代理人服务的限制性。

货运代理人从事的代运工作是一种综合性的服务工作，主要包括：

①提供代办运输的服务；②提供仓储保管的服务；③提供代办行政和财政手续的服务；④加工承揽方面的服务。

以上服务均是为了实现货物运输。货运代理人所提供的服务必须与运输有关，这是货运代理合同在客体方面的一个显著特点。受这一限制，货运代理人不得提供诸如旅游、医疗、律师等与货运无关的服务。

在本案中，原告的法律地位并非运输合同的承运人，双方也不是运输合同关系。合同约定的双方权利义务及合同的实际履行情况都符合货运代理合同关系法律特征，原、被告之间系货物运输代理合同关系。此外，从本案费用的收费方式上看，原告向案外人支付的包机费用为283万元，与被告约定包机费用相同；原告仅向被告收取操作费和上货航地面费用；如有其他费用涉及包机发生，将实报实销；原告并非收取一揽子包机费用，也符合货运代理合同法律关系的特征。

3. 涉案包机协议是否已履行完毕

合同的履行[①]指的是合同规定义务的执行。任何合同规定义务的执行，都是合同的履行行为；相应地，凡是不执行合同规定义务的行为，都是合同的不履行。因此，合同的履行，表现为当事人执行合同义务的行为。当合同义务执行完毕时，合同也就履行完毕。

（1）履行主体。

合同履行主体不仅包括债务人，也包括债权人。因为，合同全面适当履行的实现，不仅主要依赖于债务人履行债务的行为，同时还要依赖于债权人受领履行的行为。因此，合同履行的主体是指债务人和债权人。除法律规定、当事人约定、性质上必须由债务人本人履行的债务以外，履行也可以由债务人的代理人进行，但是代理只有在履行行为是法律行为时方可适用。同样，在上述情况下，债权人的代理人也可以代为受领。此外，某些情况下，合同也可以由第三人代替履行，只要不违反法律的规定或者当事人的约定，或者符合合同的性质，第三人也是正确的履行主体。不过，由第三人代替履行时，该第三人并不取得合同当事人的地位，第三人仅仅只是居于债务人的履行辅助人的地位。

（2）履行标的。

合同的标的是合同债务人必须实施的特定行为，是合同的核心内容，是合同当事人订立合同的目的所在。合同标的不同，合同的类型也就不同。如果当事人不按照合同的标的履行合同，合同利益就无法实现。因此，必须严格按照合同的标的履行合同就成为合同履行的一项基本规则。合同标的的质量和数量是衡量合同标的的基本指标，因此，按照合同标的履行合同，在标

① 陈小君主编：《合同法学（第二版）》，高等教育出版社2009年版，第136页。

的的质量和数量上必须严格按照合同的约定进行履行。如果合同对标的的质量没有约定或者约定不明确，当事人可以补充协议；协议不成的，按照合同的条款和交易习惯来确定。如果仍然无法确定，按照国家标准、行业标准履行；没有国家标准、行业标准的，按照通常标准或者符合合同目的的特定标准履行。在标的数量上，全面履行原则的基本要求便是全部履行，而不应当部分履行，但是在不损害债权人利益的前提下也允许部分履行。

（3）履行期限。

合同履行期限是指债务人履行合同义务和债权人接受履行行为的时间。作为合同的主要条款，合同的履行期限一般应当在合同中予以约定，当事人应当在该履行期限内履行债务。如果当事人不在该履行期限内履行，则可能构成迟延履行而应当承担违约责任。履行期限不明确的，根据《合同法》第61条的规定，双方当事人可以另行协议补充，如果协议补充不成，应当根据合同的有关条款和交易习惯来确定。如果还无法确定，债务人可以随时履行，债权人也可以随时要求履行，但应当给对方必要的准备时间。这也是合同履行原则中诚实信用原则的体现。不按履行期限履行有两种情形：迟延履行和提前履行。在履行期限届满后履行合同为迟延履行，当事人应当承担迟延履行责任，此为违约责任的一种形态；在履行期限届满之前所为之履行为提前履行，提前履行不一定构成不适当履行。

（4）履行地点。

履行地点是债务人履行债务、债权人受领给付的地点，履行地点直接关系到履行的费用和时间。在国际经济交往中，履行地点往往是纠纷发生以后用来确定适用的法律的根据。如果合同中明确约定了履行地点，债务人就应当在该地点向债权人履行债务，债权人应当在该地点接受债务人的履行行为。如果合同约定不明确，依据《合同法》的规定，双方当事人可以协议补充；如果不能达成补充协议，则按照合同有关条款或者交易习惯确定。如果履行地点仍然无法确定，则根据标的的不同情况确定不同的履行地点。如果合同约定给付货币，在接受货币一方所在地履行；如果交付不动产，在不动产所在地履行；其他标的，在履行义务一方所在地履行。

（5）履行方式。

履行方式是指合同双方当事人约定以何种形式来履行义务。合同的履行方式主要包括运输方式、交货方式、结算方式等。履行方式由法律或者合同约定或者是由合同性质来确定，不同性质、内容的合同有不同的履行方式。根据合同履行的基本要求，在履行方式上，履行义务人必须首先按照合同约定的方式进行履行。如果约定不明确，当事人可以协议补充；协议不成的，可以根据合同的有关条款和交易习惯来确定；如果仍然无法确定，按照有利于实现合同目的的方式履行。

（6）履行费用。

履行费用是指债务人履行合同所支出的费用。如果合同中约定了履行费用，则当事人应当按照合同的约定负担费用。如果合同没有约定履行费用或者约定不明确，则按照合同的有关条款或者交易习惯确定；如果仍然无法确定，则由履行义务一方负担。因债权人变更住所或者其他行为而导致履行费用增加时，增加的费用由债权人承担。

本案中，因双方所签订的合同系航空货物运输代理合同，原告完成货物打板交接事宜，货上飞机后，原告已完成合同义务。此后，飞机在起飞机场发生坠毁，致货物未能运至目的地，该事故的发生及货损均不在原告的合同义务之内。

包机操作模式在航空货运代理业属于新型操作模式，对其法律性质的判断应依据货物运输合同、货运代理合同在权利义务上的本质差异以及这一模式的特点作出。将包机协议定性为货运代理合同符合行业特点，也有利于货运代理类业务的开展。在本案中，原告已经完成了货物的打板交接事宜，并且向案外人东方中天公司支付了包机费 283 万元，该支付应当视为原告为被告利益进行的垫付。原告已经完成了货运代理合同的义务，故原告要求被告天行健公司支付包机费及合同约定的打板费，于法有据，应予支持。因被告天行健上海分公司不具有法人资格，其民事责任由总公司承担。因此，被告未履行完合同的全部内容，应承担民事责任。

（四）涉及法律

《合同法》第 107 条规定：“当事人一方不履行合同义务或者履行合同义务不符合约定的，应当承担继续履行、采取补救措施或者赔偿损失等违约责任。”第 288 条规定：“运输合同是承运人将旅客或者货物从起运地点运输到约定地点，旅客、托运人或者收货人支付票款或者运输费用的合同。”第 290 条规定：“承运人应当在约定期间或者合理期间内将旅客、货物安全运输到约定地点。”第 308 条规定：“在承运人将货物交付收货人之前，托运人可以要求承运人中止运输、返还货物、变更到达地或者将货物交给其他收货人，但应当赔偿承运人因此受到的损失。”第311条规定：“承运人对运输过程中货物的毁损、灭失承担损害赔偿责任，但承运人证明货物的毁损、灭失是因不可抗力、货物本身的自然性质或者合理损耗以及托运人、收货人的过错造成的，不承担损害赔偿责任。”第312条规定：“货物的毁损、灭失的赔偿额，当事人有约定的，按照其约定；没有约定或者约定不明确，依照本法第六十一条的规定仍不能确定的，按照交付或者应当交付时货物到达地的市场价格计算。法律、行政法规对赔偿额的计算方法和赔偿限额另有规定的，依照其规定。”

（五）本案思考与讨论

（1）货运代理合同与货物运输合同的区别。

（2）货运代理合同法律关系是什么？

（3）如何认定货代一方的违约责任？

四、航空货物运输运单的性质

（一）案情介绍

原告：C公司。

被告：A公司。

2010年7月9日至30日，A公司委托B公司空运四票货物：第一票货物起运港厦门，于卢森堡中转到目的港汉堡；第二票货物起运港厦门，于卢森堡中转到目的港苏黎世；第三、第四票货物均是起运港厦门，于卢森堡中转到目的港汉堡。B公司接受委托后以自己的名义与C公司签订“货物托运书”，委托C公司出运，C公司则向A公司开具了对应的四份以A公司为托运人、D公司为实际承运人的航空货运提单。C公司接受B公司委托后，发运了货物。之后B公司没有向C公司支付运费，C公司于2010年9月25日起诉B公司，要求B公司支付讼争的四份空运提单项下的运费。法院受理后，C公司还提交了四份与B公司签订的“货物托运委托书”，该委托书从内容和形式上表明托运人为B公司。C公司于2010年11月26日申请撤回对B公司的起诉。

2011年1月7日，C公司转而起诉A公司，要求其支付运费，理由是：B公司作为A公司的受托人虽然以自己的名义向C公司出具“货物托运委托书”，但航空货运单托运人一栏是A公司，因此，本案航空货物运输合同关系的当事人是C公司与A公司。

A公司辩称：讼争航空运输合同当事人为C公司与B公司，与A公司无关；A公司与B公司的运输合同已经履行完毕，A公司已支付全部的运费。

法院认为，根据《民用航空法》第114条第1款的规定，托运人应当填写航空货运单正本一式三份，连同货物交给承运人。航空货运单第一份注明“交承运人”，由托运人签字、盖章；第二份注明“交收货人”，由托运人和承运人签字、盖章；第三份由承运人在接收货物后签字、盖章，交给托运人。承运人根据托运人的请求填写航空货运单的，在没有相反证据的情况下，应当视为代托运人填写。C公司提交的四份“空运提单”均无A公司的签章，并且C公司提交的“货物托运委托书”亦表明托运人为B公司；因此原告主张被告是讼争运输合同的托运人，依据不足，未予采信。

（二）案件难点

（1）航空货运单的性质认定。

（2）如何厘清本案的法律关系？

（三）法理分析

1. 航空货运单的性质认定

根据《民用航空法》第118条的规定，航空货运单是航空货物运输合同订立和运输条件以及承运人接受货物的初步证据。然而在实践操作中，货运代理业务节奏快、时效性强、地域跨度大，要求每一项业务都有经签章确认的正本合同不具有可操作性，大量业务是通过电话、传真、邮件等方式完成的，另外，实践中航空货运合同往往出现层层转委托的情形，要求最初托运人在提单上签字或者盖章缺乏可操作性，也是非效率的。

依据《民用航空法》及《中国民用航空货物国际运输规则》之规定，航空货运单是航空货物运输合同订立和运输条件以及承运人接受货物的初步证据。故应当认定本案所涉的合同为C公司签发的空运单，并应依据空运单确定合同当事人。依据《中国民用航空国际货物运输规则》，托运人是指与承运人订立货物运输合同，其名称出现在航空货运单托运人栏内的人。本案中，A公司主张其并未与C公司订立货运合同，然而其名称却出现在航空货运单中，如果仅仅依据提单上没有A公司的签章而否认A公司是货运合同当事人是不恰当的，应当辅以其他证据；而该举证责任不在C公司，C公司只需要出具提单为初步证据，除非A公司有相反证据，否则该合同成立。本案中，法院认为C公司提交的四份“空运提单”均无A公司的签章，并且C公司提交的B公司“货物托运委托书”亦表明托运人为B公司，因此C公司主张A公司是讼争运输合同的托运人，依据不足。

2. 本案法律关系的性质

本案中，双方争议的另一个焦点是本案合同关系的性质，即本案是属于货运代理合同纠纷还是货物运输合同纠纷。A公司主张其与B公司是货物运输合同纠纷，并且已经支付了运费。C公司则认为A公司与B公司是货运代理合同关系，B公司与C公司是转委托合同关系，即A公司委托B公司办理货运事宜，B公司则将委托权限转给了C公司，C公司向A公司开具提单后，该法律关系就直接约束了A公司与C公司。本案中C公司开具的提单上显示A是托运人，表明C公司对于B公司是A公司的代理人的情况是明知的，A公司也接受了提单并进行了报关等操作。C公司认为，因本案所涉空运单中托运人为A公司，据此，应当认定本案运输合同关系发生在C公司与A公司之间，所以A公司应向C公司支付运费。从运输合同的履行情况来看，C公司开具提单的行为表明了其认定A公司是托运人，应由A公司向C公司支付运费。然而本案中，B公司与C公司签订货物托运委托书，B公司在托运人签字栏盖章表明B公司是托运人。这就使得本案的法律关系变得扑朔迷离。

对法律关系的认定是法院在查明事实的基础上，根据当事人的权利义务特征作出判断，因此应当重点审查当事人的权利义务，避免单纯根据合同名称、合同中当事人自认的类似于法律地位的称谓等作出判断。《国际货物运输代理业管理规定实施细则（试行）》第2条第2款规定：“国际货运代理企业作为代理人从事国际货运代理业务，是指国际货运代理企业接受进出口货物收货人、发货人或其代理人的委托，以委托人名义或者以自己的名义办理有关业务，收取代理费或佣金的行为。”货运代理合同的成立要件之一，应当是就一方将货物运输及相关事务委托另一方处理达成一致的意思表示。因为货运代理合同的主要内容是一方为另一方代办运输及相关事务，而受托人对外支付必要费用、获取报酬仍需随时征得委托人的同意，因此就运费等具体费用金额未达成统一并不影响合同的成立。

本案中，A 公司以 B 公司收取的是运费而非代理费为由主张其是承运人而非代理人，这种观点过于武断，收费方式不能直接影响法律地位的认定。首先，货运代理业务的收费项目、收费标准，都属于当事人可以自由进行约定的事项，双方达成一致即具有约束力，并没有法律禁止货运代理人收取运费。其次，参照《合同法》第 398 条中“委托人应当预付处理委托事务的费用”的规定，据此，在委托人需要对外支付运费时，是应当将这笔费用预付给受托人的，收取运费并不能改变受托人的法律地位。

如何认定本案是否存在转委托关系？关于转委托的要件，法律规定见于《民法通则》第 68 条和《合同法》第 400 条，即委托人具有约束力的转委托，其意思表示要件为被代理人或委托人“同意”。

虽然转委托在货运代理行业中普遍存在，但一些缺乏商业信誉和履约能力的货代公司或个人不顾委托人的利益肆意“倒卖”货代业务，并非健康的市场现象。如果对“经委托人同意”的标准从宽掌握，就为这种不正当的操作提供了生存的合法依据，甚至会助推其发展蔓延，对行业发展极为不利。“同意”的内涵应当从严掌握，限定为“明示同意”。本案中，否定 B、C 公司之间转委托关系的关键在于 A 公司出于真实的意思表示委托 B 公司运输货物并支付了运费，其已经履行完毕与 B 公司之间的货物运输合同的权利和义务，其并没有授权 B 公司进行转委托，并且 B 公司转委托后并没有得到 A 公司的追认。①

（四）涉及法律及运输规则

（1）《合同法》第 400 条规定：“受托人应当亲自处理委托事务。经委托人同意，受托人可以转委托。转委托经同意的，委托人可以就委托事务直接指示转委托的第三人，受托人仅就第三人的选任及其对第三人的指示承担责任。转委托未经同意的，受托人应当对转委托的第三人的行为承担责任，但在紧急情况下受托人为维护委托人的利益需要转委托的除外。”第 398 条规定：“委托人应当预付处理委托事务的费用。受托人为处理委托事务垫付的必要费用，委托人应当偿还该费用及其利息。”

---

① 有关该案详情及评析参见“货运代理合同纠纷案件中存在的法律问题及对策研究”，http：//www. docin. com/p - 1328014110. html，2018 年 4 月 15 日访问。

（2）《民用航空法》第118条第1款规定：“航空货运单是航空货物运输合同订立和运输条件以及承运人接受货物的初步证据。”

（3）《中国民用航空货物国际运输规则》第3条第1款第4项规定：“‘托运人’是指与承运人订立货物运输合同，其名称出现在航空货运单托运人栏内的人。”

（4）《国际货物运输代理业管理规定实施细则（试行）》第2条第2款规定：“国际货运代理企业作为代理人从事国际货运代理业务，是指国际货运代理企业接受进出口货物收货人、发货人或其代理人的委托，以委托人名义或者以自己的名义办理有关业务，收取代理费或佣金的行为。”

（五）本案思考与讨论

国际货代企业在航空货物运输合同关系中既可以处于代理人的地位也可以处于独立经营人的地位。货运代理服务业专业性强、涵盖业务广泛，经常包括运输环节，货运服务企业有时也会兼具代理人和缔约承运人的身份。如何识别合同性质、确定当事人的法律地位就会出现争议。

实际操作中，很难区分货代企业是代理人或者实际经营人的法律地位。因为货代企业作为代理人，其也可以以大包干的形式收取运费并向外支付给下家赚取差价，而签发运输单证的权利也不局限于具有独立经营人资格的货代企业，作为代理人的货代企业也经常代实际承运人签发提单。如何区分货代企业是以代理人的身份抑或独立经营人的身份参与法律关系既是难点也是重点。需要考量以下三个方面的因素。

一是货代企业转委托之后是否履行了通知、告知之义务。货方将货物交付货代企业承运之后，经常出现层层转委托的情形；现实中没有必要限制货代企业的转委托行为，但转委托不能增加托运人的负担。对于转委托的，货代企业应承担告知义务，此告知行为也是其对自身处于代理人身份地位的确认和公示。

二是谁应该为层层转委托环节出问题埋单。多次委托、转托的纠纷，实际承运人或其代理人应当向直接交付货物的行为人主张权利。托运人否认直接向实际承运人或其代理人交付货物的，应当负举证责任。这是考量法律的价值判断。货代行业中由于是背对背交易，容易导致信息不透明；这也是经常出现层层转委托的重要原因。在这个过程中，实际承运人应当向直接交付货物的行为人主张权利。

三是考量货方支付给货代企业的是运费或者代理费。货方必须明确支付给货代企业的费用性质：如果是运费，则能够成为阻断其与实际承运人之间货运合同关系的有力证据；如果是代理费，则货方要承担向实际承运人支付运费的义务。

第五章

国际航空客运合同

国际航空运输合同是航空承运人与消费者（旅客、货物托运人以及收货人）之间，依法就提供并完成以民用航空器跨国运送服务达成的协议，无论运输有无间断或者有无转运，运输的出发地点、目的地点或者约定的经停地点之一不在中华人民共和国境内的就是国际航空运输。按运送对象不同，国际航空运输合同又分为国际航空旅客运输合同和国际航空货物运输合同，其表现形式分别为客票和航空货运单（Air Waybill），其中包括承运人运价规则、承运人一般运输条件、承运人公之于众的其他旅客运输规章、国际条约或国内法规规定的合同条款、承运人协议等。[①] 在华沙体制下，客票及航空货运单构成运输合同订立与条件的表面证据。

第一节　国际航空运输合同的订立和履行

航空运输合同原本产生于航空运输企业的垄断和独占性质。航空运输合同中承运人根据国家法律法规或行业惯例而开具的客票、航空货运单等，是旅客、托运人或者收货人与承运人订立合同和接受运输条件的凭证，运输条件一经公布，便具有相对的稳定性，承运人及旅客、托运人等不能随意更改或讨价还价。同时，国家航空运输合同以明示为原则，旅客及托运人可以选择承运人及其他运输方式。国际航空运输合同作为附合合同，属于消费合同。

① 胡春华："论国际航空运输合同的法律适用"，载《美中法律评论》2006 年第 7 期，第 61 页。

为了维护合同正义、避免在国际航空运输中提供合同一方利用优势地位制定诸如免责条款、失权条款、法院管辖地条款等，对合同风险及负担做不合理的分配，《华沙公约》及各国立法、判例等均对这种附合合同予以规制。《华沙公约》第23条第1款规定："任何旨在免除承运人的责任，或者定出一个低于本公约所规定责任限额的任何条款，均属无效；但合同仍受本公约规定的约束，并不因该条款无效而失效。"

一、国际航空运输合同的订立

（一）基本案情介绍

原告：高某。

被告：中国东方航空股份有限公司（本案中简称东航）。

原告高某系香港特别行政区公民，2003年7月25日购买了被告中国东方航空股份有限公司从上海至洛杉矶的往返机票，欲从洛杉矶转机去墨西哥。按美国当时政策，香港居民在美国转机无须签证即可过境。8月2日，美国国土安全部宣布禁止无签证者过境，但目前已进入美国转机的旅客和7月24日前购买机票并于8月5日前离开美国的旅客以及已经开始旅行并将于8月9日前经美国过境的旅客的行程将不受影响。该消息在我国公开媒体中也予以了传播。8月4日当原告登机时，东航工作人员没有准确理解美国签证政策变化的内容，只告知原告回程需要签证，未告知入境也需要签证。原告到达洛杉矶后，被美国移民局以未办理美国签证为由扣留并遣返。2003年11月，原告再次赴墨西哥时，驻港美领馆对原告要求去美转机签证予以拒绝。原告认为，因为该事件，其人身自由受到限制，人格尊严受到损害，公司业务受到影响；移民局为此限制原告五年内不能进入美国，使得需经常去墨西哥的原告今后五年内不能从美国转机，加大了机票成本。而被告作为享有较高知名度的航空运输企业，应当知晓美国转机签证的政策，却未告知原告，显然具有过错。为此，原告提起诉讼，要求判令被告公开赔礼道歉，并赔偿经济损失人民币20 677元和因五年内不得进入美国而产生的损失人民币5万元及精神损失人民币10万元。

法院审理后判决东航赔偿高某旅费损失等共计人民币15 425元、437美元，驳回其他诉讼请求。

判决后，双方均提起上诉。二审法院审理后，判决驳回上诉，维持原判。①

（二）案件难点

（1）本案法律关系的性质及准据法的确定。

（2）旅客和航空公司对签证问题所负的义务。

（3）被告责任范围的确定。

（三）法理分析

1. 本案法律关系的性质及准据法的确定

合同的成立，是指合同因符合一定的法定要件而被法律认为客观存在。要约是一方当事人以缔结合同为目的向对方当事人发出的意思表示。要约本身不是一个独立的法律行为，在与承诺结合之后形成一个双方法律行为，要约是合同的有机组成部分。承诺是受要约人同意要约的意思表示。承诺的法律意义在于要约一经受要约人承诺并且将承诺的意思通知到达要约人，合同即告成立。

本案中，高某购买了从上海飞往洛杉矶的机票，即和东航之间形成了国际旅客航空运输合同法律关系。在合同订立过程中，旅客向航空公司作出购买机票的意思表示为要约，航空公司作出同意运送的意思表示即交付机票为承诺。自航空公司向旅客交付机票时起，其与旅客之间的旅客航空运输合同即告成立并生效。在该合同关系中，航空公司的主要义务是按照机票载明的时间和班次将旅客安全地运抵目的地，旅客的主要义务是支付票款。旅客运输合同一般都是格式合同，采用客票形式订立。在旅客航空运输合同中，机票即为合同的凭证，合同一经成立，机票上记载的航班、时间、起飞地、目的地、票价等便构成合同的主要条款。机票上未载明的事项，一般以机场公告、问询处解答旅客询问等方式作为合同的补充条款。

本案原告高某系香港特别行政区公民，被告是国内一家航空公司，案件主体涉及两个不同的法域。高某购买的机票的始发地和目的地分别位于两个不同的国家，案件的法律事实也具有涉外因素。原告购买的机票的背面声明

① 有关该案详情参见“高某诉中国东方航空股份有限公司”，http：//www.9ask.cn/flzs/list_517532/171495.html，2015年8月10日访问。

中载明，该运输适用《华沙公约》。但《华沙公约》只规定了旅客上下航空器和运输过程中发生损害的赔偿问题，即旅客运输合同中航空公司的主义务问题，并未规定本案所涉及的附随义务的情况。按照民事法律适用的一般原则，不同法域主体之间发生纠纷，应适用与案件有最密切联系的法律。因本案是合同纠纷，从该合同的签订地和履行地的情况看，本案应适用中华人民共和国大陆地区的相关法律。作为规范航空运输特别法的《民用航空法》仅规定了航空器上或上下航空器过程中的事件，并未涉及本案中的情况。本案纠纷主要在于原、被告除了交付运费、承担运输义务外，还应尽何种义务的问题，对此种合同履行问题《合同法》作了规定。因此本案应适用我国《合同法》的相关规定。

2. 旅客和航空公司对签证问题所负的义务

国际旅客运输合同相对于国内旅客运输合同来讲，特殊性主要在于其完成的位移是跨越国境的，因此合同目的不仅是将旅客从起运地点运输到约定地点，还应当包括使旅客顺利、合法地进入到达地国国境或在该国顺利转机。此时，旅客签证就成为其中的一个重要环节。对此航空公司和旅客并没有进行明确的约定，我国法律法规及部门规章也没有明确规定。诚然，包括签证在内的旅行证件应当由旅客自行准备，但是对证件问题谨慎注意并进行适当告知是否是航空公司应尽的义务呢？

合同义务是为满足债权人的请求而依法律规定、合同约定或基于一般交易观念为或者不为一定行为的义务。合同义务分为给付义务、附随义务、间接义务；前契约义务、契约义务、后契约义务。我国《合同法》第60条规定当事人应当遵循诚实信用原则，根据合同的性质、目的和交易习惯履行通知、协助、保密等义务。给付义务，是指债务人负担的履行合同债务的义务。附随义务是随着合同关系的发展逐渐演化和发展的，通常由法官在处理案件时根据个案的具体情况，通过理解法律理念、衡量各种社会利益决定其适用。附随义务，是法律无明文规定、当事人无明确约定，但为维护对方当事人利益并依社会一般交易观念当事人应负担的义务。

在美国，法院会判决合同一方负有的善意义务使他必须付诸最大的努力或合理的努力履行其合同义务。这意味着，他应当最大限度地运用他的能力和一切可以运用的手段实现另一方的正当期望。法院在决定一方是否负有某种默示的义务时会考虑多种因素，其中包括合同的明示条款是否已经让该方负有某种义务；这种条款是否反映了双方的意愿；合同中是否有空缺，因而有必要再用善意义务加以补充；该方的履约行为是否超出了正常的范围因而有违公平交易的准则；为该方附加一种善意义务是否具有可行性；附加这种义务是否会使被告蒙受严重的损失等。[①]

本案中判断航空公司是否有提醒旅客签证问题的附随义务，可以从以下几个方面来考虑：

首先，从合同的性质和目的来看。附随义务的功能在于辅助实现主给付义务，使债权人的给付利益获得最大可能的满足，更好地实现合同目的。就国际旅客运输合同而言，合同的最终目的不仅仅是完成由一个机场到另一个机场的位移，保证旅客合法、顺利地转机或入境也是国际旅客运输合同双方在订立合同时不言自明的内容，也是订立该合同的目的之一。因此，双方在履行合同中，都应当积极作为，为达到合同目的共同努力。本案中，高某作为旅客应准备好国际旅行所需的证件以确保合同目的的实现，东航为实现主给付义务也应当在旅客证件问题上承担谨慎注意并告知的义务。

其次，从合同内容来看。我国民航局制定的《中国民用航空旅客、行李国际运输规则》第 5 条规定，客票中的合同条件是运输条件部分条款的摘述。东航机票背面的合同条件第 3 条第 3 项也规定，承运人提供的运输和其他服务应遵守作为本条件一部分的承运人运输条件和有关规定。因此，作为旅客运输合同，除了机票还应有各航空公司经民航局批准的运输总条件，其进一步规定了承运人和旅客的权利和义务。此外，航空公司的客运手册也会规定各部门的操作规范。在东航制定的客运手册（东航未制定国际运输总条件）中的办理乘机手续一节中规定，仔细验证旅客旅行证件和客票……检查旅行证件是否符合安检，或是否符合有关国家的出入境规定。具体查阅有关规定（如 TIM/Timatic），[②] 如有疑问应向值班主任请示。而各航空公司的售票点在出售国际机票时，都会根据各国的签证信息，查阅

① 王军编著：《美国合同法》，中国政法大学出版社 1996 年版，第 260 ~ 262 页。

② Timatic 指旅游信息查询系统，提供旅游信息查询功能。主要包括与旅游有关的护照、签证、地理等方面的各项规定等信息。目前，由于各大 GDS 都共用这个查询系统的数据库，所以该系统只提供英文查询。

TIM手册，询问或提醒购票人有无入境或过境签证。可见，从国际旅客运输合同的相关内容中也可以推定航空公司负有告知和提醒旅客证件问题的义务。

再次，从航空公司承担该项义务的可行性和成本来看。作为业务指导，每个专业航空公司都备有TIM手册，上面有每个国家的签证信息以供出票人参考并遵守。在通航国的签证政策发生变化时，该国会通过一定的途径通知开通此国航线的航空公司，航空公司也会通过外交部、公安部等正式渠道获得通知。此外，航空公司一般在通航国设有工作机构，可以通过该机构了解通航国的签证政策。因此，航空公司对于通航国签证政策的了解方式和渠道要比一般旅客便利得多，行使对旅客证件是否完备进行必要的提醒义务有很强的可行性。此外，航空公司每天有大量的旅客搭乘其航班出入境，而有些旅客可能一年、几年或者一辈子只出境一次，对于控制因证件不合格而致使旅客被他国扣留和遣返的风险来说，通过加重航空公司的注意、告知义务来实现，要比加重每个旅客的注意义务更为可行，而且前者所花费的成本要比后者低得多。

最后，从现实情况来看。《中国民用航空旅客、行李国际运输规则》规定承运人对证件不符合要求的旅客可以拒绝承运，这意味着航空公司在允许旅客登机前必然要核实其证件，拒绝承运的前提就是指出证件不合格的事实。有些航空公司在办理国际航线登机手续时会让旅客签署免责声明书，声明如果因为证件不合格导致旅程无法进行，航空公司对此不承担责任，该种做法的目的就是将证件不合格的责任转嫁到旅客身上，由此可以反推航空公司认为自己应当对旅客证件承担责任。此外，如果航空公司运送了证件不合格的旅客进入某国国境，该国当局通常会对航空公司给予处罚。可见，通航国也认为航空公司应当对其承运证件不合格的旅客承担责任。

综合考察上述因素，航空公司对旅客签证问题应当负有注意并告知的附随义务。本案的特殊性在于原告购票时符合转机国家的政策，而登机时该政策发生了变化，该消息在国内媒体上已公开传播。对此，作为合同双方都应积极了解政策变化的内容，以明确是否继续履行合同。在当时的情况下，被告虽提醒原告回程可能不符美国转机签证政策，但由于其未准确理解美国签证政策变化的内容，而未提醒原告入境时也可能不符合相应规定。而原告在已知政策有变的情况下，也应积极了解政策变化的内容，在不十分确定时，可改签航班、到美使领馆询问或补办签证后再旅行。由于双方都未充分、谨慎地注意这一问题，致使合同目的未能实现，并造成了原告的损失，对此双方都应承担责任。被告作为航空公司未履行其应尽的注意、告知义务应承担主要责任，原告承担次要责任。

3. 被告责任范围的确定

本案中，高某要求法院依据《合同法》第122条的规定："因当事人一方的违约行为，侵害对方人身、财产权益的，受损害方有权选择依照本法要求其承担违约责任或者依照其他法律要求其承担侵权责任。"判令东航承担公开赔礼道歉、赔偿经济损失和精神损失的侵权责任，该法条的精髓就是当某一违法行为构成侵权责任与违约责任的竞合时，当事人有权选择其一进行司法救济。

民事责任竞合是指民事主体实施某一违法行为导致了多个民事责任方式发生，但受害人仅能实现一项请求权。民事责任竞合具有以下特征：第一，存在某一个违反义务的行为。第二，该违反义务的行为符合两个或两个以上责任的构成要件。第三，数个责任之间相互冲突。在现实中，有的违法行为具有多重性质，同时符合合同法和侵权法的责任构成要件，从而构成侵权与违约责任的竞合。具体而言：首先，合同当事人的违约行为同时侵犯了法律规定的强行性义务，包括保护、照顾、通知、忠实等附随义务或其他法定的不作为义务；其次，侵权行为直接构成违约的原因（侵权性违约行为），或违约行为造成侵权的后果（违约性侵权行为）；再次，不法行为人实施故意侵犯他人权利并造成他人损害的侵权行为时，加害人和受害人之间事先存在着一种合同关系；最后，一种违法行为虽然只符合一种责任要件，但是法律从保护受害人的利益出发，要求合同当事人根据侵权行为制度提出请求和提起诉讼，或者将侵权行为责任纳入合同责任的适用范围。①

本案原告高某认为东航的行为构成侵权与违约责任的竞合，但如前所述，东航违反的是合同的附随义务。附随义务依其功能而言，可分为两类：一是

① 王利明：《违约责任论》，中国政法大学出版社2003年版，第329页。

辅助实现债权人的给付利益，如瓷器的出卖人应当妥善包装瓷器，使买受人能够将其安全带到他处；二是避免侵害债权人的人身或财产利益，如医生做手术应当避免将手术刀遗留在病人体内。后者论其性质，实与侵权行为法上的交易安全义务相同，与给付义务的关联较远。[①] 违反此项义务时，应成立所谓之不完全给付或加害给付，在这种情况下便会产生违约责任和侵权责任的竞合。

违约责任与侵权责任不同，不法行为人承担何种责任将导致不同的法律后果，并将影响到对受害人利益的保护和对不法行为人的制裁。当事人选择责任的方式不同，对其损害保护程度会有所不同。

违约责任和侵权责任的区别包括以下九个方面。

（1）归责原则不同。侵权责任通常以过错责任为基本原则，而仅对极少的特殊侵权行为实行无过错责任原则。违约责任采用严格责任原则，即只要行为人的违约行为，没有法定的或约定的抗辩事由，行为人就应承担违约责任，受害人只需证明违约方有违约行为，不需证明其是否有过错。

（2）举证责任不同。在一般侵权责任中，受害人有义务对加害人的过错举证，在特殊侵权责任中，由加害人反证自己没有过错。违约责任中，违约方应当证明自己没有过错，否则应承担违约责任。相比之下，违约诉讼中受害人的举证责任较小，负担较轻。例如，医疗事故案件，若按照侵权案件处理，原告要对医疗单位是否有过错承担举证责任。而按合同纠纷处理，则只要证明医疗单位违约、没有及时注意病情就可以，无须就是否有过错、是否构成医疗事故举证。

（3）责任构成要件不同。侵权责任中，损害事实是侵权责任的前提，无损害事实便无侵权赔偿，损害事实是物权的债权保护法行使前提的体现，即要有人身伤害、财产损失等事实；在违约责任中，行为人只要实施了违约行为，且不具有有效的抗辩事由，就应承担违约责任，并不以造成损害为违约方承担违约责任的前提。

（4）义务程度不同。合同的义务程度往往是根据合同当事人的意思和

① 王泽鉴：“债之关系的结构分析”，见《民法学说与判例研究（第4期）》，中国政法大学出版社1998年版，第98~99页。

利益关系确定的。根据大陆法系各国的规定，在无偿合同中，利益出让人只应承担极低的注意义务。而在侵权行为中不存在法定义务程度因当事人的利益关系决定的问题。所以某些形式上的双重违法行为，依据侵权法已经构成违法，但依据合同法却可能尚未达到违法的程度，如果当事人提起违约之诉，将不能依法受偿。

（5）责任承担方式不同。侵权损害赔偿包括财产损害赔偿、人身损害赔偿及精神损害赔偿，损害赔偿范围、方式不能由当事人事先约定；违约责任包括损害赔偿、违约金、定金、实际履行等责任形式，但不包括精神损害赔偿，赔偿方式范围可由当事人事先约定。

（6）责任范围不同。违约当事人的责任范围要小于侵权行为人的责任范围。因为侵权损害赔偿以行为人实际造成的损害为赔偿标准，且在造成特定伤害时，行为人还要承担精神损害赔偿；而违约责任采用“可预见性”标准来限定赔偿范围，《合同法》第113条第1款规定：“当事人一方不履行合同义务或者履行合同义务不符合约定，给对方造成损失的，损失赔偿额应当相当于因违约所造成的损失，包括合同履行后可以获得的利益，但不得超过违反合同一方订立合同时预见到或者应当预见到的因违反合同可能造成的损失。”根据这一规定，合同赔偿责任通常不会超出标的物本身的价值，并且仅限于对正常的可得利益损失负责。

（7）对第三人的责任要求不同。侵权责任中，基于物权的追及力及优先效力，贯彻了行为人对自己行为负责的原则，行为人仅对因自己的过错致他人损害的后果负责，由于第三人的原因造成损害的，第三人要承担损赔偿责任；违约责任具有相对性，即使是由第三人原因致使债务人违约，债务人仍需向债权人承担违约责任，然后才能向第三人追索。

（8）责任人抗辩事由不同。侵权责任中责任人的抗辩事由可分为正当理由和外来原因，其中正当理由包括依法执行职务、正当防卫、紧急避险、自助行为和受害人同意，外来原因分为不可抗力、意外事件、被害人过错和第三人行为；而违约责任的免责事由仅限于不可抗力，当事人事先可以约定免责条款和不可抗力的具体范围。

（9）案件管辖不同。根据我国民诉法规定，侵权诉讼由被告所在地或侵权行为地法院管辖；违约诉讼由被告所在地或合同履行地法院管辖，当事人可以约定被告所在地、合同签订地、合同履行地、标的物所在地等法院管辖。[①]

侵权行为是一种违反法定义务的行为，在区分违约和侵权所违反的义务的性质时应当确定违反的这种义务是属于针对一般人的注意义务，还是针对特定人的注意义务。本案中，东航所违反的告知旅客签证问题的附随义务是为了使给付义务有效的发生、履行以及消灭所形成的义务，其作用在于弥补当事人之间约定的不足，从而更好地实现当事人的意志与利益并在交易关系中强化商业道德。在合同中当事人可以约定，法律也可以根据合同的目的和性质要求当事人负有此种义务。但是在合同关系之外，法律不宜要求当事人对一切不特定的人负有体现较高道德标准的附随义务。[②] 因此，提醒和告知旅客签证问题不是航空公司的法定的义务，本案不构成违约与侵权责任的竞合，不构成适用《合同法》第122条的条件，高某只能要求东航承担违约责任。

本案原告要求东航公开赔礼道歉并赔偿精神损失必须要有法律依据。从案件审理时适用的《民法通则》第120条规定来看，关于赔礼道歉和精神损害赔偿的规定仅限于侵害人格权的情况，而人格权是侵权法所保障的利益。最高法院《关于确定民事侵权精神损害赔偿责任若干问题的解释》（以下简

① 在《民法总则》公布前，违约责任与侵权责任的区别之一还包括诉讼时效不同，侵权之诉的证明建立在人证、物证和受害人受伤状况的基础上，其证据的作用因时间的推移容易发生变化，而违约责任的证明建立在书证和物证的基础上。因此，从我国和世界各国的民法规定来看，侵权责任适用的多为短期诉讼时效，违约责任诉讼时效为长期普通诉讼时效。2017年12月20日，北京高院民一庭《关于〈民法总则〉施行后适用诉讼时效制度的参考意见》中指出："《中华人民共和国民法总则》（以下简称《民法总则》）已于2017年10月1日起施行，《民法总则》在《中华人民共和国民法通则》（以下简称《民法通则》）和相关司法解释的基础上对诉讼时效制度作了重大调整。鉴于立法机关和最高人民法院尚未出台法律和司法解释就新旧诉讼时效的法律适用问题予以明确，为确保新旧诉讼时效期间的平稳过渡和有效衔接，保证全市法院民事审判部门适用法律的统一，现就《民法总则》施行后诉讼时效制度的具体适用提出如下意见，供全市法院民事审判部门参考。"其中第1条第2项规定："《民法总则》所规定的诉讼时效期间与《民法通则》短期诉讼时效期间的冲突适用原则。《民法通则》暂不废止的原因是其中规定的合同、所有权及其他财产权、民事责任等具体内容还需要在编撰民法典各分编时作进一步统筹，系统整合，而诉讼时效制度在《民法通则》《民法总则》中均系专章予以规定，《民法总则》关于诉讼时效的规定应视为全面取代了《民法通则》的相应规定，《民法通则》第136条规定的一年短期诉讼时效属于诉讼时效一章下的一个条款，对此《民法总则》在诉讼时效一章中并未予以规定，可以认为《民法总则》取消了一年短期诉讼时效期间。因此，在《民法总则》施行后不再适用《民法通则》第136条规定的一年诉讼时效期间。"

② 王利明："违约责任与侵权责任的区分标准"，载《法学》2002年第5期，第46页。

称《解释》）第4条虽然对现行立法有所突破，但也明确其系侵权范畴所涉及的问题，即使在侵权和违约竞合的情况下，受害人也必须根据侵权行为即该条特别规定的侵害财产权行为请求精神损害赔偿。因此，在我国现行法律制度下，只有侵权法才能对精神损害提供救济，即使对违约给予精神赔偿也仅限于侵权与违约责任竞合，或依据通常观念可以预期到容易发生精神损害的特定类型的情况。本案中，高某遭到扣留是出于美国政府的执法行为，并不是被告的违约行为，本案不构成侵权与违约责任的竞合，也不是《解释》第4条规定的情形，因此法院判决对原告主张的财产损失中合理部分予以了支持，但对公开赔礼道歉和精神损失赔偿的请求未予支持。

本案是国际旅客运输合同纠纷，中国大陆是合同签订地和履行地，应适用中国大陆的相关法律。在国际旅客运输合同中，保证旅客合法、顺利地转机或入境是合同双方在订立合同时不言自明的内容，也是订立该合同的目的，双方在履行中都应积极作为，为达到合同目的共同努力，这是双方应尽的附随义务。原告作为旅客应准备好国际旅行所需的证件，被告作为专业航空公司比一般旅客更了解通航国的签证要求，在允许旅客登机前还有核实旅客证件并指出其不合格之处的工作程序，故被告在保证旅客合法转机、入境问题上应承担谨慎注意义务。本案的特殊性在于原告购票时符合转机国家的政策，而登机时该政策却发生了变化，该消息在国内媒体上已公开传播，合同双方对此都应积极了解以明确是否继续履行合同。但双方都未充分、谨慎地注意这一问题，致使合同目的未能实现，并造成了原告的损失，对此双方都应承担责任。其中被告作为航空公司在通航国设有工作机构，尽这一义务具备更有利的条件，故被告应承担主要责任。双方对原告的旅费及其他合理损失应按责任大小分担。原告虽要求追究被告的侵权责任，但违约与侵权竞合是指违约行为本身侵犯他人合法权益的情况，而本案中原告遭扣留是美国政府的执法行为，并不是被告的违约行为，因而不构成违约与侵权的竞合，原告要求被告赔礼道歉和赔偿精神抚慰金的诉求缺乏法律依据，不予支持。至于原告提出五年内不得进入美国的旅费损失及商业机会减少而要求的赔偿，因缺乏事实依据和可采取补救措施予以弥补，也不予支持。①

① 本案的法律分析内容引自该案审判长丁寿兴、主审法官陈惠珍案例评析。

（四）涉及法律及行业规则

（1）《合同法》第60条第2款规定："当事人应当遵循诚实信用原则，根据合同的性质、目的和交易习惯履行通知、协助、保密等义务。"第122条规定："因当事人一方的违约行为，侵害对方人身、财产权益的，受损害方有权选择依照本法要求其承担违约责任或者依照其他法律要求其承担侵权责任。"

（2）《中国民用航空旅客、行李国际运输规则》第5条规定："客票是客票上所列承运人和旅客之间航空运输合同订立和运输合同条件的初步证据。承运人只向持有由承运人或者其授权代理人填开的客票的旅客提供运输。客票中的合同条件是运输条件部分条款的摘述。"第29条第1款第8项规定："承运人可以安全原因，或者根据其规定认为属下列情况之一的，有权拒绝运输旅客及其行李，由此给旅客造成的损失，承运人不承担责任：（八）旅客未出示有效的旅行证件。"

（五）本案思考与讨论

（1）国际旅客运输合同中违约责任与侵权责任竞合的选择。

（2）国际旅客运输合同承运人责任范围的认定。

二、国际航空运输合同的履行

（一）案情介绍

原告：深圳某中学。

被告：法国航空公司（本案中简称法航）。

原告诉称，2004年6月，原告为了筹备学校学生管乐团于2004年7月19日出访奥地利参赛事宜，与被告联络商讨出访机票的购票事宜。通过协商，约定原告先期支付全部票款人民币528 000元的20%作为订票的定金，被告保证原告的全部机票的供给。2004年6月23日，原告委托其职工段某从个人账户上通过中国建设银行深圳市分行电汇了定金人民币105 600元，汇入被告法国航空公司广州办事处的人民币账户，被告开出了收据及相应发票。但是，在原告学生临出发前，原告被告知没有机票，原告实际也没有在被告处取到任何机票。为了不耽误出国参赛事宜，原告只得紧急从北京、香港等地调集机票，花高价、分三批将81名师生顺利送到奥地利。为此，一共花费机票价格共748 353元。被告的违约行为导致原告的经济损失共人民币195 348元，故提起诉讼，请求判令：1. 被告双倍返还原告所支付的机票定金211 200元。2. 被告赔偿原告违约损失共195 348元。

被告辩称：（1）根据双方达成的机票购买协议，在本案当中不存在定金返还的问题；（2）我方不存在违约行为，相反，正是原告的违约行为导致机票购买协议无法继续履行，原告应自行承担相应违约行为的后果和责任。

被告为支持其辩解提交了如下证据：

证据1，尚某于2004年6月17日12：18向陈某发出的电子邮件，确认机票订购的所有细节内容，包括起飞日期、人数、单价、定金以及定金不可退还。

证据2，陈某于2004年7月7日2：24发给尚进的电子邮件，通知尚某取消原定的航班。

证据3，尚某于2004年7月7日3：03告知被告工作人员Sharon取消88人团体订座的电子邮件。

证据4，尚某于2004年7月7日11：17发给陈某的电子邮件，通知陈某已根据其取消团队订票的电子邮件，要求广州办事处取消预订，并再次重申团体订票的定金不予退还。

证据5，尚某于2004年7月7日向法航广州办事处负责人Emmanuel解释取消订座原因的电子邮件。

证据6，法航开具的证明、尚某的身份证及名片，证明尚某在2002年4月21日至2005年5月16日是法航驻深圳销售代表。

证据7，原告于2004年12月13日致被告的传真件，证明7月7日取消订票后原告第一次与被告交涉，并确认陈某为订购机票的代表。

证据8，原告于2005年1月5日致被告的传真件，证明段某代表原告与被告进行联系和交涉。

证据9，被告代理人孙某于2006年5月26日对陈某作的调查记录，证明：陈某是原告机票预订及取消预订的代理人；陈某在向法航发出取消预订时已经原告和段某的指示和确认。

原告对被告提供的证据发表如下意见：

对于一系列的电子邮件证据（证据1~5），原告认为网络世界是一个虚拟空间，无法证实其真实性。对证据7、8，因该传真件没有往来电话的传真号，原告对其真实性有质疑。而且，证据7中没有加盖公章，证据8亦没有段某的签名，原告认为其不具有法律效力。对证据9，原告不予确认，其认为，陈某既不是原告职工，也没有原告的书面委托，因此不是原告的代理人，对原告构成无权代理。同时，由于客观上没有任何使相对人相信陈某具有代理权的表征，且主观上被告具有明显过错，甚至有串通侵害原告合法利益的恶意行为，依据《民法通则》第66条规定，陈某也不构成对原告的表见代理。①

（二）案件难点

（1）陈某是否为原告的代理人？

（2）法航是否存在违约行为？

（3）本案电子邮件的证据效力？

（三）法理分析

1. 本案适用法律问题

《合同法》第126条第1款的规定赋予了涉外合同当事人选择处理争议所适用法律的权利。原被告双方在庭审过程中一致同意适用中华人民共和国法律解决本案争议。被告法国航空公司为法国注册公司，故本案属于涉外客运合同纠纷。《民事诉讼法》第265条规定："因合同纠纷或者其他财产权益纠纷，对在中华人民共和国领域内没有住所的被告提起的诉讼……或者被告在中华人民共和国领域内设有代表机构，可由……或者被告代表机构住所地人民法院管辖。"审理法院作为被告国内办事处所在地有涉外商事案件集中管辖权之中级人民法院，对本案享有管辖权。原、被告在庭审过程中一致同意适用中国法律解决争议，故确认中国法律为解决本案争议所适用的准据法。

2. 电子邮件的证据效力问题

2012年修订的《民事诉讼法》第63条规定的证据包括：（1）当事人的陈述；（2）书证；（3）物证；（4）视听资料；（5）电子数据；（6）证人证言；（7）鉴定意见；（8）勘验笔录。证据必须查证属实，才能作为认定事实的根据。

---

① 有关该案详情参见"深圳中学与法国航空公司客运合同纠纷案"，http：//china.findlaw.cn/info/hangkongfa/hkfal/174008.html，2015年4月15日访问。

根据修订的《民事诉讼法》，可以明确看出随着时代的进步与发展，电子交易受到了更多的认可与保护，这是我国民事诉讼法的一大进步。本案件在2004年受理，可是当时电子数据并没有在民事诉讼法中明确规定，可见当时判案的法官的远见。

在电子客票满天飞的时代里，一个航空运输的合同往往是在几秒内就会被缔结，也可能在几秒后被撤回，这样高效的电子运转，使得航空运输高效率外多了些虚幻少了些传统数据。电子数据证据的广泛采用，会使得航空运输在方便快捷的期待下，更谨慎更安全，让法律为民航业的大步向前保驾护航。电子邮件作为一项证据加以使用，在评估其证据效力时，应当考虑到创制、储存、传递有关电子邮件方法的可靠性及保持信息一致性方法的可靠性，并考虑到鉴别该电子邮件的创制人身份合法的可靠性以及其他相关因素，具体来说，一份电子邮件的证据价值，应从以下几个方面加以审查判断：

（1）电子邮件信息的来源是数据电文创制人自身或以其名义在计算机系统上编制发送的电子邮件。该份电子邮件的证据力的大小，取决于电子邮件创制人身份的合法性，计算机系统的操作是否按严格的流程进行操作，计算机系统的维护和调试使计算机系统处于正常工作状态。这里涉及一系列复杂的法律问题，如创制人的身份合法性的确定、创制人数字签名安全认证问题、计算机系统的安全性与网络的安全性等。一项电子邮件能作为证据被采用，必须是由合法的创制人依据严格的操作规程在技术可靠的计算机系统上生成的，该创制人的身份可以确认，该计算机系统未被非法操作。

（2）电子邮件信息的完整性。该电子邮件信息必须完整地向信息的接受人发送，信息在传递过程中并未被修改、重组，信息的接受人已经接到该电子邮件。在电子邮件发送时，一般储存于计算机的内存之中，因此一般应将其拷贝到软盘等存储介质中备份，由于电子邮件是通过网络传递，网络服务者将对传递的电子邮件负储存义务，以使与电子邮件创制人与接受人的信息比对，并以网络服务者保存的信息为完整的信息，另外电子邮件在传递过程中，网络的完全运行也是保证信息完整性的一个前提。

（3）电子邮件的取得必须合法。当事人提供的电子邮件信息必须是当事人合法发送或接受的信息，非法侵入网络或他人计算机及系统获取的电子邮件不能作为证据使用。

3. 委托代理人的认定问题

陈某与原告某中学之间在书面上并无授权委托关系，原告亦以此为由否认陈某的代理人身份。被告主张陈某为原告代理人身份的主要证据是陈某与被告代表尚某相互往来的电子邮件。虽然电子邮件通过网络这一虚拟空间传送，仍然可以结合当事人陈述等其他证据综合认定其真实性。但本案情况特殊，原被告双方都承认，订票过程始末双方都是以电话及电子邮件方式进行联络，没有书面的确认。因此，被告已尽其所能提供了较电话而言更加可靠的电子邮件证据。该证据从时间、内容上看，条理清楚，符合逻辑，完整地反映了订票事件的全过程。反观原告，尽管原告称在 7 月 8 日或 9 日被告知被告不能履行交票义务，但原告并未就此提供任何证据，即使是电子邮件，以证明是被告违约在先。由于原告不能提供有力证据推翻被告的上述证据，根据优势证据规则，法院对上述电子邮件的证明效力予以确认。从上述电子邮件的内容来分析，从表达订票意愿、具体商量订票细节（包括定金的支付）到原告取消订票，一直是由陈某与被告深圳地区销售代表尚某联系。尽管原告称仅委派了段某与被告联系，却未能举证证明。而且，在被告提供的原告于 2004 年 12 月 14 日发来的传真中，原告明确表示陈某为此次出访订票的联系人。在庭审过程中，原告在承认该传真为原告首次向被告就机票定金一事提出书面异议的事实后，马上以该传真并未加盖学校公章为由，否认其法律效力。此陈述自相矛盾，前后不一致，本院不予采信。上述事实，足以令法院确信陈某是原告的代理人。据此，法院确认陈某实施代理行为所产生的法律后果由原告承担。

综观全案，原、被告双方并未签订任何机票订购的合同，2004 年 6 月 23 日，原告职工段某代表原告支付人民币 105 600 元后，双方形成了事实客运合同关系。而在 2004 年 7 月 7 日，经原告授意，陈某发电子邮件给被告深圳地区销售代表尚某，确认取消订票。由此可认定，导致被告最终没有交付机票给原告的原因在于原告，被告并不存在违约行为。而对于定金不予退还，被告销售代表尚某曾明确告知原告代理人陈某，原告对此并未提出过异议。且在原告违约的情况下定金不予返还也为国际航空界惯例。因此，原告以被告违约为由要求对方双倍返还定金及赔偿损失，证据不足，法院没有支持，最终判决驳回原告某中学的诉讼请求。[①]

（四）涉及法律

（1）《民法通则》第 63 条规定："公民、法人可以通过代理人实施民事法律行为。代理人在代理权限内，以被代理人的名义实施民事法律行为。被代理人对代理人的代理行为，承担民事责任。依照法律规定或者按照双方当事人约定，应当由本人实施的民事法律行为，不得代理。"

（2）《合同法》第 126 条规定："涉外合同的当事人可以选择处理合同争议所适用的法律，但法律另有规定的除外。涉外合同的当事人没有选择的，适用与合同有最密切联系的国家的法律。在中华人民共和国境内履行的中外合资经营企业合同、中外合作经营企业合同、中外合作勘探开发自然资源合同，适用中华人民共和国法律。"

（3）《民事诉讼法》第 65 条第 1 款规定："当事人对自己提出的主张应当及时提供证据。"第 265 条规定：[②]"因合同纠纷或者其他财产权益纠纷，对在中华人民共和国领域内没有住所的被告提起的诉讼，如果合同在中华人民共和国领域内签订或者履行，或者诉讼标的物在中华人民共和国领域内，或者被告在中华人民共和国领域内有可供扣押的财产，或者被告在中华人民共和国领域内设有代表机构，可以由合同签订地、合同履行地、诉讼标的物所在地、可供扣押财产所在地、侵权行为地或者代表机构住所地人民法院管辖。"

（五）本案思考与讨论

（1）电子数据的证据效力为什么会得以保护？

（2）违约行为应承担的法律责任有哪些？

（3）如何区分不同代理人的代理权限？

---

① 本案法理分析详见广东省广州市中级人民法院（2006）穗中法民四初字第 38 号民事判决书。

② 该案审理时适用的是 1991 年 4 月 9 日第七届全国人民代表大会第四次会议通过的《中华人民共和国民事诉讼法》，2007 年 10 月 28 日第十届全国人民代表大会常务委员会第三十次会议《关于修改〈中华人民共和国民事诉讼法〉的决定》第一次修正。2012 年 8 月 31 日第十一届全国人民代表大会常务委员会第二十八次会议《关于修改〈中华人民共和国民事诉讼法〉的决定》第二次修正。

三、国际航空运输合同的法律适用

（一）案情介绍

原告：A先生，巴基斯坦国籍。

被告：中国东方航空股份有限公司（本案中简称东方航空公司）。

2004年12月29日，原告A先生购买了一张由香港国泰航空公司作为出票人的机票，机票列明的航程安排为：12月31日11点，从上海乘坐被告东方航空公司的MU703航班至香港；同日16点，乘坐香港国泰航空公司的航班至卡拉奇。机票背面条款注明，该合同应遵守《华沙公约》所指定的有关责任的规则和限制。该机票为打折票，机票上注明不得退票、不得转签。2004年12月30日15点，浦东机场地区开始下中雪，22点至23点机场被迫关闭1小时，导致该日104个航班延误。次日因需处理飞机除冰、补班调配等问题，从浦东机场起飞的航班有43架次被取消、142架次被延误，出港正常率只有24.1%。当日，MU703航班也由于天气原因延误3小时22分钟起飞，以至A先生一行到达香港机场后，未能赶上国泰航空公司飞往卡拉奇的衔接航班。

在浦东机场候机时，原告A先生及家属已经意识到MU703航班将延迟到达香港，会错过国泰航空公司的衔接航班，于是多次到被告东方航空公司的服务台询问如何处理。东方航空公司工作人员让A先生填写了“续航情况登记表”，并表示填好表格后会帮助解决。A先生及家属到达香港后，东方航空公司工作人员向A先生告知了两个处理方案：其一为在香港机场等候三天，然后搭乘国泰航空公司下一航班，三天费用自理；其二为自行出资购买其他航空公司的机票至卡拉奇，约需费用2.5万港元。A先生当即表示这两个方案均无法接受。A先生的妻子因携带着婴儿，也无法接受东方航空公司的处理方案，在焦虑、激动中给东方航空公司打电话，但被告知有关工作人员已经下班。最终经香港机场工作人员交涉，A先生一行购买了阿联酋航空公司的机票及行李票，搭乘该公司航班绕道迪拜到卡拉奇。为此，A先生支出机票款4721港元、行李票款759港元，共计5480港元。庭审中，双方一致同意港元与人民币的汇率按1∶1.07计算。[①]

---

① 有关该案详情参见“A先生诉东方航空公司国际航空旅客运输合同纠纷案”，http://www.110.com/panli/panli_59720.html，2015年8月2日访问。

（二）案件难点

（1）本案的法律适用问题。

（2）本案承运人的确定。

（三）法理分析

1. 本案的法律适用问题

A 先生是巴基斯坦国公民，其所购买的机票，出发地为我国上海，目的地为巴基斯坦卡拉奇。案件审理时适用的《中华人民共和国民法通则》第 142 条第 1 款规定："涉外民事关系的法律适用，依照本章的规定确定。"第 2 款规定："中华人民共和国缔结或者参加的国际条约同中华人民共和国的民事法律有不同规定的，适用国际条约的规定，但中华人民共和国声明保留的条款除外。"

在此问题上，有两点值得提出：

（1）国际条约在国际的法律地位规定欠明确。在国内，国际条约的缔结程序和法律的制定程序是基本相同的。如本案中《中华人民共和国民法通则》第 142 条第 2 款规定："中华人民共和国缔结或者参加的国际条约同中华人民共和国的民事法律有不同规定的，适用国际条约的规定，但中华人民共和国声明保留的条款除外。"但这些法律法规只涉及民事和行政管理等特定事项，政治性并不强。本案正是涉及民事问题。故可以谨慎地说，中国并没有国际条约高于国内法的一般原则。

（2）没有规定国际条约在国内的转化适用方式。从实践中可以发现，我国倾向于直接采纳和转化相结合的方式，但该问题还是存在诸多争议的。在实践中，我们认为法官具有较大的自由裁量权。应当通过两个方面来辨别是否能够直接适用：一是主权意识，最大可能维护我国的利益，维护国内法的权威，二是承担国际责任。从"条约必须信守"出发，履行国际义务。

通过对上述问题的考量，综合考虑到我国和巴基斯坦都是《经 1955 年海牙议定书修订的 1929 年华沙统一国际航空运输一些规则的公约》（以下简称《1955 年在海牙修改的华沙公约》）和 1961 年《统一非订约承运人所办国际航空运输某些规则以补充华沙公约的公约》（以下简称《瓜达拉哈拉公约》）的缔约国，这两个国际公约对本案适用。

2. 本案承运人的确定

1955 年在海牙修改的《华沙公约》第 28 条第 1 款规定："有关赔偿的诉讼，应该按原告的意愿，在一个缔约国的领土内，向承运人住所地或其总管理处所在地或签订契约的机构所在地法院提出，或向目的地法院提出。"据此，在 A 先生持机票起诉的情形下，中华人民共和国上海市浦东新区人民法院有权对这起国际航空旅客运输合同纠纷进行管辖。

《瓜达拉哈拉公约》第 1 条第 2 款规定："'订约承运人'指与旅客或托运人，或与旅客或托运人的代理人订立一项适用《华沙公约》的运输合同的当事人。"第 3 款规定："'实际承运人'指订约承运人以外，根据订约承运人的授权办理第二款所指的全部或部分运输的人，但对该部分运输此人并非《华沙公约》所指的连续承运人。在没有相反的证据时，上述授权被推定成立。"第 7 条规定："对实际承运人所办运输的责任诉讼，可以由原告选择，对实际承运人或订约承运人提起，或者同时或分别向他们提起。如果只对其中的一个承运人提起诉讼，则该承运人应有权要求另一承运人参加诉讼。这种参加诉讼的效力以及所适用的程序，根据受理案件的法院的法律决定。"原告 A 先生所持机票，是由香港国泰航空公司出票，故国际航空旅客运输合同关系是在 A 先生与香港国泰航空公司之间设立，香港国泰航空公司是订约承运人。被告东方航空公司与 A 先生之间不存在直接的国际航空旅客运输合同关系，也不是连续承运人，只是推定其根据香港国泰航空公司的授权，完成该机票确定的上海至香港间运输任务的实际承运人。A 先生有权选择香港国泰航空公司或者东方航空公司或者两者同时为被告提起责任诉讼。在 A 先生只选择东方航空公司为被告提起的责任诉讼中，东方航空公司虽然有权要求香港国泰航空公司参加诉讼，但由于 A 先生追究的航班延误责任发生在东方航空公司承运的上海至香港段航程中，与香港国泰航空公司无关，故根据本案案情，衡量诉讼成本，无须追加香港国泰航空公司为本案的当事人共同参加诉讼。

1955 年在海牙修改的《华沙公约》第 19 条规定："承运人对旅客、行李或货物在航空运输过程中因延误而造成的损失应负责任。"第 20 条第 1 款规定："承运人如果证明自己和他的代理人为了避免损失的发生，已经采取一切必要的措施，或不可能采取这种措施时，就不负责任。"2004 年 12 月 31 日的 MU703 航班由于天气原因发生延误，对这种不可抗力造成的延误，被告东方航空公司不可能采取措施来避免发生，故其对延误本身无须承担责任，但还需证明其已经采取了一切必要的措施来避免延误给旅客造成的损失发生，否则即应对旅客因延误而遭受的损失承担责任。东方航空公司没有采取一切必要的措施来避免因航班延误给旅客造成的损失发生，不应免责。

3. 本案的处理结果及分析

法院于2005年12月21日判决：东方航空公司在本判决生效之日起10日内赔偿原告A先生损失人民币5863.60元；原告A先生的其他诉讼请求不予支持。案件受理费人民币249元，由原告A先生负担人民币5元，被告东方航空公司负担人民币244元。其中损失5863.60元为A先生支出机票款4721港元、行李票款759港元，共计5480港元。庭审中，双方一致同意港元与人民币的汇率按1∶1.07换算。

“任何交易都不过是无数交易者所组成的买卖长链中的一环。不论哪儿出现一次障碍，整个链条都会发生震荡。因此，面对这种影响极大的障碍，法律交往的安全性也就关系到交易的成败。”①

如上文提到，2004年12月31日的MU703航班由于天气原因发生延误，对这种不可抗力造成的延误，东方航空公司不可能采取措施来避免发生，故其对延误本身无须承担责任，但还需证明其已经采取了一切必要的措施来避免延误给旅客造成的损失发生，否则即应对旅客因延误而遭受的损失承担责任。事实是，在浦东机场时，原告A先生由于预见到MU703航班的延误会使其错过香港国泰航空公司的衔接航班，曾多次向东方航空公司工作人员询问如何处理。东方航空公司应当知道国泰航空公司从香港飞往卡拉奇的衔接航班三天才有一次，更明知A先生一行携带着婴儿，不便在中转机场长时间等候，有义务向A先生一行提醒中转时可能发生的不利情形，劝告A先生一行改日乘机。但东方航空公司没有这样做，却让A先生填写“续航情况登记表”，并告知会帮助解决，使A先生对该公司产生合理信赖，从而放心登机飞赴香港。鉴于A先生一行是得到东方航空公司的帮助承诺后来到香港，根据当时具体情况，尽管A先生一行所持机票上标注着不得退票、不得转签，东方航空公司也应当把A先生一行签转给其他航空公司，以帮助其尽快飞抵卡拉奇。但是东方航空公司不考虑A先生一行携带婴儿要尽快飞往卡拉奇的

① ［德］拉德布鲁赫：《法学导论》，米健译，中国大百科全书出版社1997年版，第74页。

合理需要，向A先生告知了要么等待三天乘坐下一航班且三天中相关费用自理，要么自费购买其他航空公司机票的所谓“帮助解决”方案，使A先生一行陷入“走无法走、留不能留”的两难境地。东方航空公司没有采取一切必要的措施来避免因航班延误给旅客造成的损失发生，不应免责。[①] A先生是迫于无奈才自费购买其他航空公司的机票，对A先生购票支出的5480港元损失，东方航空公司应承担赔偿责任。

（四）涉及国际公约及法律

（1）1955年在海牙修改的《华沙公约》第19条规定：“承运人对旅客、行李或货物在航空运输过程中因延误而造成的损失应负责任。”第20条第1项规定：“承运人如果证明自己和他的代理人为了避免损失的发生，已经采取一切必要的措施，或不可能采取这种措施时，就不负责任。”第28条第1款规定：“有关赔偿的诉讼，应该按原告的意愿，在一个缔约国的领土内，向承运人住所地或其总管理处所在地或签订契约的机构所在地法院提出，或向目的地法院提出。”

（2）《瓜达拉哈拉公约》第1条第2款规定：“‘订约承运人’指与旅客或托运人，或与旅客或托运人的代理人订立一项适用华沙公约的运输合同的当事人。”第3款规定：“‘实际承运人’指订约承运人以外，根据订约承运人的授权办理第二款所指的全部或部分运输的人。”第7条规定：“对实际承运人所办运输的责任诉讼，可以由原告选择，对实际承运人或订约承运人提起，或者同时或分别向他们提起。如果只对其中的一个承运人提起诉讼，则该承运人应有权要求另一承运人参加诉讼。这种参加诉讼的效力以及所适用的程序，根据受理案件的法院的法律决定。”

（3）《民法通则》第142条第1、2款规定：“涉外民事关系的法律适用，依照本章的规定确定。中华人民共和国缔结或者参加的国际条约同中华人民共和国的民事法律有不同规定的，适用国际条约的规定，但中华人民共和国声明保留的条款除外。”

---

① 该案由上海市浦东新区人民法院于2005年12月21日作出民事判决：（1）中国东方航空股份有限公司应在判决生效之日起十日内赔偿A先生损失共计人民币5863.60元；（2）驳回A先生的其他诉讼请求。宣判后，中国东方航空股份有限公司提出上诉。上海市第一中级人民法院于2006年2月24日作出（2006）沪一中民一（民）终字第609号民事判决：驳回上诉，维持原判。2015年4月15日，最高人民法院审判委员会讨论通过将该案作为指导案例发布。

（五）本案思考与讨论

（1）在以实际承运人为被告的责任诉讼中，实际承运人申请追加订约承运人参加诉讼，法院在什么情况下不予允许？

（2）因天气原因致航班延误，航空公司对旅客应承担何种责任？

（3）对持有注明“不得退票，不得转签”机票的换乘旅客，航空公司可否一律不予转签？

第二节 国际航空运输合同违约责任

《华沙公约》文件是当前调整和规范国际民用航空运输活动的最重要的法律，核心内容是运输凭证和承运人的民事责任制度两大方面。它规定了国际航空运输的定义，统一了运输凭证、运输条件、运输责任和赔偿诉讼等有关国际运输各项主要问题的具体规定。以《华沙公约》文件为代表的国际航空运输私法规则在我国的适用是有法律保障的。案件审理时使用的《民法通则》第 142 条第 2、3 款[①]规定：“中华人民共和国缔结或参加的国际条约同中华人民共和国的民事法律有不同规定的，适用国际条约的规定，但中华人民共和国声明保留的条款例外。中华人民共和国法律和中华人民共和国缔结或参加的国际条约没有规定的，可以适用国际惯例。”我国《民用航空法》第 184 条也有同样规定，这体现了“国际法优于国内法”原则。不但如此，

---

① 2017 年 3 月 15 日第十二届全国人民代表大会第五次会议通过，10 月 1 日起施行的《民法总则》对此没有做出规定。对此，梁慧星教授《对民法总则草案（三次审议稿）的修改建议》中提出：“四、再次建议保留民法通则第一百四十二条第二款适用国际条约的规定和第三款适用国际惯例的规定。现在制定《民法总则》及将来编纂中国民法典，如何处理（安排）现行《民法通则》第一百四十二条第二、三款关于国际条约和国际惯例的规定？虽然在实际上，中国法院不会因此就不再适用国际条约、国际惯例，将仍然在有关案件裁判中引用国际条约、国际惯例作为判决依据。但就法理而言，这样的判决将被认定为法律适用错误。按照共同遵循的法理，既然规定中国法院可以适用国际条约、国际惯例的法律规定（《民法通则》第 142 条第 2、3 款），已经被现行国内法（《民法总则》）废除，则中国法院再适用国际条约、国际惯例，就是于法无据。这不仅将引发中国法院应否再适用国际条约、国际惯例，及适用国际条约、国际惯例是否构成法律适用错误的疑问，并且当事人将中国法院适用国际条约、国际惯例的判决拿到外国法院申请承认和执行时，就难免有被外国法院（特别是对中国不那么友好的国家法院、法官）以此为借口，予以刁难甚至拒绝承认和执行的风险。特建议《民法总则》改采第一个方案，将《民法通则》第一百四十二条第二、三款规定在第一章末尾。”

在我国的《民用航空法》等国内立法过程中还借鉴吸收了华沙体系的主要内容和精神，如规定航空运输的第九章“公共航空运输”的蓝本正是《海牙议定书》《危地马拉议定书》《蒙特利尔第四号议定书》和《瓜达拉哈拉公约》。在责任制度上，旅客伤亡、行李损坏、货物损害实行严格责任制，延误实行过错推定责任制，但责任限额远比华沙体系及现行的承运人实行的标准低，且国内运输与国际运输适用不同的限额。

违反航空运输合同的责任主要有支付违约金、赔偿损失等，赔偿责任方式是限额赔偿。航空运输合同违约责任的赔偿范围被严格限定在我国《合同法》第113条所规定的可预见性范围内，赔偿对象上仅限于财产损失。合同当事人违反合同，给对方造成损失的，要承担违约赔偿责任。合同当事人违反航空货运合同的，托运人未按时缴纳运输费用的，应当承担违约责任；托运人托运货物违反如实申报义务、违反包装标准和规定，造成承运人或第三者的损失，托运人应承担赔偿责任。收货人未及时领取货物，应当按规定承担货物的保管费。对托运人未交或少交的运费应当补交，否则就要承担违约责任。在航空运输领域，《华沙公约》对承运人责任采取了传统的以过错为责任前提的归责原则，即对航空运输造成的损害赔偿，仍然以承运人有过错作为承担责任的条件，但在具体归责的时候，采用了过错推定和举证责任倒置的办法。《华沙公约》明确规定了承运人应承担责任的三种责任形态：（1）旅客人身伤亡；（2）行李、货物灭失、损坏；（3）延误。因发生在民用航空器上或者在旅客上、下民用航空器过程中的事件，造成旅客人身伤亡的，承运人应当承担责任；但是，旅客的人身伤亡完全是由于旅客本人的健康状况造成的，承运人不承担责任。对旅客托运的行李、随身携带的物品或货物在航空运输期间毁灭、遗失或损坏的，承运人应当承担责任。承运人应当对因延误造成的损失承担责任，“如有正当理由”，不构成延误责任，举证责任由承运人承担。

一、国际航空运输合同违约责任主体

（一）案情介绍

原告：邓某、李某。

被告：大韩航空公司、海南省中国旅行社航空服务公司（本案中简称中旅服务公司）。

1997年6月28日，邓某被国际华人医学家心理学家联合会聘为第七届国际名医学术大会执行主席。同年8月2日，国际华人医学家心理学家联合会邀请邓某、李某参加1997年10月9日在美国洛杉矶召开的第七届国际名医学术大会，并预先安排邓某在开幕式上发表近一小时专题学术报告“二十一世纪的心身医学”，李某在大会上发表十五分钟的论文“心理咨询230例分析”。1997年9月27日，邓某、李某为出席在美国召开的第七届国际名医学术大会，到被告中旅服务公司求购1997年10月8日香港—汉城—洛杉矶的双程机票两张。被告中旅服务公司经电脑查询，发现电脑系统中直接对外销售的票位已售完，因邓某、李某急需机票，中旅服务公司通过电话向大韩航空公司三亚站求助。大韩航空公司三亚站接到求助信息后不久通知中旅服务公司提供邓某、李某的有关情况后回电话表示票位已订妥，同时向中旅服务公司提供订位的电脑记录编码“HF2301”。中旅服务公司根据大韩航空公司三亚站的订票情况向邓某、李某出票。1997年10月8日，邓某、李某于10：10乘机抵达香港机场，准备由香港经汉城直飞洛杉矶。在办理登机手续时，大韩航空公司香港站告知邓某、李某此航班在电脑系统里没有两人的姓名，即两人的机位落空。两人遇机位落空后要求查明事实，并请求补票，但航班满位而无法补票。邓某、李某因此只能改签次日同时（12：50）的航班，在香港停留一天。两人在香港停留一天花费住宿费1360港元，传真费45港元，重新登机机场收费200港元。次日，邓某、李某乘航班赴洛杉矶，到达洛杉矶后赶往会场时已是当地时间1997年10月9日下午5时，超出会议的第一天。邓某被预先安排在开幕式的专门学术报告时间及李某论文发言时间因此被延误，大会按国际会议惯例未作另行安排。由于邓某、李某未能按时到会，作为大会执行主席之一，联合会在亚洲地区的常务理事第一候选人邓某因未能按时到会而丧失联合会第七届常务理事的资格，李某亦因迟到而丧失专业委员资格。两人在大会结束回国途经香港时停留一天，与大韩航空公司交涉，但未能得到处理。1997年12月13日、1998年7月7日、1998年11月13日，李某、邓某三次到香港向大韩航空公司香港站索赔。1998年11月26日李某、邓某赴汉城现称“首尔”向大韩航空公司索赔，但均未得到赔偿。两人四次索赔差旅费为24 948元。李某、邓某回国后多次向中旅服务公司索赔，但遭拒绝，故提起诉讼。经查，国际华人医学家心理学家联合会的亚洲地区的常务理事，每年可获10 000美元的报酬，任该会专业委员会委员，每年可获2000美元的报酬。这种职位的任期为5年。另查，1997年5月17日，中旅服务公司与大韩航空公司签订旅客机票销售代理协议，并已履行。①

（二）案件难点

（1）大韩航空公司是否构成违约？

（2）对于中旅售出的客票给原告造成的直接经济损失以及间接损失谁应当承担责任？

（3）本案立约承运人和实际承运人的确定。

（4）如何理解赔偿限额，本案原告李凡提出的102 095.5元的请求是否应予支持？

（三）法理分析

1. 大韩航空是否承担违约责任

在本案中，李某根据机票的约定支付运输费用，并按约定的时间抵达约定的机场，其已履行合同约定的全部义务。大韩航空公司因自身管理原因造成原告未能依时到达目的地参加国际会议，在履行运输合同时违反合同约定，同时未能举证说明造成机位落空是李某的原因或承运人免于承担责任的其他情形，故大韩航空公司应对李某机位落空而造成延误损失承担责任。

2. 对于中旅服务公司售出的客票给原告造成的直接经济损失以及间接损失，谁应当承担责任

在本案中，中旅服务公司与大韩航空公司系代理关系，其出票行为完全符合代理协议的规定。代理协议也称代理合同，它是用以明确委托人和代理人之间权利与义务的法律文件。

（1）代理人的权利义务。

①代理人在代理权限内以被代理人的名义实施代理行为，代理人必须取得代理权，并依据代理权限，以被代理人的名义实施民事法律行为。被代理人对代理人的代理行为承担民事责任。

---

① 有关该案详情参见“大韩航空公司与李某、邓某、海南中旅航空服务公司国际航空运输合同纠纷案”，http://china.findlaw.cn/info/hangkongfa/hkfal/174002.html，2014年12月5日访问。

②转托他人代理应当事先取得被代理人的同意。委托代理人为被代理人的利益需要转托他人代理的，应当事先取得被代理人的同意。事先没有取得被代理人同意的，应当在事后及时告诉被代理人，如果被代理人不同意，由代理人对自己所转托的人的行为负民事责任，但在紧急情况下，为了保护被代理人的利益而转托他人代理的除外。代理人为处理代理事务，为被代理人选任其他人进行代理被称为复代理。复代理所基于的代理称为本代理，由本代理中的代理人转托的代理人称为复代理人。

（2）无权代理与表见代理的责任区分。

无权代理是指行为人不具有代理权，但以他人的名义与第三人进行法律行为。无权代理一般存在三种表现形式：一是自始未经授权。如果行为人自始至终没有被授予代理权，就以他人的名义进行民事行为，属于无权代理。二是超越代理权。代理权限是有范围的，超越了代理权限，依然属于无权代理。三是代理权已终止。行为人虽曾得到被代理人的授权，但该代理权已经终止的，行为人如果仍以被代理人的名义进行民事行为，则属无权代理。

被代理人对无权代理人实施的行为如果予以追认，则无权代理可转化为有权代理，产生与有权代理相同的法律效力，并不会发生代理人的赔偿责任。如果被代理人不予追认的，对被代理人不发生效力，则无权代理人需承担因无权代理行为给被代理人和善意第三人造成的损失。

表见代理是指被代理人的行为足以使善意第三人相信无权代理人具有代理权，基于此项信赖与无权代理人进行交易，由此造成的法律效果强行由被代理人承担的代理。

无权代理和表见代理的区别包括以下几个方面。

①构成要件不同。

无权代理的构成要件：行为人所实施的法律行为符合代理行为的表面特征，即代理人必须以被代理人的名义为意思表示；行为人不具有代理权，即属于自始无代理权、超越代理权或代理权已终止三种情况；行为人与第三人所为行为不是违法行为。

表见代理的构成要件：客观上存在使善意第三人相信无权代理人具有代理权的理由；第三人善意且无过失，即第三人无从知道无权代理人不具有代理权；无权代理人与第三人所为的法律行为，符合法律行为的一般有效要件和代理行为的表面特征。

②法律效果不同。

无权代理的法律效果：没有代理权、超越代理权或者代理权终止后的行为，只有经过被代理人的追认，被代理人才承担民事责任。未经追认的行为，由行为人承担民事责任。本人知道他人以本人名义实施民事行为而不作否认表示的，视为同意。

表见代理的法律效果：如第三人主张表见代理，则代理行为的法律效果直接归属于被代理人，被代理人承担该法律后果后有权向代理人主张损害赔偿。如第三人主张无权代理，表见代理在没有代理权这一实质特征上同于无权代理，按照有关无效民事行为的规则来处理。注意领会第三人主张表见代理，本人予以否认的，由本人举证，如举证不能，表见代理成立。

在本案中，中旅服务公司代理大韩航空公司出售机票，其在合同中系代理人，非合同当事人，在出票中完全无过错，其代理出票行为的后果，应由被告大韩航空公司承担，其不应对造成李凡延误损失承担责任。

3. 本案立约承运人和实际承运人的确定

立约承运人是以业主身份与旅客或货主签订运输合同的人。实际承运人是根据立约承运人授权，实际从事部分或全部运输的人。

在本案中，原告因参加国际会议而向被告中旅服务公司购买被告大韩航空公司的机票，被告中旅服务公司作为被告大韩航空公司的代理人向原告出票。原告与被告大韩航空公司之间已形成国际航空运输合同的法律关系，机票上所记载的内容为双方之间达成运输合同的条款，双方的约定系双方当事人真实意思表示，且条款符合法律规定，应受法律的保护。

原告李某根据机票的约定支付运输费用，并按约定的时间抵达约定的机场，其已履行合同约定的全部义务。被告中旅服务公司代理被告大韩航空公司出售机票，其在合同中系代理人，非合同当事人，大韩航空公司因自身管理原因造成原告未能按时到达目的地参加国际会议，被告大韩航空公司在履行运输合同时违反合同约定，同时未能举证说明造成机位落空系原告方的原因或免于承运人责任的其他情形，故被告大韩航空公司应对原告机位落空而造成延误损失承担责任。被告中旅服务公司代理被告大韩航空公司出售机票，其在合同中系代理人，非合同当事人，在出票中完全无过错，其代理出票行为的后果，应由被告大韩航空公司承担，其不应对造成原告延误损失承担责任。所以，本案立约承运人为中旅服务公司，实际承运人为大韩航空公司。

4. 如何理解赔偿限额，本案原告李某提出的102 095.5 元的请求是否应予支持

限额赔偿原则又称限制责任原则，指法律对某些领域损害赔偿限制其最高数额，从而限制责任方的赔偿责任。航空运输承运人赔偿责任限额是指承运人对于航空运输中发生的损害承担赔偿责任的金额是有限度的。承运人在规定的限额内，按照其造成的实际损害负责赔偿，实际损害超过限额的部分则不予赔偿。《华沙公约》和《海牙议定书》规定，如果损失不是由于承运人故意或者明知可能造成损失而轻率作为或不作为造成的，则承运人对旅客的责任以固定金额为限（《华沙公约》规定12.5 万法郎，《海牙议定书》规定25 万法郎）。《蒙特利尔公约》取消了责任限额对承运人的保护，这意味着承运人将根据旅客的实际受损程度来作出赔偿，而且《蒙特利尔公约》中规定的10 万特别提款权的严格责任是《海牙议定书》责任限额的8 倍。同时，《蒙特利尔公约》规定的各项责任限额每隔五年进行一次复审，当通货膨胀超过10% 时可以对责任限额进行修订。当通货膨胀超过30% 时，则自动进行复审程序。

此案件是国际航空运输纠纷案件，并且发生于1997 年，应使用2006 年以前《华沙公约》《海牙议定书》的相应条款关于赔偿责任限额问题。[①]《海牙议定书》规定，承运人对每一旅客所负的责任，以25 万法郎为限（25 万法郎 = 2 万美元），对于李某提出的诉讼请求，并未超出该限额，应予以支持。

（四）涉及国际条约及法律

（1）《瓜达拉哈拉公约》第1 条规定：“本公约中：‘华沙公约’，根据第二款所述合同中的运输受何者约束，分别指1929 年10 月12 日在华沙签订的《统一国际航空运输某些规则的公约》，或指1955 年在海牙修改的《华沙公约》；‘缔约承运人’指以业主身份与旅客或托运人，或与旅客或托运人的

① 本案一审由海口市新华区人民法院（1999）新经初字第191 号民事判决后，被告大韩航空公司不服提出上诉，海南省海口市中级人民法院二审以（2000）海中法经终字第72 号民事判决书驳回上诉，维持原判。

代理人订立一项适用《华沙公约》的运输合同的人；‘实际承运人’指缔约承运人以外，根据缔约承运人的授权办理第（2）款所指全部或部分运输的人，但对该部分运输此人并非《华沙公约》所指的连续承运人。在没有相反的证明时，就认为授权是存在的。”第2条规定：“如实际承运人办理第一条第（2）款所指合同规定适用《华沙公约》的运输的全部或部分，除本公约另有规定外，缔约承运人和实际承运人都应受《华沙公约》规则的约束，前者适用于合同规定运输的全部，后者只适用于其办理的运输。”

（2）《华沙公约》第22条规定：“运送旅客，承运人对每位旅客的责任以12.5万法郎为限（1955年《海牙议定书》改为25万法郎）。但旅客也可以根据他和运送人之间的特别协议，规定一个较高责任限额；在运送已登记的行李和货物时，承运人对行李和货物的责任以每公斤250法郎为限；对旅客自己保管的货物，承运人对每位旅客的赔偿以5000法郎为限；如果法院认定这种损失是由于承运人的不良行为所造成的，承运人就无权引用公约关于免除或限制承运人责任的规定。”

（3）《合同法》第107条规定：“当事人一方不履行合同义务或者履行合同义务不符合约定的，应当承担继续履行、采取补救措施或者赔偿损失等违约责任。”

（五）本案思考与讨论

（1）航空运输合同代理人的权利与义务。

（2）如何区分立约承运人与实际承运人？

（3）如何确定航空运输合同的赔偿限额？

二、国际航空运输合同违约责任与侵权责任的竞合

（一）案情介绍

原告：陆某。

被告：美国联合航空公司（本案中简称美联航）。

原告陆某诉称：原告在乘坐被告美联航的班机过程中受伤，虽经手术治疗，现仍遗留功能性障碍，必须进行相应的功能锻炼及物理治疗，待适当时机再行手术，效果尚难确定。乘机致原告伤残且经济损失惨重，完全是被告

的责任。经与被告多次协商赔偿，没有结果。为此，原告根据《统一国际航空运输某些规则的公约》（以下简称《华沙公约》）、《修订 1929 年 10 月 12 日在华沙签订的统一国际航空运输某些规则的公约的议定书》（以下简称《海牙议定书》）的规定，以及《蒙特利尔协议》所确定的 7.5 万美元赔偿责任限额，请求判令被告赔偿原告伤残补助费及生活护理费计 7.5 万美元。

诉讼中，原告陆某变更诉讼请求，要求被告按照《吉隆坡协议》规定的 10 万特别提款权（132 099 美元）承担赔偿责任。判令被告承担护理费人民币 14 300 元（含护理人员的交通费用 7800 元）、原告的误工损失人民币 105 877.50 元、原告不能胜任岗位工作造成的工资损失人民币 153 750 元、原告不能担任总经理职务的损失人民币 713 700 元、精神安抚费人民币 5 万元、原告从现在起至 70 岁的护理治疗费人民币 138 000 元、本案律师费人民币 66 299 元、律师差旅费人民币 3 万元，并判令被告负担本案的诉讼费用。

被告美联航辩称：作为事故责任方，被告已支付医疗费用人民币 86 748.10 元，但原告在事故发生半年之后提出其右膝半月板损伤，却无法证明这个损伤与此次航空事故有关联。原告提供的安徽省高级人民法院司法鉴定中心的鉴定书，并非法院依法委托进行的鉴定，不能作为本案的证据使用，应当对原告的伤情重新进行司法鉴定。本案应以法院委托的鉴定机构作出的鉴定书所确定的伤残标准为依据，在法律规定的范围内进行合理赔偿。对于赔偿标准，本案应适用《华沙公约》或者《民用航空法》的规定。《吉隆坡协议》中的 10 万特别提款权，只是承运人实行客观责任制和是否行使责任抗辩的数额界限，不是对旅客的赔偿责任。《吉隆坡协议》既不是国际惯例，也不是国际条约，仅是作为国际航空运输协会成员的承运人之间订立的内部协议。原告只是一名旅客，并非该协议的签约主体，并且该协议的内容也未纳入旅客运输合同中，故无权引用该协议向被告索赔。

上海市静安区人民法院经审理查明：1998 年 5 月 12 日，原告陆某乘坐被告美联航 UA801 班机，由美国夏威夷经日本飞往香港。该机在日本东京成田机场起飞时，飞机左翼引擎发生故障，机上乘客紧急撤离。陆某在紧急撤离过程中受伤，被送往成田红十字医院救护。经该院摄片诊断为右踝骨折。5 月 14 日，陆某到香港伊丽莎白医院作检查，结论为右踝侧面局部发炎，不能立即进行手术。陆某征得美联航同意后，于 5 月 16 日入住安徽省立医院治疗，诊断为：陆某右侧内、外、后踝骨折伴粉碎性移位。该院先后两次对陆某进行手术治疗。1998 年 12 月 22 日，陆某出院，休息至 1999 年 3 月底。陆某受伤住院期间，聘用两名护工护理；出院后至上班期间，聘用一名护工护理。陆某受伤前的工资收入是每月人民币 12 400 元，受伤后休息期间的工资收入是每月人民币 1255 元，每月工资收入减少人民币 11 145 元。陆某受伤后，美联航曾向其致函，表示事故责任在于美联航，美联航承担了陆某两次手术的医疗费用计人民币 86 748.10 元。

审理中，法院应被告美联航的申请，依法委托上海市人身伤害司法鉴定专家委员会对原告陆某右下肢的损伤情况和伤残级别进行司法鉴定，结论为：（1）陆某因航空事故致右踝三踝骨折伴关节半脱位，现右踝关节活动受限，丧失功能 50% 以上，长距离行走受限，参照《道路交通事故受伤人员伤残评定》4.9.F 及附录 A8 之规定，综合评定为Ⅷ级伤残；（2）根据被鉴定人的伤情，可酌情给予营养 3 个月，护理 3 个月；（3）被鉴定人右膝关节麦氏征及过伸试验均阴性，送检的 MRI 片示未见半月板撕裂征象，仅为退行性变，与本次航空事故无直接的因果关系。

另查明，原告陆某所购被告美联航的机票，在“责任范围国际旅客须知”中载明：对于旅客死亡或人身伤害的责任，在大多数情况下对已探明的损失赔偿责任限度为每位乘客不超过 7.5 万美元。到达这种限度的责任，与公司方是否有过失无关。上述 7.5 万美元的责任限度，包括法律收费和费用。

以上事实，有原告陆某乘坐的被告美联航 UA801 航班飞机票、日本成田医院和香港伊丽莎白医院的报告、安徽省立医院的就诊报告及陆某的两次出院小结、陆某与美联航之间的往来信函等证实。以上证据经质证、认证，均可以作为认定本案事实的根据。①

① 有关该案详情参见“找法网”，http：//china.findlaw.cn/info/hangkongfa/hkfal/173981.html，2017 年 11 月 30 日访问。该案由上海市静安区人民法院审理，宣判后双方当事人均未上诉，一审判决发生法律效力。《中华人民共和国最高人民法院公报》2002 年第 4 期刊登了该案。同年 6 月，上海《法学》杂志第 6 期上发表了上海市静安区法院法官高万泉、丁晓燕撰写的题为“国际航空旅客运输损害赔偿的法律适用”一文（以下简称“高文”）。文章针对法院审理该案时所涉及的法律适用问题进行了探讨，也引发学者及律师的不同观点与思考。

（二）案件难点

（1）本案的法律适用。

（2）违约责任与侵权责任的竞合。

（3）机票背后的“责任范围国际旅客须知”是否为法律选择条款?

（三）法理分析

1. 本案的法律适用

本案中双方当事人选择了《统一国际航空运输某些规则的公约》（《华沙公约》)、《海牙议定书》《蒙特利尔协议》来处理纠纷，那么能否由当事人来选择适用公约呢?国际私法的主要国际渊源是国际条约，当事人能否合意选择适用国际条约，尤其是普遍性的国际条约，最终是由各国国际私法规则所决定。《当代国际私法的实体取向》一书中认为各国国际私法应更多地允许当事合意选择适用民商事国际条约，尤其是普遍性的民商事国际条约。仲裁中普遍承认这种选择，案件审理是适用的《民法通则》第 145 条第 1 款规定：“涉外合同当事人可以选择处理合同争议所适用的法律，法律另有规定的除外。”这一规定是当事人“意思自治”原则在我国立法上的体现。在诉讼中，如果适用中国没有加入的公约，则违反了国家主权原则。如果适用中国加入的公约，可妥协地认为是当事人约定的合同的一个条款，只要不违反准据法，应认定为有效，最大限度地承认当事人意思自治。该案中当事人选择了《华沙公约》，是双方当事人在运输合同中的一个约定，而且也是我们国家加入的公约。案件审理适用的是《民法通则》第 142 条第 3 款规定：“中华人民共和国法律和中华人民共和国缔结或者参加的国际条约没有规定的，可以适用国际惯例。”由于《华沙公约》的规则具有强制性，在我国和美国都是该公约缔约国的情况下，且加入该公约双方未有保留，故应直接适用《华沙公约》。

但本案判决书中认为先适用国际条约、再适用国内法、最后适用国际惯例，是我国法律对涉外民事案件适用程序作出的强制性规定。对国际条约与国内法的关系，应是这样的：优先适用具有强制性的国际统一实体法公约，优先适用具有强制性的国际公约中的冲突规范，无论是实体法性质的国际条约还是冲突法性质的国际条约在我国的适用，都不能排除公约所接受的、我国加入公约时作出的保留。当事人自主选择适用法律还是适用公约应当视条约的规定而定。[①]《合同法》第126条第1款规定："涉外合同的当事人可以选择处理合同争议所适用的法律，但法律另有规定的除外。涉外合同的当事人没有选择的，适用与合同有最密切联系的国家的法律。"这是我国法律在涉外案件法律适用方面对"当事人意思自治"原则的体现，这已成为当今各国处理民商事法律关系的重要原则。"当事人意思自治"原则是相对的、有限制的。

世界各国立法都对"当事人意思自治"原则有一定程度的限制，主要体现在三个方面：一是当事人所选择的法律必须与当事人或合同有实质性联系；二是当事人选择的法律不违反公共秩序；三是当事人选择的法律不违反强制性规定。当事人必须在不违反法律强制性规定的前提下，选择与他们本身或者与他们之间的合同有实质联系的法律。案件审理是适用的《民法通则》第142条第2款规定："中华人民共和国缔结或者参加的国际条约同中华人民共和国的民事法律有不同规定的，适用国际条约的规定，但中华人民共和国声明保留的条款除外。"第3款规定："中华人民共和国法律和中华人民共和国缔结或者参加的国际条约没有规定的，可以适用国际惯例。"由此可见，先国际条约，再国内法，再国际惯例，是我国法律对涉外民事案件法律适用顺序作出的强制性规定。当事人在协议选择涉外民事案件适用的法律时，必须

---

① 对陆某诉美联航损害赔偿一案中《吉隆坡协议》是否有效的问题，江苏天茂律师事务所李俊刚律师认为：调整航空运输合同的国际条约，处于主导地位的是《华沙体系》（The Warsaw System）。广义的华沙体系是指调整国际民用航空运输合同双方当事人之间权利义务关系的整个规范体系，既包括处于主导地位的国际公约，诸如《华沙公约》《海牙议定书》等，又包括与这些国际公约密切衔接的航空公司之间的协议，比如《蒙特利尔协议》《吉隆坡协议》等。而狭义上的华沙体系专指国际公约，不包括航空公司之间的若干协议。世界民航业的快速发展，仅仅依靠华沙体制这种国际公约的形式来单一调整越来越不能适应这种发展，毕竟国际公约的签订需要极其繁琐的程序。于是诞生了航空公司之间通过签订多边协议这种较为简便的调整形式。因为这些协议也多是调整航空运输私法领域的，与华沙体制具有很大的相关性，我们称为与华沙体系相衔接的航空公司协议。这类协议主要包括：1966年的《蒙特利尔协议》、1976年的《马耳他协议》、1995年的《华盛顿协议》和1995年的《吉隆坡协议》。法院仅仅基于《吉隆坡协议》并非是国际法的渊源而简单地从法律适用的角度来否定其在本案中的效力是不完整的，因为虽然从法律适用角度来看，《吉隆坡协议》不是国际公约，但是从国际民事法律关系角度来看，依据合同关系双方意思自治这一基本价值原则，美联航与其旅客在合同订立过程中所达成的权利义务关系，并没有违反国际法中强行法的规定，理应具有相应的效力。故而，《吉隆坡协议》在本案中是应当被引以为据的。关于赔偿限额的问题。1966年《蒙特利尔协议》是可以适用于本案作为判决依据的，但这并不能否定《吉隆坡协议》于本案的效力。因而，关于赔偿限额应当以《吉隆坡协议》为依据，由伤亡旅客住所地法律通过司法判决获得无限制损害赔偿。

符合这个规定。我国与美国都是《华沙公约》和《海牙议定书》的成员国。作为公约缔约国，我国有义务遵守和履行公约，故本案应首先适用《华沙公约》和《海牙议定书》。根据“当事人意思自治”的原则，本案双方当事人也一致选择适用《华沙公约》。这一选择不违反我国在涉外民事案件法律适用方面的强行性规定，应当允许。

在合同关系法律适用问题上，允许当事人选择法律，同时又对当事人的选择加以某种限制，这两者同样符合合同关系的本质和特点，同样来源于社会经济生活的客观要求。合同是当事人之间设立、变更、终止民事权利义务关系的协议。按照合同法的一般原理，合同成立与否取决于当事人的意志，合同之债的效力来源于当事人的合意。因此，合同实质上是当事人的一致的意思表示，构成合同关系的关键是当事人的意志。是否订立合同，与谁订立合同，订立什么合同，怎样订立合同，以及合同的变更和解除等，都要由当事人的意思来决定。这就是所谓的“契约自由”。依据这种自由，在跨国合同领域，允许当事人选择适用于他们之间合同关系的法律顺理成章。可以说，在法律适用问题上的“当事人意思自治”，不仅是“契约自由”原则在国际私法领域的特殊体现，而且自始便包含在“契约自由”的理念之中。同时，在合同关系中，无论是为了维持社会经济关系的稳定，还是为了平等地保护双方当事人的正当权益并真正实现其合理期待，都要求各方当事人的意思表示要真实合法，不得因屈服于对方压力而为之，也不得因受蒙骗讹诈而为之，还不得为损害他人、国家和社会的利益而为之。合同关系既是一种法律关系，也是一种社会关系。作为法律关系，当事人在其中既享受权利，也承担义务；他们地位平等、各得其利。实行有限制的“意思自治”，可以保障双方机会均等，互利互惠。

2. 本案原告因乘坐被告班机受伤致残而向被告进行索赔，产生了违约责任和侵权责任的竞合

责任竞合是指行为人实施某一违法行为符合多种民事责任的构成要件时，在法律上导致相互冲突的民事责任形式，由于受害人享有多种请求权，也称请求权的竞合。侵权责任与违约责任竞合，是指某一违反民事义务的行为，同时具备侵权责任和违约责任的构成要件，从而导致侵权责任与违约责任并存和相互冲突的现象。在日常生活中，人们的行为是复杂多样的，那么如何确定某一违法行为是否导致违约责任与侵权责任的竞合呢？我们来看看违约

责任与侵权责任竞合的主要特征：（1）必须只实施一个违法行为。如果行为人实施两个以上的不法行为引起侵权责任与违约责任同时发生的，应适用不同的法律规定，承担不同的责任。（2）同一不法行为既符合侵权责任的构成要件，又符合违约责任的构成要件，使两个民事责任在同一不法行为上并存。（3）数个民事责任之间相互冲突。相互冲突意味着数个责任既不能相互包容，也不能同时并存；行为人最终只能就其所实施的一个违法行为承担一个民事责任。[①]（4）只能发生同一给付内容。侵权责任与违约责任同时并存，相互冲突，但当事人只能获得一次给付满足，如同时并存获多次满足，对行为人是不公平的。

根据我国《合同法》第 122 条的规定："因当事人一方的违约行为，侵害对方人身、财产权益的，受损害方有权选择依照本法要求其承担违约责任或者依照其他法律要求其承担侵权责任。"本案中，原告选择了合同之诉，但在诉讼过程中，原告变更了诉讼请求，要求被告承担违约责任的同时还要求被告承担精神抚慰金，从而导致对责任的选择不明。合同的损害赔偿责任主要是财产损失的赔偿，不包括人身损害赔偿和精神损害赔偿责任，而且合同利益的范围不仅包括既得利益损失，还包括可得利益的损失，而对于侵权责任来说，损害赔偿不仅包括财产损失，而且还包括人身伤害和精神损害。因此，本案中选择何种责任，对原告而言关系到能否适用精神损害赔偿的问题。针对该种合同和侵权竞合的情况，一些国家立法规定：如果侵权行为发生在原先已经存在合同关系的当事人之间，而且合同当事人根据意思自治原则已经协商选择了合同的准据法的，该合同准据法同时调整当事人之间的侵权行为。如果当事人在合同中已约定"本合同以及本合同引发的一切争议适用或受何种法律支配"，那么，可以认为侵权行为是由该合同引发的争议，故顺理成章地适用双方当事人在合同中所选择的准据法。原告陆某因乘坐被告美联航的班机受伤致残，而向美联航索赔，索赔请求中包括精神损害赔偿。乘坐班机发生纠纷，通常是旅客运输合同纠纷，解决的是违约责任。但因乘坐班机受伤致残，违约行为同时侵犯了人身权利，就可能使违约责任与侵权责任竞合。在诉讼过程中，原告变更了诉讼请求，但其对责任的选择仍然不

---

① 曾宪义、王利明主编，王利明、房绍坤、王轶：《合同法》，中国人民大学出版社 2007 年版，第 316 ~ 317 页。

明确，此时法官有释明的义务。从最大限度保护受害人利益的角度出发，原告选择适用侵权损害赔偿责任，法院依法保护受害当事人的合法权益。

3. 关于赔偿责任限额问题

《华沙公约》规定了有关国际航空运输的某些统一实体法规则，其中关于承运人的责任包括以下几个方面。修改后的华沙公约即《蒙特利尔公约》第 17 条第 1 款规定："对于因旅客死亡或者身体伤害而产生的损失，只要造成死亡或者伤害的事故是在航空器上或者上、下航空器的任何操作过程中发生的，承运人就应当承担责任。"第 21 条第 1 款："对于根据第 17 条第 1 款所产生的每名旅客不超过 100 000 特别提款权的损害赔偿，承运人不得免除或者限制其责任。"第 3 条第 4 款规定："旅客应当得到书面提示，说明在适用本公约的情况下，本公约调整并可能限制承运人对死亡或者伤害，行李毁灭、遗失或者损坏，以及延误所承担的责任。"该公约对承运人课以严格责任，只要造成旅客死亡或者伤害的事故是在航空器上或者上、下航空器的任何操作过程中发生的，承运人就应当承担责任。当然承运人赔偿也以公约确定的限额为准。机票背面的载明是承运人与旅客约定 7.5 万美元的承运人责任限额，如果不载明，被告将无法享有公约所给予的有关责任限度的权益，但仍应承担责任。所以该项并非为法律选择条款。而是公约赋予当事人一项强制性规定。

《海牙议定书》规定，承运人对每一旅客所负的责任，以 25 万法郎为限，但旅客可与承运人以特别合同约定一较高的责任限度。本案中，双方当事人在机票上约定的承运人赔偿责任限额是 7.5 万美元。这个限额不仅体现了"当事人意思自治"的原则，也符合《海牙议定书》的规定。从主权国家应当遵守国际义务考虑，法院对双方当事人约定的这一最高赔偿责任限额应予认定。

人身伤害的损害赔偿，应以实际造成的损失为依据。原告陆某请求被告美联航赔偿护理费、误工费、伤残补偿费，对其中的合理部分，应由美联航赔偿。由于美联航的行为给陆某造成了一定的身体与精神上的痛苦，陆某请求美联航赔偿精神抚慰金，亦应允许。按照双方当事人的约定，7.5 万美元的赔偿责任限额内包括法律收费和费用。因此，陆某请求赔偿的律师费用和律师差旅费，法院认为也应当根据实际情况酌情支持。由于以上各项的赔偿总额并未超过 7.5 万美元，故应予支持。

（四）涉及国际条约及法律

（1）《蒙特利尔公约》第 17 条第 1 款规定："对于因旅客死亡或者身体

伤害而产生的损失，只要造成死亡或者伤害的事故是在航空器上或者上、下航空器的任何操作过程中发生的，承运人就应当承担责任。”第 21 条第 1 款规定：“对于根据第十七条第一款所产生的每名旅客不超过 100 000 特别提款权的损害赔偿，承运人不得免除或者限制其责任。”第 3 条第 4 款：“旅客应当得到书面提示，说明在适用本公约的情况下，本公约调整并可能限制承运人对死亡或者伤害，行李毁灭、遗失或者损害，以及延误所承担的责任。”

(2)《海牙议定书》第 11 条规定：“载运旅客时，承运人对每一旅客所负的责任，以 25 万法郎为限，但旅客可与承运人以特别合同约定一较高的责任限度。”

(3)《合同法》第 122 条规定：“因当事人一方的违约行为，侵害对方人身、财产权益的，受损害方有权选择依照本法要求其承担违约责任或者依照其他法律要求其承担侵权责任。”

（五）本案思考与讨论

本案是合同之诉还是侵权之诉，法官前后识别是否一致，如当事人选择不明是否应当依职权为受害人选择适用侵权损害赔偿？

第六章

航空人身损害、空难赔偿法律制度

空难通常是指飞机在飞行事故中发生故障、遭遇自然灾害或其他意外事故所造成的灾难。根据《民用航空法》的规定，因飞行中的民用航空器或者从飞行中的民用航空器上落下的人或者物，造成地面（包括水面）上的人身伤亡或者财产损害的，受害人有权获得赔偿。《民用航空法》明确规定了民用航空器对地面第三人的损害赔偿，适用侵权行为地法律。航空器对第三人造成损害，航空器经营人要依法承担责任。对地面第三人损害赔偿金的计算，《侵权责任法》第 16 条规定：“侵害他人造成人身损害的，应当赔偿医疗费、护理费、交通费等为治疗和康复支出的合理费用，以及因误工减少的收入。造成残疾的，还应当赔偿残疾生活辅助具费和残疾赔偿金。造成死亡的，还应当赔偿丧葬费和死亡赔偿金。”

第一节　航空运输人身损害赔偿

新中国成立以来我国航空旅客人身损害赔偿法律制度经历了如下发展历程：

1. 《飞机旅客意外伤害强制保险条例》

该条例是 1951 年 4 月 24 日由政务院财政经济委员会发布，1989 年 5 月 1 日失效。条例第 1 条规定：“凡在中华人民共和国境内持票搭乘飞机之旅客，均应依照本条例之规定，向中国人民保险公司（以下简称保险公司）投保飞机旅客意外伤害保险，其手续由航空公司办理，不另签发保险凭证。”第 5 条规定："旅客之保险金额，不论全票、半票、免票、一律规定为每人人民币一千五百万元。"第6条规定："旅客之保险费，包括于票价之内，一律按基本票价千分之五收费，由航空公司核算代收汇缴保险公司。"根据此规定，在中华人民共和国成立初期，通过规定强制保险，该条例第10条已明确规定："本条例所列之保险金额连同医疗津贴，系属法定给付之最高责任，如遇意外事故发生，旅客或其家属不得再向航空公司要求任何额外给付。"

2.《国内航空运输旅客身体损害赔偿暂行规定》

1989年2月20日由国务院颁布，1989年5月1日起施行。《飞机旅客意外伤害强制保险条例》同时废止。按照该规定，承运人对每名旅客的最高赔偿金额为人民币2万元。另外，旅客可以自行决定是否向保险公司投保航空运输人身意外伤害险。该暂行规定中已明确提到承担赔偿责任的主体是承运人即航空公司，而不是保险公司，并且保险金额的给付，不得免除或减少承运人应当承担的赔偿金额。这应该是我国第一部关于航空运输损害赔偿制度的法律文件。

3.《国务院关于修改〈国内航空运输旅客身体损害赔偿暂行规定〉的决定》

1993年12月13日由国务院颁布，1994年1月1日起实施。该决定即国务院第132号令。修改后的承运人对每名旅客的最高赔偿金额为人民币7万元。2006年的《国内航空运输承运人赔偿责任限额规定》提高到人民币40万元。

4.《民用航空法》

1995年10月30日由全国人大常委会颁布，自1996年3月1日起施行。该法对于承运人的赔偿责任限额，在第128条第1款作了规定，即："国内航空运输承运人的赔偿责任限额由国务院民用航空主管部门制定，报国务院批准后公布执行。"但民航主管部门并没有依据此条制定规定，一直沿用国务院第132号令。①

一、更改机型导致旅客身体受损的赔偿关系

（一）案情介绍

腰椎受过伤的花先生出国旅游，特意订了大机型飞机的机票，不料登机

① 董念清："对我国航空旅客运输人身损害赔偿法律制度及相关问题的思考"，载《中国民用航空》2006年第2期，第45~48页。

后发现机型变更，还出现漏水。他认为国航存在欺诈，起诉索赔双倍机票款及精神损失费。

花先生诉称，他于2012年1月22日购买两张机票，携女儿去日本办事、旅游。在国航代售处购买机票时，他强调自己腰椎曾受过伤，售票处于是同意并确认出了机型为波音767、777宽体客机的电子客票。该两种机型飞行稳定性好，出厂时间短，故障率低。然而，2月10日，从东京飞往北京时，国航私自更换为窄小机型波音737，并未告知他，且该机型稳定性差、设备差，还发生漏水事故，造成他衣物污染、重要文件被浸泡。当他得知更改为窄小机型时，曾要求国航退票或改签，但对方均未同意。花先生认为，国航构成欺诈，请求判令国航双倍赔偿他的机票款7960元，并赔偿精神损失费2000元。

国航辩称，按照相关法规，均不涉及对于航班机型变更的赔偿，花先生要求双倍赔偿机票款的请求没有法律依据。对于航班的机型问题，国航称在其官方网站上显著位置设有“运输总条件”一栏，并明确指出“航班时刻表中载明的航班时刻或机型，在其公布之日与您实际开始旅行之日期间将可能发生变动，我们对该航班时刻或机型不予保证，而且该航班时刻或机型也不构成我们与您之间运输合同的组成部分。”

国航认为，针对机型，其已经尽到了相应的告知义务，不存在任何的欺诈行为。国航对于航班机型的变更不承担合同义务和责任。对于花先生主张的精神损害赔偿，国航也认为无法律根据，称相关法律法规中没有关于精神损害赔偿的规定。国航请求法院驳回花先生的全部诉讼请求。①

（二）案件难点

（1）国航是否已经尽到了相应的告知义务，是否构成欺诈？

（2）花先生在售票处购票时确定的客运合同关系中，约定为大机型飞机的约定是否生效？

（3）国航在其官网上的对于航班的机型问题的规定，是否有效？

（4）国航的相关法规指的到底是什么？

① 有关该案资料详见“国航更换机型被指欺诈遭索赔”，http：//finance. people. com. cn/GB/70846/17459901. html，2015年5月4日访问。

（三）法理分析

1. “欺诈”的界定

欺诈是指以使人发生错误认识为目的的故意行为。当事人由于他人的故意的错误陈述，发生认识上的错误而为意思表示，即构成因受欺诈而为的民事行为。为了保护受欺诈的当事人的合法利益，使其不受因欺诈而为的意思表示的约束，法律允许受欺诈的一方当事人撤销该项民事行为。在司法实践中，只有正确地把握民事欺诈行为的构成要件，才能够做到深入分析民事欺诈的常见表现形式，有利于更好地维护社会公共利益、社会公德、民事法律行为当事人的合法权益。

《民通意见》第68条规定：“一方当事人故意告知对方虚假情况，或者故意隐瞒真实情况，诱使对方当事人作出错误意思表示的，可以认定为欺诈行为。”

欺诈行为是欺诈在客观方面的基本构成要件。没有客观方面的欺诈行为存在，就意味着中国法律保护的社会关系没有受到实际侵害，欺诈就不可能存在。只有当行为人欺诈的故意已经通过具体的欺诈行为表现出来，并且在客观上已经造成或者可能造成危害社会的结果的情况下，才能构成广告欺诈。

欺诈在客观方面，并不要求有他人上当受骗、造成损害的实际结果的发生，只要可能使他人产生错误的认识即可。因为欺诈行为从根本上违反了法律的基本原则和公认的商业道德，故即使未造成任何人的实际损害，也扰乱了正常的竞争秩序和社会经济秩序，具有社会危害性。因此，对欺诈行为认定基本点是行为，不是结果。

欺诈的主观方面也是欺诈构成的基本要件之一，人的行为是受人的意识和意志支配的，欺诈是主观要件和客观要件的有机统一构成的。欺诈的主观方面和客观方面是对立统一的关系，是紧密联系、相互依存、相互渗透的。主观方面与客观方面各以对方为存在的前提，而且在一定条件下向着相反的方向转化。欺诈主观方面的故意，对欺诈行为起着引起、支配和制约的作用，没有主观方面的故意，行为人的行为便不是欺诈行为。①

欺诈的主观方面只能由故意构成。所谓欺诈故意是欺诈的主体明知自己

① 王泽鉴：《民法总论》，北京大学出版社2009年版，第391页。

的欺诈行为会引起他人上当受骗的结果，并且希望或者放任这种结果发生的主观心理态度。在认识因素方面，行为人明知自己的欺诈行为会引起他人上当受骗的结果，在意志因素方面，行为人对引起他人上当受骗的结果抱着希望或者放任的态度。因此欺诈人须知道并且希望他人因受欺诈而作出意思表示，而如果没有欺诈行为受欺诈的表意人可能就不会作出或者不会以这样的方式作出意思表示。构成欺诈，一般要求受欺诈人的错误因欺诈人的欺诈所致，即错误与欺诈之间有因果关系。不过，错误虽然不是由于欺诈而来，但因欺诈的缘故，使错误的程度加深或继续保持，仍然构成欺诈。①

2. 国航并未尽到相应的告知义务是否构成诈骗

航空运输合同是航空运输承运人使用民用航空器将旅客或者货物从起运点运输到约定地点，旅客、托运人或者收货人支付票款或者运输费用的合同。合同主体是指参与航空运输活动的当事人，包括承运人、旅客、托运人和收货人。合同双方当事人既是权利主体，又是义务主体，其权利义务是对等的。承运人负有强制缔约义务、安全、正点运输义务和合理运输义务，作为航空运输合同另一方当事人的旅客、托运人、收货人则应履行支付票款或运输费用的基本义务。航空运输合同在实质上体现为明示存在的航空运输凭证、公示生效的航空运输条件和公布实施的航空法律法规三者的有机结合，在形式上以合法获得承运人填开的航空运输凭证为航空运输合同成立的初步证据。

针对国航认定的自己已尽到的告知义务来说，仅是在其官方网站上显著位置设有“运输总条件”一栏，指出“航班时刻表中载明的航班时刻或机型，在其公布之日与您实际开始旅行之日期间将可能发生变动，我们对该航班时刻或机型不予保证，而且该航班时刻或机型也不构成我们与您之间运输合同的组成部分。”是不够的。对于网上订购飞机票的消费者来说，大家一般都是在“携程”“去哪儿”等平台订购飞机票，一般没有消费者会去航空公司的官方网站查看，更不可能仔细阅读其规定，因此不能免除被告对原告的告知义务。据此，可以认定被告国航未尽到经营者的告知义务。花先生在购票时，强调自己腰椎曾受过伤，航空公司售票处同意并确认出了机型为波音767、777宽体客机的电子客票，航空公司售票方在没有权利控制航班时刻和机型时作出承诺，即构成诈骗。根据《中国民用航空旅客、行李国内运输

① 王家福、梁慧星主编:《中国民法学·民法债权》，法律出版社1991年版，第350页。

规则》第 6 条规定："已经定妥的座位，旅客应在承运人规定或预先约定的时限内购买客票，承运人对所定座位在规定或预先约定的时限内应予以保留。承运人应按旅客已经定妥的航班和舱位等级提供座位。"第 19 条规定："航班取消、提前、延误、航程改变或不能提供原定座位时，承运人应优先安排旅客乘坐后续航班或签转其他承运人的航班。因承运人的原因，旅客的舱位等级变更时，票款的差额多退少不补。"根据以上两条规则，若国航不构成诈骗，则其应当按照花先生购票时定妥的座位安排其就座，即国航不能改变其航班，但国航并没有做到使花先生在购票位置就座，因此国航构成诈骗。在航班运行当天，国航私自更换为窄小机型波音 737，并未告知花先生，而当花先生得知更改为窄小机型时，曾要求国航退票或改签，但对方均未同意。国航更换机型但未告知花先生的行为，在客观上使花先生产生错误的认识，认为他所搭乘的机型就是当时购票时的机型之一。在主观上，若国航不构成诈骗，为何更换机型的时候不及时通知花先生，显然国航主观上是故意的，构成诈骗。在花先生要求国航退票或改签时，国航不予同意。根据《中国民用航空旅客、行李国内运输规则》第 23 条规定："航班取消、提前、延误、航程改变或承运人不能提供原定座位时，旅客要求退票，始发站应退还全部票款，经停地应退还未使用航段的全部票款，均不收取退票费。"根据该规定，国航应该给花先生退票或改签但却没有，由此也可以推断国航构成诈骗。

3. 花先生的赔偿要求是否应予支持

由于国航方面擅自改变乘客预订的乘坐机型，乘客在乘坐过程中发生漏水事故，导致其衣物污染、重要文件被浸泡。在此过程中，花先生受到的损害是由于国航单方造成，其损失应当由国航承担。

花先生在预订机票时已经表明自己腰椎受损，明确表示自己预订大型飞机机票，而国航擅自更改为小型飞机，并未告知花先生更改机型一事，事后也不予更改机型，且该机型稳定性差、设备差，对于腰椎有伤又不得不乘坐该机型的花先生来说，在乘坐过程中时刻担心自己旧伤是否会复发或者是否会导致自己伤上加伤，使得乘坐飞机的过程精神高度紧张，国航方面理应对花先生的精神损失进行赔偿。

国航的答辩理由看似有理，其实站不住脚。《蒙特利尔公约》和《民用航空法》虽然没对时刻和机型变更及精神损害赔偿进行规定，但也没有禁止的规定。如果消费者有特殊要求，国航予以认可，就应该履行承诺，否则就是违约，消费者可以双倍索赔。航空公司售票方在没有权利控制航班时刻和机型时作出承诺，构成欺诈。

（四）涉及法律、司法解释及行业规则

（1）《民法通则》第58条第1款第3项规定：“下列民事行为无效：（三）一方以欺诈、胁迫的手段或者乘人之危，使对方在违背真实意思的情况下所为的。”

（2）《合同法》第107条规定：“当事人一方不履行合同义务或者履行合同义务不符合约定的，应当承担继续履行、采取补救措施或者赔偿损失等违约责任。”第112条规定：“当事人一方不履行合同义务或者履行合同义务不符合约定的，在履行义务或者采取补救措施后，对方还有其他损失的，应当赔偿损失。”第113条第1款规定：“当事人一方不履行合同义务或者履行合同义务不符合约定，给对方造成损失的，损失赔偿额应当相当于因违约所造成的损失，包括合同履行后可以获得的利益，但不得超过违反合同一方订立合同时预见到或者应当预见到的因违反合同可能造成的损失。”第114条规定：“当事人可以约定一方违约时应当根据违约情况向对方支付一定数额的违约金，也可以约定因违约产生的损失赔偿额的计算方法。约定的违约金低于造成的损失的，当事人可以请求人民法院或者仲裁机构予以增加；约定的违约金过分高于造成的损失的，当事人可以请求人民法院或者仲裁机构予以适当减少。当事人就迟延履行约定违约金的，违约方支付违约金后，还应当履行债务。”

（3）《消费者权益保护法》第55条规定：“经营者提供商品或者服务有欺诈行为的，应当按照消费者的要求增加赔偿其受到的损失，增加赔偿的金额为消费者购买商品的价款或者接受服务的费用的三倍；增加赔偿的金额不足五百元的，为五百元。法律另有规定的，依照其规定。”

（4）《民通意见》第68条规定：“一方当事人故意告知对方虚假情况，或者故意隐瞒真实情况，诱使对方当事人作出错误意思表示的，可以认定为欺诈行为。”

（5）《中国民用航空旅客、行李国内运输规则》第6条规定：“已经定妥的座位，旅客应在承运人规定或预先约定的时限内购买客票，承运人对所定座位在规定或预先约定的时限内应予以保留。承运人应按旅客已经定妥的航班和舱位等级提供座位。”第19条规定：“航班取消、提前、延误、航程改变或不能提供原定座位时，承运人应优先安排旅客乘坐后续航班或签转其他承运人的航班。因承运人的原因，旅客的舱位等级变更时，票款的差额多退少不补。”第23条规定：“航班取消、提前、延误、航程改变或承运人不能提供原定座位时，旅客要求退票，始发站应退还全部票款，经停地应退还未使用航段的全部票款，均不收取退票费。”第53条规定：“承运人应当以保证飞行安全和航班正常，提供良好服务为准则，以文明礼貌、热情周到的服务态度，认真做好空中和地面的旅客运输的各项服务工作。”

（五）本案思考与讨论

（1）在乘客与航空公司达成客运合同之后，航空公司是否可以单方面变更乘客已经定妥的座位？

（2）乘客与航空公司达成客运合同之后，航空公司单方面修改合同内容且未履行告知义务是否构成欺诈？

（3）由于航空公司方面工作失误造成的乘客在乘机过程中受到的损失，应当如何进行赔偿？

二、航空器对地面第三人损害的赔偿责任

（一）案情介绍

原告：陈某某、许某、陈某。

被告：韩国大韩航空有限公司。

原告诉称，原告系上海闵行区沁园小区一村3号602室居民。1999年4月15日下午4时许，被告一架MD－11飞机坠落在原告居住的物业附近，飞机坠地时形成的巨大冲击波及四处飞溅的飞机残骸，致使原告居住的整幢房屋结构严重受损。外墙破碎、粉刷脱落、水管断裂、窗盘歪曲，地坪及平顶部分产生裂缝、门窗变形难以开关，房间内局部墙面粉刷开裂、起壳、脱落，室内装潢彻底损坏。被告飞机坠毁事故，损害了原告的家园，影响了原告对房屋的正常使用，给原告造成重大的经济损失，而且给原告造成重大的心理创伤，心灵和精神受到极大的伤害。

原告认为，被告作为坠毁飞机之经营单位，给原告造成的损害应予以赔偿。但在“4·15”坠机事故后一年半之久，经多次协商未果，诉请法院在适用中国法律同时适用国际惯例，并判令被告：1. 在媒体上向原告公开赔礼道歉；2. 赔偿原告的房屋损失费人民币 96 000 元；3. 赔偿原告装修费人民币 8000 元，自用部位修理费人民币 19 014 元；4. 赔偿原告误工费、搬迁费、过渡费、交通费、医药费人民币 10 000 元；5. 赔偿原告财产损失人民币 9500 元；6. 赔偿原告精神损失费人民币 60 000 元；7. 支付原告急难救助金人民币 43 000 元；8. 支付原告的律师代理费（按原告实际所得赔偿额 10% 计算）；9. 支付原告房屋勘察费；10. 承担本案诉讼费。

原告提供以下证据材料以支持其诉讼请求：

（1）上海房屋质量检测站出具的上海市莘西南路 400 弄 37 ~ 40 号等 15 幢“房屋完损检测报告”，证明原告房屋因受飞机坠毁事故影响，房屋结构、内外装修和设备等均受到不同程度的损坏，应对该房屋“全项目”修缮，室内重新装潢；

（2）上海市东方世纪律师事务所律师向检测工作负责人徐益超所作的咨询调查笔录，证明上述检测报告对受损房屋的损坏程度并没有作出受损程度划分；也证明房屋结构的局部损坏会对整个房屋结构造成影响，房屋结构损坏，就是房屋整体损坏；

（3）新加坡航空公司航班在台北桃园机场失事后在媒体上公开发表的“赔礼道歉书”，证明原告要求被告在媒体公开向受害人赔礼道歉，国际上已有先例；

（4）“4·15”事故后，飞机失事地点三公里范围内房屋价格对照情况，证明原告拥有的房地产与周边相近的房地产相比已明显贬值，楼市形象不佳，并呈现步步下滑的价格趋势；

（5）上海亚美建筑装潢工程有限公司报价单，证明原告提出的自用部位修复费按建筑面积每平方米人民币 300 元计算是有依据的；

（6）荣欣装潢公司各种房型装潢基价表，证明原告提出的装潢费用是有依据的；

（7）上海搬场业收费标准及上海公兴搬场运输公司收费一览表，证明原告两次搬场费需人民币 1600 元；

（8）2000 年 1 月 13 日由英国保险公司戴维签署的，并由被告委托代理人于2000年11月8日签字认可的“大韩航空公司4·15空难财产赔偿方案”，证明原告主张自用部位自行修复并由被告对修复费用给予补偿的诉讼请求与被告的赔偿方案不悖；同时证明原告提出的房屋损失、装潢费损失及过渡费人民币4500元，均系依据事实和被告在上述方案中作出的承诺；

（9）海外媒体就新加坡航空公司对受伤及安全返家的空难旅客支付5000美元“急难救助金”的报道，证明在飞机坠落、家园受损、生活被困的突发情况下，原告要求被告支付急难救助金有事实上的急需，也符合国际惯例；

（10）国家计委、司法部关于印发《律师服务收费管理暂行办法》的通知，证明原告支付律师代理费的真实性和合法性，该费用作为原告的财产损失，应由被告承担；

（11）《上海市居住物业管理条例》，证明房屋自用部位和公用部位的划分有明确范围。原、被告均认可的公用部位统一由被告修复，自用部位自行修复的方案有实际操作实施的可能性；

（12）抗议信和请愿书，证明原告要求被告在媒体上公开赔礼道歉，不仅是原告的愿望，也是广大受害居民的共同愿望；

（13）北京晚报的有关报道，证明被告管理混乱，空难频繁；

（14）上海顺和房地产公司的代理合同，证明受难地点房地产价格呈递减趋势；

（15）有关专家的意见函，证明本案应援引国际惯例；

（16）装潢费清单，证明原告对房屋装修和实际发生的费用；

（17）照片11张及物损清单，证明原告房屋及财物损失情况；

（18）误工证明，证明原告陈康麟的工资损失情况；

（19）房地产权证，证明受损房屋属于原告所有。

被告辩称：本公司一架MD－11货机坠落造成原告损失，对此向所有受害者表示深深的歉意，并愿意承担由此造成的一切损失。坠机事故发生后，公司立即派员进行了事故实地查看，聘请了专业人士对现场进行受损检测，委托律师就具体的赔偿事宜与各受损户进行谈判。对于原告所遭受的房屋损失、房屋装修损失、财产损失，完全同意赔偿。因双方对赔偿数额无法达成一致意见，谈判不成。被告认为，本案应适用中国法律对原告的损失进行赔偿。愿以“房屋完损检测报告”为依据，在对原告房屋恢复原状的情况下，对房损伤作适当经济补偿，同意对搬迁费及过渡费予以补偿。对原告主张赔偿急难救助金、精神损失及聘请律师的费用之请求，不予同意。①

原告提供的证据材料经庭审质证，被告对证据材料真实性均无异议。被告对原告提交的证据材料所证明的事实认为，飞机坠毁事故后，被告即向所有受难居民公开、正式出具道歉函，在其后的谈判中也委托代理律师向原告表示道歉，并当庭再次向原告表示道歉。检测报告对房屋受损情况作了客观描述，原告房屋受损程度为装修和设备局部损坏，赔偿数额应根据损害程度予以确定。原告举证的房屋受损后的房价情况的证据材料，说明房价上涨下跌完全是受市场因素的影响而非飞机事故影响。被告飞机坠毁并未造成原告装潢的全部损失。原告提供的照片不能证明房屋受损程度，房屋的完损情况应以检测报告予以认定。原告的误工损失，应以完税后的凭证为依据；同时，合理的误工期限应为 15 天。对于搬迁费用无异议。

证据是能够证明案件真实情况的一切事实，应具有客观性、关联性和合法性，原告提供的证据材料 3、9、13、15，因与本案事实无实质性联系，法院未予采用。原告提供的其余证据材料与本案有关联，依据证据规则，法院认为可作为本案的定案证据，予以确认。

依据确认的证据，查明如下事实，1999 年 4 月 15 日下午 4 时许，上海市闵行区莘庄镇莘西南路区域，被告一架 MD－11 大型货机坠毁，致使该区域居民的房屋、家庭财产及人身受到不同程度的损害。事发后，为查明房屋受损情况，上海万国物业发展公司即委托上海房屋质量检测站对莘西南路 400 弄（沁春园一村）37～40 号、5～8 号、28～30 号、20～22 号、14～16 号、32～36 号、25～27 号、17～19 号、11～13 号、2～4 号、24 号、10 号、1 号、9 号、23 号、31 号、99～107 号房屋进行完损检测。上海房屋质量检测站于 1999 年 4 月 20 日至 7 月 10 日对上述房屋作了检测，并出具了检测报告。房屋检测结论及加固建议为：经检测，莘西南路 400 弄（沁春园一村）上述检测房屋因受被告 KAL6316 航班 MD－11 飞机坠毁事故影响，房屋结构、内外装修和设备等均受到不同程度的损坏。3 号整幢房屋，房屋内外粉刷装饰轻微起壳、开裂、脱落；房屋外墙轻微污染；外墙铝合金窗和钢窗轻

---

① 有关该案详情参见“陈某某、许某、陈某与韩国大韩航空有限公司人身损害赔偿纠纷案”，http：//www.110.com/panli/panli_ 35572. html，2015 年 4 月 23 日访问。该案由上海市第一中级人民法院（2000）沪一中民初字第 390 号判决结案。

微变形损坏；门窗玻璃部分破碎。该幢房屋装修和设备局部损坏，应立即进行房屋修缮。

2000 年 1 月 13 日，为解决因空难事故的财产赔偿事宜，被告投保的保险公司代表戴某签署了赔偿方案。赔偿方案中，关于能够修复的房屋的赔偿方法为：(1) 房屋损失：公用部位、公用设备及公共设施由赔偿方（赔偿方案中的被告和保险人）出资统一修复；自用部位、自用设备由房屋所有权人、使用人自行修复。自行修复完毕，经有关部门评估，并经由赔偿方指定的有资质的审计师认可后，赔偿方应对修复费用进行赔偿。受损害的房屋经修复后，赔偿方将根据受损程度对有证据证明的直接因本次空难造成的房屋价值的减少经谈判达成一致，对每一房屋的所有权人给予相应经济补偿。(2) 室内装潢损失：由赔偿方予以修复，或由赔偿方出资，由住户自行修复，修复费用以住户提供的合理的且令赔偿方满意的相关证据为准。但是装潢标准不应超过原先标准。或者，支付与上述修复费用相当的现金。(3) 其他相关费用：搬迁费；合理期限的临时过渡费（一般情况下至多三个月，每月至多人民币 1500 元）；有证据证明的精神损失补偿；其他赔偿方接收的合理费用。关于个人财产的赔偿方法为：个人财产赔偿以双方签字认可的《赔偿协议》为准；当事人在提出赔偿请求时，应提供相应的权属证据及实物证据，以供按照实际情况，由赔偿方分别按更换或修复或赔偿处理。2000 年 11 月 8 日，被告的委托代理人确认由戴某于 2000 年 1 月 13 日签署的大韩航空“4·15”空难财产赔偿方案为有效方案。

再查明，原告居住的物业建筑面积为 63.53 平方米。

原告陈某某所属单位上海东实电子有限公司出具证明，证明原告陈某某误工 12 天，经济损失为人民币 4460 元。

另查明，1999 年 4 月 15 日以后，本市沁春园房屋的出售单价呈下滑状况。

（二）案件难点

(1) 民用航空器对地面第三者损害赔偿的适用规定。

(2) 如何区分过错责任和严格责任制？

(3) 本案适用的法律。

（三）法理分析

1. 民用航空器对地面第三者损害赔偿的适用规定

法院认为，被告飞机坠落造成原告财产损害，原告作为被告飞机坠落的直接受害者，享有赔偿请求权。被告作为航空器的经营人应承担赔偿责任，赔偿原告因此受到的损失。根据我国法律规定，民用航空器对地面第三者的损害赔偿，适用侵权行为地法律，这是我国法律对于侵权行为准据法的适用规定。本案侵权行为地为我国上海，故本案应适用我国的实体法。根据我国法律规定，涉外民事关系的法律适用，我国缔结或参加的国际条约同我国民事法律有不同规定的，适用国际条约，但我国保留的条款除外。我国法律和国际条约没有规定的，可以适用国际惯例。故我国法律适用的顺序为国际条约、国内法、国际惯例。因我国至今未加入相关的国际条约，而我国国内法对该类侵权行为的赔偿已作法律规定，故本案适用我国的国内法。

根据我国法律规定，损坏国家、集体或者他人财产的，应当恢复原状或者折价赔偿。我国法律同时规定承担民事责任的方式包括：恢复原状；修理、重作、更换；赔偿损失；赔礼道歉。

基于原告受损事实，鉴于房屋检测报告的结论、建议及双方当事人对房屋修缮的一致意见，被告应对原告房屋的公用部位、公用设备及公用设施进行修缮，恢复原状。被告对原告房屋修复后，原告基于坠机导致的损害后果，仍需对其房屋自用部位进行装修；且因被告飞机坠毁事故，客观上已使原告房屋价值贬值，被告对原告该损失应予赔偿。现原告主张被告赔偿房屋自用部位修复费、房屋损失费、房屋装修费数额偏高，法院对原告房屋受损造成的损失数额本着公平合理之原则予以认定。对于原告陈某某的误工损失问题，被告对原告陈某某误工损失的抗辩理由不能否认原告因飞机坠毁产生的误工事实及损失，法院对原告该损失予以认定。原告未提供证据证明财产受损价值，法院未予认定。综上，法院认定原告上述损失为人民币 73 519 元，由被告予以赔偿。被告飞机坠毁事故，使原告在一定时期内无法正常生活及工作，已造成原告一定的损失；同时因房屋修缮搬迁并在外临时过渡，还会产生一定的损失；还因原告诉讼也产生了一定的费用，均应作为原告的损失。对原告该损失，法院酌情认定为人民币 30 000 元，由被告赔偿。在当今民用航空交通工具普遍使用的情况下，被告应充分重视航空运输质量，保证航空运输安全。现被告飞机出现坠毁事故，导致地面无辜第三人财产及人身受损，损害范围广，损害后果严重。被告应充分吸取教训，加强安全管理，保障飞行安全。鉴于被告已实施了赔礼道歉行为，对原告要求被告在媒体上进行赔礼道歉的诉讼请求，法院不予支持。

2. 如何区分过错责任和严格责任制

在现代法律越来越突出保护社会弱势群体、人们也越来越关注事故受害人的补偿和救济、各种社会保障制度、强制责任保险以及各种无过错补偿方案的出现在使受害人利益保障扩大的同时，也使侵权法上过失责任的适用空间逐渐萎缩，为什么“过失”没有在高风险的航空活动领域“死亡”呢？备受宠爱的严格责任为何不能独享宠幸呢？考察其原因，主要在于以下几点：

（1）严格责任虽然在一定程度上加强了对受害人的保护，同时也加大、加重了空运经营者的成本，在一定程度上限制了经营者的行为积极性。一个现代的社会必须承认行为自由的价值，调整行为自由的法律应当设法调动人们防止不法行为和避免损害结果的自觉能动性，因为不法行为和损害结果是人们通过主观努力所能够避免的，而为了调动这种自觉能动性，法律就必须把责任限定在过错（失）的范围内。也就是说，如果一个人达到了法律和道德所要求的注意程度，其行为便无可指责，因而不应被强制承担民事责任。[①] 正是因航空承运人所从事的活动与公共利益有关，一旦科以严格责任，即可能产生对这种活动的抑制作用，这不得不使法院和立法机构谨慎行事，充分考虑和权衡被告的活动对社会的价值这一重要因素。[②] 同时，严格责任在实践中也未必能更好地保护受害人，因为致害人的补偿或偿付能力直接决定了受害人的损害能否全部得到赔偿。

（2）我们的社会和社会中的人远未发展到不需要法律制度规范仅靠道德规范行为的时代，完全抛弃对侵权人“过失”的考察和衡量势必引发严重的道德风险。同时，乘客在选择乘坐飞机时已经意味着其自愿地承担了飞行的风险。因而，避免发生道德风险的理念和公平正义的价值追求要求我们在航空侵权领域必须全面考虑被告和原告的任何“过失”。例如，在“Bravis v. Dunbar 案”中，飞机上的一位乘客从头上的储物舱取小提箱时撞到了原告的头部，航空公司没有承担责任，因为根据美国加利福尼亚州的法律规定，航空公司尽管作为公共承运人对原告的安全有“特别注意”的义务，但没有

---

① 王卫国：《过错责任原则：第三次勃兴》，中国法制出版社 2000 年版，第 247、248 页。

② 王军：《侵权行为法比较研究》，法律出版社 2006 年版，第 43、56 ~ 57 页。

证据显示当时储物箱装填过度或飞行中有行李掉下来，而且飞机乘务员曾两次警告乘客取物时要当心。[①]

（3）对“过失”的考量不仅对航空侵权责任的构成和类型有影响，而且对航空侵权损害赔偿的数额也具有重要的意义，“过失”的存在与否和“过失”的大小直接影响着损害赔偿的结果。在无过失责任的场合，侵权人没有“过失”的，采取限额赔偿制；在有“过失”的场合，则采取实际损失全部赔偿制。基于任何有良知的人都不愿看到人类悲剧发生的共识前提，在具有高度风险的空运领域，在受害人的损害极其巨大，索赔甚巨（超过10万特别提款权）时，只要承运人具有法定免责的事由或能证明本人及其受雇人和代理人为避免损失发生已经采取了一切合理要求的措施或者不可能采取此种措施的，承运人就不用对损害承担责任。[②] 这种对“过失”的考量与其说是保护航空公司利益及其行为自由的需要，不如说是调动航空公司防止不法行为和避免损害结果的自觉能动性的更大需要。因而，“过失”在《蒙特利尔公约》中的复兴，意味着人类理性主义的又一次昌明，因为“过错（失）作为责任标准仍然常常被说成是正义历经数世纪进步而获得胜利的化身，在这种说法中包含着大量的真理”。[③]

（四）涉及法律

（1）《民用航空法》第157条规定：“因飞行中的民用航空器或者从飞行中的民用航空器上落下的人或者物，造成地面（包括水面，下同）上的人身伤亡或者财产损害的，受害人有权获得赔偿；但是，所受损害并非造成损害的事故的直接后果，或者所受损害仅是民用航空器依照国家有关的空中交通规则在空中通过造成的，受害人无权要求赔偿。”第158条第1款规定：“本法第一百五十七条规定的赔偿责任，由民用航空器的经营人承担。”第184条第1款规定：“中华人民共和国缔结或者参加的国际条约同本法有不同规定的，适用国际条约的规定；但是，中华人民共和国声明保留的条款除外。”

---

① Lee S. Kreindler: Aviation Accident law, New York, Matthew Bender&Co., Inc. Pub. 332, Rel. 34. August, 1996. pp. 2 ~ 25, pp. 2 ~ 53, pp. 2 ~ 29, pp. 52 ~ 65, pp. 2 ~ 39, pp. 127 ~ 128.

② 杨立新：“德国、荷兰侵权行为法考察启示二：确定赔偿责任应区分过错与无过错”，载《人民法院报》2006年8月8日。

③ 郝秀辉：“论航空人身侵权赔偿中的‘过失’”，载《法商研究》2008年第7期，第55页。

第 189 条第 1 款规定："民用航空器对地面第三人的损害赔偿，适用侵权行为地法律。"

（2）《民法通则》第 117 条规定："侵占国家的、集体的财产或者他人财产的，应当返还财产，不能返还财产的，应当折价赔偿。损坏国家的、集体的财产或者他人财产的，应当恢复原状或者折价赔偿。受害人因此遭受其他重大损失的，侵害人并应当赔偿损失。"第 123 条规定："从事高空、高压、易燃、易爆、剧毒、放射性、高速运输工具等对周围环境有高度危险的作业造成他人损害的，应当承担民事责任；如果能够证明损害是由受害人故意造成的，不承担民事责任。"第 134 条规定："承担民事责任的方式主要有：（一）停止侵害；（二）排除妨碍；（三）消除危险；（四）返还财产；（五）恢复原状；（六）修理、重作、更换；（七）赔偿损失；（八）支付违约金；（九）消除影响、恢复名誉；（十）赔礼道歉。以上承担民事责任的方式，可以单独适用，也可以合并适用。人民法院审理民事案件，除适用上述规定外，还可以予以训诫、责令具结悔过、收缴进行非法活动的财物和非法所得，并可以依照法律规定处以罚款、拘留。"第 142 条第 1 款、第 2 款规定："涉外民事关系的法律适用，依照本章的规定确定。中华人民共和国缔结或者参加的国际条约同中华人民共和国的民事法律有不同规定的，适用国际条约的规定，但中华人民共和国声明保留的条款除外。"第 146 条第 1 款规定："侵权行为的损害赔偿，适用侵权行为地法律。当事人双方国籍相同或者在同一国家有住所的，也可以适用当事人本国法律或者住所地法律。"

（五）本案思考与讨论

（1）区分过错责任和严格责任制意义何在？

（2）非缔约国造成对本国公民损害的责任承担。

（3）什么是双梯度责任制度？

三、民用航空保险赔偿责任

（一）案情介绍

原告：某保险公司。

被告：A 航空公司、B 航空公司。

1991 年 12 月 6 日，原告某保险公司接受某公司（托运人）对其准备空运至米兰的 20 箱丝绸服装的投保，保险金额为 73 849 美元。同日，由被告 A 航空公司的代理 B 航空公司出具了航空货运单一份。该航空货运单注明：第一承运人为 A 航空公司，第二承运人为 C 航空公司，货物共 20 箱，重 750 公斤，该货物的“声明价值（运输）”未填写。A 航空公司于 2011 年 12 月 20 日将货物由杭州运抵北京，12 月 28 日，A 航空公司在准备按约将货物转交 C 航空公司运输时，发现货物灭失。1992 年，原告对投保人（托运人）进行了全额赔偿并取得权益转让书后，于 1992 年 5 月 28 日向 B 航空公司提出索赔请求。B 航空公司将原告索赔请求材料转交 A 航空公司。A 航空公司表示愿意以每公斤 20 美元限额赔偿原告损失，原告要求被告进行全额赔偿，不接受被告的赔偿意见，遂向法院起诉。[①]

（二）案件难点

（1）保险公司是否有权向航空公司提出索赔请求？

（2）A 航空公司、B 航空公司中哪一个航空公司应当承担赔偿责任？

（3）承担赔偿责任的航空公司是按实际损失赔偿还是按责任限额赔偿？

（三）法理分析

1. 保险公司代位权的取得

保险代位权，又称权益转让，是指由于第三人过错致使保险标的发生保险责任事故造成损害，保险人按照保险合同约定给付保险金后，可以在赔偿金范围内取代被保险人而享有向该致害第三人请求赔偿的权利。保险代位权是民法代位权在保险法领域的应用。保险代位权源于但超越了民法代位权，作为法定转移的代位权，保险人支付保险金后取得代位求偿权，该项权利不再属于被保险人，这是保险代位权与民法代位权的根本区别。保险代位权派生于保险法损害填补原则，所谓损害填补原则，是指保险事故发生后，投保人或被保险人只能获得与其损害相当的赔偿，不得因而获得超过损害的利益，即不当得利。保险代位权不适用于人身保险领域。

因第三者对保险标的的损害而造成保险事故的，保险人自向被保险人赔

---

① 有关该案详情参见“某保险公司诉 A 航空公司、B 航空公司货物运输赔偿纠纷案”，http：//www. carnoc. com/txtm/article/718. html，2016 年 3 月 6 日访问。

偿保险金之日起，在赔偿金额范围内，有权代位行使被保险人对第三者请求赔偿。代位求偿权是一种债权的转让，其成立必须具备三个条件：（1）被保险人对第三者享有赔偿请求权；（2）保险人对保险标的的损失负有赔偿义务，保险人支付了赔偿金；（3）保险人在代位求偿中享有的利益，不能超过其赔付给被保险人的金额，如果从第三者那里追偿到的金额大于其赔偿给被保险人的金额，其超出部分应归被保险人所有。

本案中，托运人和保险公司之间存在保险合同关系。根据《中华人民共和国保险法》（以下简称《保险法》）第60条第1款规定："因第三者对保险标的的损害而造成保险事故的，保险人自向被保险人赔偿保险金之日起，在赔偿金额范围内代位行使被保险人对第三者请求赔偿的权利。"因此，在保险人对托运人进行了全额赔偿并取得权益转让书后，保险人取得了代位权。

2. 责任的划分

（1）关于本案航空运输合同的性质。

航空运输合同是航空运输承运人使用民用航空器将旅客或者货物从起运点运输到约定地点，旅客、托运人或者收货人支付票款或者运输费用的合同。合同主体是指参与航空运输活动的当事人，包括承运人、旅客、托运人和收货人。合同双方当事人既是权利主体，又是义务主体，其权利义务是对等的。承运人负有强制缔约义务、安全、正点运输义务和合理运输义务，作为航空运输合同另一方当事人的旅客、托运人、收货人则应履行支付票款或运输费用的基本义务。承运人如企图在航空运输合同中通过合同条款免除承运人的法定责任或降低法定的赔偿责任限额，这种条款被法律认为是无效的，但不影响航空运输合同的有效性。

本案的运输合同是国际航空货物运输合同，始发地点为中国杭州，经停地点为北京，目的地点为意大利米兰。中国和意大利都是《华沙公约》缔约国，《华沙公约》第1条第2款规定："本公约所指的'国际运输'的意义是，根据有关各方所订的合同，不论在运输中是否有间断或转运，其出发地和目的地是在两个缔约国或非缔约国的主权、宗主权、委任统治权或权力管辖下的领土内有一个约定的经停地点的任何运输。"因此，根据《华沙公约》的规定，该国际航空货物运输是《华沙公约》意义上的国际航空货物运输。《海牙议定书》第1条第2款规定："由几个连续的航空承运人所办理的运输，如经合同当事人认为是一个单一的运输业务，则无论它是以一个合同或一系列合同的形式约定的，在本公约的意义上，应视为一个不可分割的运输，并不因其中一个合同或一系列的合同完全在同一国家的领土内履行而丧失其国际性质。”因此，即便杭州至北京段是在中国境内，它也是国际航空货物运输合同。

（2）A 航空公司和 B 航空公司之间的关系。

委托代理指代理人的代理权根据被代理人的委托授权行为而产生。因委托代理中，被代理人是以意思表示的方法将代理权授予代理人的，故又称“意定代理”或“任意代理”。[①] 民事法律行为的委托代理，可以用书面形式，也可以用口头形式。法律规定用书面形式的，应当用书面形式。

书面委托代理的授权委托书应当载明代理人的姓名或者名称、代理事项、权限和期间，并由委托人签名或者盖章。委托书授权不明的，被代理人应当向第三人承担民事责任，代理人负连带责任。

委托代理人为被代理人的利益需要转托他人代理的，应当事先取得被代理人的同意。事先没有取得被代理人同意的，应当在事后及时告诉被代理人，如果被代理人不同意，由代理人对自己所转托的人的行为负民事责任，但在紧急情况下，为了保护被代理人的利益而转托他人代理的除外。

有下列情形之一的，委托代理关系终止：

①代理期间届满或者代理事务完成；

②被代理人取消委托或者代理人辞去委托；

③代理人丧失民事行为能力；

④代理人或者被代理人死亡；

⑤作为被代理人或者代理人的法人、非法人组织终止。[②]

在本案中，A 航空公司和 B 航空公司之间是委托代理关系。航空货运单是由被告 A 航空公司的代理 B 航空公司出具的，且该航空货运单注明，第一承运人为 A 航空公司，第二承运人为 C 航空公司，所以 A 航空公司既是缔约承运人又是实际承运人。案件审理时适用的《民法通则》第 63 条第 2 款规

---

① 江平主编：《民法学》，中国政法大学出版社 2011 年版，第 166 页。

② 参见《民法总则》第 173 条。

定："代理人在代理权限内，以被代理人的名义实施民事法律行为，被代理人对代理人的代理行为，承担民事责任。"《华沙公约》第 18 条规定："对于托运的行李或货物因毁灭、遗失或损坏而产生的损失，如果造成这种损失的事故是发生在航空运输期间，承运人应负责任。"因此，应由 A 航空公司承担赔偿责任。

（3）A 航空公司与 C 航空公司的责任划分。

《华沙公约》第 30 条对连续承运人之间的相互关系和责任规定如下："一、符合第一条第三款所规定的由几个连续承运人办理的运输，接受旅客、行李或货物的每一个承运人应该受本公约规定的约束，并在合同中由其办理的一段运输的范围内，作为运输合同的订约一方。二、对于这种性质的运输，旅客或其权利继承人只能对发生事故或延误的一段运输的承运人提出诉讼，除非有明文约定第一承运人应该对运输全程承担责任。三、至于行李或货物，旅客或托运人有向第一承运人提出诉讼的权利，有权提取行李或货物的收货人也有向最后承运人提出诉讼的权利。此外，托运人和收货人都可以对发生毁灭、遗失、损坏或延误的一段运输的承运人提出诉讼。上述承运人应该对托运人和收货人负连带责任。"

连带责任是指依照法律规定或者当事人约定，两个或者两个以上当事人对其共同债务全部承担或部分承担，并能因此引起其内部债务关系的一种民事责任。当责任人为多人时，每个人都负有清偿全部债务的责任，各责任人之间有连带关系。连带责任需具备民事责任的一般构成要件，即：连带责任人主观上须有过错；行为须具有违法性；须造成损害事实；违法行为与损害后果之间须存在因果关系。但是，由于民事立法上允许连带责任无因设置，即当事人自行约定，所以连带责任的构成又有例外。如担保合同中的保证人，其主观上虽无过错，也未实施违法行为，但其仍应承担连带责任。[①] 因此，连带责任的构成还有其自身的条件和特点。

①连带责任人必须在两个或两个以上。

连带之债是承担连带责任的前提。连带之债是指以同一给付为标的，各债权人或各债务人之间有连带关系的多数人之债，其中数个债务人连带承担以同

---

① 江平主编：《民法学》，中国政法大学出版社 2011 年版，第 396 页。

一给付为标的的债务，称为连带债务。显而易见，连带责任的责任人须为两人或两人以上，连带责任人作为多数主体分两种情况，一种是一般连带责任的各债务人，诸如合伙内的各合伙人，共同侵权的各侵权人等，另一种是补充连带责任中的主债务人和从债务人，如保证合同中的主债务人和保证人。

②连带责任人与债权人之间须存在着债的关系且为不可分之债。

连带责任是以债的关系为前提的，没有债的关系，就无民事责任可言，更谈不上承担连带责任。在代理关系中，某两方当事人共同损害了另一方当事人的利益，由此便与受害人之间形成了债的关系。如在代理人与第三人串通损害被代理人利益的情况下，代理人是对其进行代理活动中的过错行为造成的损失向被代理人承担责任，第三人也不是代人受过，而是对自己的过错行为造成的损害向被代理人承担责任，代理人与第三人在意思上的联系和行为上的配合，使得他们处于共同债务人的地位。另外，在保证关系中，保证人与债权人所形成的同样是债的关系，此债是以主债务的存在为前提，为从债务，也即保证之债。

连带责任所指向的债必须不可分。不可分有性质不可分和意思不可分，性质不可分是指给付在性质上不可分割，如分割就会损害其价值；意思不可分是指给付在性质上虽属可分，但依当事人意思而定为不可分。我们这里所述的不可分显然是指意思不可分。民法上所说的“连带”是指“共同的、一致的、不可分的”意思。但“共同的、一致的”是指几个责任人共同对某一特定主体承担义务：“不可分的”则强调了这些责任人对共负的债务必须不分份额地承担清偿义务。这种共同债务的不可分割决定了各连带责任人在履行义务时，首先就应无条件地承担全部责任，其后才在内部关系中体现按份责任。因此，共同的不可分割性是连带责任的重要构成要件。

③连带责任的客体必须是种类物。

连带责任的客体是指连带民事责任人承担义务的对象。该客体与民事法律关系的客体相比，其外延显得单一。民事法律关系的客体一般是指物、行为、智力成果和其他一些权益。作为民事法律关系最普遍的客体物又分为种类物和特定物。而连带责任的客体则只能是其中的种类物，这是由连带责任的性质所决定的。其一，连带责任是一种财产责任，所以其客体必须是物。其二，由于所履行债务的责任是连带责任，因而这种客体在客观上是可分别承担的，而不应是特定的。特定物不能作为连带责任的客体，因其具有不可替代之特征，其他连带责任人无法承担连带责任。

④承担须有法律明文规定或者当事人明确约定。

《民法通则》规定连带债务人都有义务向债权人清偿债务。最新颁布的《民法总则》第178条规定："二人以上依法承担连带责任的，权利人有权请求部分或者全部连带责任人承担责任。连带责任人的责任份额根据各自责任大小确定；难以确定责任大小的，平均承担责任。实际承担责任超过自己责任份额的连带责任人，有权向其他连带责任人追偿。连带责任，由法律规定或者当事人约定。"

也就是说，债权人可同时或先后要求连带债务人全体或部分或一人履行全部或部分义务，被请求之债务人不得以超出自己应付份额为由，提出抗辩。只要债务没有全部清偿完毕，每个连带债务人不论他是否应债权人请求清偿过债务，对没有清偿的债务部分，都有清偿的义务。

由此可见，A航空公司和C航空公司在其办理的一段运输的范围内，是作为运输合同的订约一方。托运人和收货人既可以起诉A航空公司，也可以起诉C航空公司，A航空公司和C航空公司之间是连带责任关系。但是，由于C航空公司根本没有承运该批货物，并且货物是在A航空公司运至北京准备移交时丢失的，责任在A航空公司，所以，根据上述法条第3款的规定，原告无权起诉C航空公司，C航空公司不承担赔偿责任。

综上所述，应由A航空公司承担赔偿责任。

3. A航空公司按实际损失赔偿还是按责任限额赔偿

就承运人具体的损害赔偿原则而言，《华沙公约》确定了三项基本原则。即：限制损害赔偿原则、以声明价值金额为根据的损害赔偿原则以及无限制损害赔偿原则。

（1）限制损害赔偿原则（按责任限额赔偿）。责任限额是指在责任保险中，保险公司承担赔偿保险金责任的最高限额。[①] 对经法院推定，由承运人过失行为导致的损害，承运人承担限制损害赔偿责任。即每一旅客以

---

① 吴晓阳："违约责任中损害赔偿限制规则之新探——兼从我国台湾地区'民法'考"，载《浙江工商大学学报》2005年第1期，第15～17页。

125 000 法郎为限（约折合 10 000 美元）；旅客托运行李或货物每公斤以 250 法郎为限（约折合 20 美元）；旅客自理行李以 5000 法郎为限（约折合 400 美元）。所述法郎，均指含有 900‰成色、65.5 毫克黄金的法国金法郎（1928～1936 年，该法郎为法国国家货币）；所述金额，可折合任何国家的货币后取其整数。

（2）以声明价值金额为根据的损害赔偿原则。对托运时旅客已就其行李或货物运抵目的地的利益，向承运人作出特别声明，并支付附加费用的物品损害，除非经承运人证明物品的声明的金额高于实际价值，否则，承运人应以声明的金额为根据，承担损害赔偿责任。

（3）无限制损害赔偿原则（按实际损失赔偿）。对经原告人举证，承运人具有故意行为，或相当于该故意行为的过失行为；或者承运人具有违反航空运输凭证规则的行为，并且这些行为与损害之间存在因果关系，承运人应承担无限制损害赔偿责任。

本案中，托运人在托运时没有对托运货物声明价值，因此不能以声明价值金额为根据进行赔偿。但是，如果要让被告按保险金额 73 849 美元赔偿，则原告必须证明该损失是由承运人故意造成的，但原告未能证明。综上所述，A 航空公司应当按责任限额赔偿，即每公斤 20 美元，共 15 000 美元（750 公斤 ×20 美元）。

（四）涉及国际公约及法律

（1）《华沙公约》第 1 条第 2 款规定："本公约所指的'国际运输'的意义是，根据有关各方所订的合同，不论在运输中是否有间断或转运，其出发地和目的地是在两个缔约国或非缔约国的主权、宗主权、委任统治权或权力管辖下的领土内有一个约定的经停地点的任何运输。"第 18 条规定："对于托运的行李或货物因毁灭、遗失或损坏而产生的损失，如果造成这种损失的事故是发生在航空运输期间，承运人应负责任。"第 30 条对连续承运人之间的相互关系和责任规定："一、符合第一条第三款所规定的由几个连续承运人办理的运输，接受旅客、行李或货物的每一个承运人应该受本公约规定的约束，并在合同中由其办理的一段运输的范围内，作为运输合同的订约一方。二、对于这种性质的运输，旅客或其权利继承人只能对发生事故或延误的一段运输的承运人提出诉讼，除非有明文约定第一承运人应该对运输全程承担责任。三、至于行李或货物，旅客或托运人有向第一承运人提出诉讼的权利，有权提取行李或货物的收货人也有向最后承运人提出诉讼的权利。此外，托运人和收货人都可以对发生毁灭、遗失、损坏或延误的一段运输的承运人提出诉讼。上述承运人应该对托运人和收货人负连带责任。”

（2）《海牙议定书》第1条第2款规定：“由几个连续的航空承运人所办理的运输，如经合同当事人认为是一个单一的运输业务，则无论它是以一个合同或一系列合同的形式约定的，在本公约的意义上，应视为一个不可分割的运输，并不因其中一个合同或一系列的合同完全在同一国家的领土内履行而丧失其国际性质。”

（3）《中华人民共和国保险法》第60条第1款规定：“因第三者对保险标的的损害而造成保险事故的，保险人自向被保险人赔偿保险金之日起，在赔偿金额范围内代位行使被保险人对第三者请求赔偿的权利。”

（五）本案思考与讨论

（1）委托代理的认定以及代理终止的法律规定。

（2）航空运输合同的性质认定。

（3）承运人具体的损害赔偿原则有哪些？

第二节　空难理赔的国内外法律规制

每个国家地区，都不可避免地会发生大大小小的空难。空难是指飞机等在飞行中发生故障、遭遇自然灾害或其他意外事故所造成的灾难。汉语中对各种飞行器包括各种载人航空飞行器在起飞、飞行或降落过程中，由于不可抗拒的原因或人为因素造成的飞机失事，并由此带来灾难性的人员伤亡和财产损失。对此类事件统称为空难，如对美国哥伦比亚号航天飞机的失事有时称为“哥伦比亚空难”。通常与“空难”意义相同的词汇还有“飞机坠落事件”或“坠机事件”。

国内空难赔偿中，家属及受伤乘客可以得到两部分赔偿：一是承运人（航空公司）所承担的赔偿；二是保险公司所承担的赔偿，即航空意外险。

承运人的赔偿又分为两个方面：一是飞机坠毁对地面或水面第三人造成的伤害而承担的赔偿责任，二是对乘坐该航班的乘客所造成的伤害所承担的赔偿责任。

国际上的空难赔偿标准较高。一般认为，美国与日本的空难赔偿标准为全世界最高。除不同国家赔偿标准不同之外，国际运输中发生的空难一般以《华沙公约》与《蒙特利尔公约》作为赔偿标准。

一、空难理赔的国内法律

（一）案情介绍

2010 年 8 月 24 日 21 时 38 分，河南航空有限公司 E190 机型 B3130 号飞机执行哈尔滨至伊春 VD8387 航班定期客运航班任务时，在黑龙江省伊春市林都机场进近着陆过程中失事，造成机上 44 人死亡、52 人受伤，直接经济损失 30 891 万元。

根据《生产安全事故报告和调查处理条例》（国务院令第 493 号）等有关法律法规，经国务院批准，2010 年 8 月 27 日，成立了由时任国家安全监管总局副局长梁嘉琨任组长，国家安全监管总局、公安部、监察部、国资委、民航局、全国总工会和黑龙江省人民政府及有关部门负责同志参加的国务院河南航空有限公司黑龙江伊春“8 · 24”特别重大飞机坠毁事故调查组（以下简称事故调查组），开展事故调查工作。

事故调查组通过现场勘查、技术鉴定、调查取证、综合分析和专家组论证，查明了事故发生的经过、直接原因和间接原因、人员伤亡和财产损失情况，认定了事故性质和责任，提出了对有关责任人员和责任单位的处理建议，并提出了事故防范和隐患整改措施建议。有关情况如下：

1. 航空器情况

E190 机型 B3130 号飞机由巴西航空工业公司制造，2008 年 11 月 10 日出厂，于 2008 年 12 月 4 日获得中国民用航空局（以下简称民航局）颁发的适航证。飞机客舱为公务舱和经济舱两舱布局，公务舱 6 个座位，经济舱 92 个座位。飞机安装了两台由美国通用电气公司制造的发动机。至事发当日，飞机总飞行时间 5109.6 小时，总飞行起落次数 4712 次。该飞机处于适航状态，当日飞行过程中没有故障，飞机各系统及发动机工作正常，燃油品质合格，实际起飞重量和实际重心在许可范围内。当日航班飞机上共有96人，其中机组5人，旅客91人，所有人员均正常接受安全检查，无免检旅客，随身行李和托运行李未发现漏检和携带危险品情况。

2. 机组情况

飞行机组2人。机长齐某，男，1970年4月9日出生，持有民用航空航线运输驾驶员执照；副驾驶朱某，男，1983年10月16日出生，持有民用航空商业驾驶员执照。两人的飞行驾驶执照均合法有效，均持有一级体检合格证。两人均为第一次执行伊春林都机场飞行任务，值勤时间符合规章要求，身体状况良好，岗前8小时内没有饮用酒精类饮料，无用药记录。客舱机组3人。乘务长卢某、乘务员周某、安全员廉某均持有合法有效证件。

3. 有关航空公司情况

河南航空有限公司（以下简称河南航空）的前身为2007年5月成立的鲲鹏航空有限公司（以下简称鲲鹏航空）。2009年3月，鲲鹏航空将主运营基地由西安迁至郑州，同年9月更名为河南航空，12月20日获得民航中南地区管理局颁发的运行合格证，主要经营支线客、货运输。

河南航空为中外合资企业，注册资本5亿元人民币，实收资本1亿元人民币，股东为深圳航空有限责任公司（以下简称深圳航空）和在巴巴多斯注册的2家外资企业平山公司（PING SHAN SRL）、山岳公司（SHAN YUE SRL），其中深圳航空持股51%，平山公司、山岳公司分别持股25%和24%，法定代表人张某。事故发生前，河南航空执管5架E190机型飞机，除郑州主运营基地外，还设有南宁、哈尔滨2个飞行基地。河南航空为深圳航空的子公司，实际运行、经营主要依托于深圳航空，其主要管理人员由深圳航空委派，经营班子的绩效由深圳航空进行考核，公司骨干人员、空勤人员的劳动合同与深圳航空签订。

深圳航空成立于2000年9月，其前身为成立于1992年11月的深圳航空公司，注册资本3亿元人民币，主要股东为广东广控集团有限公司、广东发展银行、中国国际航空公司（后为中国国际航空股份有限公司，以下简称国航股份）、深圳市投资管理公司，分别持股40%、25%、25%、10%。2002年后，深圳航空股权发生多次转让。2006年7月6日，深圳航空股权变更登记为深圳市汇润投资有限公司（以下简称汇润投资），持股65%、国航股份持股25%、全程物流（深圳）有限公司（以下简称全程物流）持股10%。2009年11月和

2010年3月，深圳航空原主要负责人因涉嫌经济犯罪被公安机关立案调查。2010年4月19日，深圳航空现有股东向公司增资，深圳航空股权变更登记为国航股份持股51%、全程物流持股25%、汇润投资持股24%。2010年5月，国航股份控股深圳航空后，选派干部赴深圳航空担任主要负责人。

4. 机场及当日气象情况

伊春林都机场（以下简称伊春机场）位于黑龙江省伊春市东北部，跑道长2300米，宽45米，可起降A320、B737－700及以下机型，机场代码为ZYLD，于2009年8月26日通过民航东北地区管理局组织的机场行业验收和机场开放使用许可审查，获得机场使用许可证，次日正式开放使用。

事发当日，伊春机场2名管制员身体状况良好，值勤时间符合规章要求，岗前8小时内没有饮用酒精类饮料，无用药记录，无不安全事件记录。[①] 机场导航、助航设施设备工作正常，通信设备工作正常，机场道面、跑道、围界等正常，未发现鸟情。

（二）案件难点

（1）国内空难理赔中乘客赔偿标准及依据。

（2）航空意外险和承运人赔偿是否冲突？

（3）航空器对地面第三人造成损害的责任承担。

（三）法理分析

1. 本案空难理赔中乘客赔偿标准及法律依据

国内航空运输是指根据当事人订立的航空运输合同，运输的出发地点、约定的经停地点和目的地点均在中华人民共和国境内的运输。国际航空运输，[②] 是指根据当事人订立的航空运输合同，无论运输有无间断或者有无转运，运输的出发地点、目的地点或者约定的经停地点之一不在中华人民共和国境内的运输。

对于国内航空运输，主要适用我国《民用航空法》和《国内航空运输承运人赔偿责任限额规定》；对于国际航空运输，主要适用《民用航空法》和

① 有关该案详情参见“伊春空难调查报告”：http://wenku.baidu.com/view/413b54d03186bceb18e8bb00.html，2015年10月10日访问。

② 郝秀辉：《航空运输合同法》，法律出版社2016年版，第5页。

国际公约或条约，并且国际公约优先适用。由于我国加入1999年《蒙特利尔公约》[①]（全称《统一国际航空运输某些规则的公约》），并且已于2005年7月31日起对我国生效，因此在调整国际航空运输合同关系中，我国将依据《蒙特利尔公约》的规定。对于本次国内航空运输中的外国乘客，则可以依据其国籍国与我国参加的国际条约或双边条约。

依据航空国内和国际运输的不同法律，相关人员应分别主张空难赔偿数额；依据不同的法律规定，会导致在赔偿责任、赔偿限额等方面存在较大的差异。

2006年《国内航空运输承运人赔偿责任限额规定》有关国内航空运输的赔偿责任限额规定：（1）对每名旅客的赔偿责任限额为人民币40万元；[②]（2）对每名旅客随身携带物品的赔偿责任限额为人民币3000元；（3）对旅客托运的行李和对运输的货物的赔偿责任限额，为每公斤人民币100元。

国际航空运输依据《蒙特利尔公约》的规定，实行双梯度责任，具体包括如下几个方面。

---

① 《蒙特利尔公约》的正式名称是《统一国际航空运输某些规则的公约》（Convention for the Unification of Certain Rules for International Carriage by Air），目的在于确保国际航空运输消费者的利益，对在国际航空运输中旅客的人身伤亡或行李损失，或者运输货物的损失，在恢复性赔偿原则基础上建立公平赔偿的规范体系。在《蒙特利尔公约》以前，国际上已经存在若干个关于国际航空运输赔偿的规则，具体包括：（1）1929年在华沙签订的《统一国际航空运输某些规则的公约》（简称《华沙公约》）我国于1958年批准该公约；（2）1955年在海牙签订的《修订1929年10月12日在华沙签订的〈统一国际航空运输某些规则的公约〉的议定书》（简称《海牙议定书》），我国于1975年批准该议定书。（3）1961年在瓜达拉哈拉签订的《统一非立约承运人所作国际航空运输的某些规则以补充华沙公约的公约》（简称《瓜达拉哈拉公约》）。（4）1971年在危地马拉城签订的《修订经海牙议定书修订的〈统一国际航空运输某些规则的公约〉的议定书》（简称《危地马拉城协议书》）。（5）1975年在蒙特利尔签订的第1、2、3、4号《关于修改〈统一国际航空运输某些规则的公约〉的附加议定书》（简称《蒙特利尔第X号议定书》）。

上述第二至第五项协议都是对华沙公约的修订，因此上述五项文件被统称为华沙公约文件。

随着历史的发展，华沙公约中的某些规定已显陈旧，而且相关修订文件数量较多。为了使《华沙公约》及其相关文件现代化和一体化，ICAO起草定稿了《蒙特利尔公约》，并在1999年5月在蒙特利尔召开的国际航空法大会上由参加国签署。中国和其他51个国家在该大会上签署了该项公约。《蒙特利尔公约》已于2005年7月31日起对我国生效。公约的生效，取代已适用70多年的《华沙公约》及修正其的系列公约、议定书，从而使规范国际航空运输的法律制度走向完整、统一，展现一个全新的法律框架。

② 关于伊春“8·24”坠机事故遇难旅客赔偿标准，承运人考虑到近年来居民收入的增长，赔偿限额调增至59.23万元；加上遇难旅客亲属的生活补贴和抚慰金等，伊春空难每位遇难旅客的赔偿标准共为96万元。

（1）对于根据第 17 条第 1 款所产生的每名旅客不超过 100 000 特别提款权的损害赔偿，[①] 承运人不得免除或者限制其责任。

（2）对于根据第 17 条第 1 款所产生的损害赔偿每名旅客超过 100 000 特别提款权的部分，承运人证明有下列情形的，不应当承担责任：

①损失不是由于承运人或者其受雇人、代理人的过失或者其他不当作为、不作为造成的；

②损失完全是由第三人的过失或者其他不当作为、不作为造成的。

我国《侵权责任法》第 17 条规定："因同一侵权行为造成多人死亡的，可以以相同数额确定死亡赔偿金。"也就是本次事故中，应"同机同命"，依照就高不就低的原则给付死亡赔偿金。

2. 航空意外险和承运人赔偿是否冲突

航空运输合同中乘客的人身意外保险独立于承运人的赔偿责任之外，《国内航空运输承运人赔偿责任限额规定》第 5 条规定："旅客自行向保险公司投保航空旅客人身意外保险的，此项保险金额的给付，不免除或者减少承运人应当承担的赔偿责任。"也就是说旅客自行向保险公司投保了航空旅客人身意外保险，并在发生保险合同约定的意外后从保险人处获得了赔偿，这种赔偿属于旅客和保险人之间的保险法律关系，[②] 航空承运人仍应按照本规定在责任限额内按照实际损失承担相应的赔偿责任。

3. 航空器对地面第三人造成损害的责任承担

根据《民用航空法》的规定，因飞行中的民用航空器或者从飞行中的民用航空器上落下的人或者物，造成地面（包括水面，下同）上的人身伤亡或者财产损害的，受害人有权获得赔偿；但是，所受损害并非造成损害的事故的直接后果，或者所受损害仅是民用航空器依照国家有关的空中交通规则在

---

① 包头空难理赔时，根据 1993 年国务院颁布的第 132 号令，民用航空运输旅客伤亡赔偿最高限额为 7 万元人民币，许多家属选择国外诉讼以求获得较高额的赔偿。国内和国际航空运输赔偿限额的巨大差异，曾引起空难死者家属的强烈不满，这不仅是法律适用的不统一，同时也体现出我国法律对赔偿数额的调整跟不上社会经济发展和物价水平的提高。根据规定，赔偿责任限额的调整是由国务院民用航空主管部门制定，报国务院批准后公布执行。针对这次的事故赔偿应公平、公正、合理、合情，符合经济发展的规律，提高赔偿责任限额，充分考虑国内和国际的统一。

② 2010 年 8 月 24 日晚伊春空难事故后，新华保险第一时间启动了重大案件应急处理机制，从后台海量数据库调取保单核实筛查信息，到一线确认青岛一家三口遇难者的客户身份及投保金额，在不到 12 小时就作出了预付理赔的决定。490 万元的巨额赔款成为国内寿险空难赔付史上新高。

空中通过造成的，受害人无权要求赔偿。民用航空器对地面第三人的损害赔偿，适用侵权行为地法律。[①] 民用航空器在公海上空对水面第三人的损害赔偿，适用受理案件的法院所在地法律。

（四）涉及国际公约及法律

（1）《合同法》第302条规定："承运人应当对运输过程中旅客的伤亡承担损害赔偿责任，但伤亡是旅客自身健康原因造成的或者承运人证明伤亡是旅客故意、重大过失造成的除外。前款规定适用于按照规定免票、持优待票或者经承运人许可搭乘的无票旅客。"

（2）《民用航空法》第124条规定："因发生在民用航空器上或者在旅客上、下民用航空器过程中的事件，造成旅客人身伤亡的，承运人应当承担责任；但是，旅客的人身伤亡完全是由于旅客本人的健康状况造成的，承运人不承担责任。"第125条规定："因发生在民用航空器上或者在旅客上、下民用航空器过程中的事件，造成旅客随身携带物品毁灭、遗失或者损坏的，承运人应当承担责任。因发生在航空运输期间的事件，造成旅客的托运行李毁灭、遗失或者损坏的，承运人应当承担责任。旅客随身携带物品或者托运行李的毁灭、遗失或者损坏完全是由于行李本身的自然属性、质量或者缺陷造成的，承运人不承担责任。本章所称行李，包括托运行李和旅客随身携带的物品。因发生在航空运输期间的事件，造成货物毁灭、遗失或者损坏的，承运人应当承担责任；但是，承运人证明货物的毁灭、遗失或者损坏完全是由于下列原因之一造成的，不承担责任：（一）货物本身的自然属性、质量或者缺陷；（二）承运人或者其受雇人、代理人以外的人包装货物的，货物包装不良；（三）战争或者武装冲突；（四）政府有关部门实施的与货物入境、出境或者过境有关的行为。本条所称航空运输期间，是指在机场内、民用航空器上或者机场外降落的任何地点，托运行李、货物处于承运人掌管之下的全部期间。航空运输期间，不包括机场外的任何陆路运输、海上运输、内河运输过程；但是，此种陆路运输、海上运输、内河运输是为了履行航空运输合同而装载、交付或者转运，在没有相反证据的情况下，所发生的损失视为在航空运输期间发生的损失。"

---

① 详见张起淮律师个人博客"伊春空难赔偿的法律依据和标准"，http://lawyerqh.blog.sohu.com/158586513.html，2017年2月12日访问。

（3）《国内航空运输承运人赔偿责任限额规定》第3条规定："国内航空运输承运人（以下简称承运人）应当在下列规定的赔偿责任限额内按照实际损害承担赔偿责任，但是《民用航空法》另有规定的除外：（一）对每名旅客的赔偿责任限额为人民币40万元；（二）对每名旅客随身携带物品的赔偿责任限额为人民币3000元；（三）对旅客托运的行李和对运输的货物的赔偿责任限额，为每公斤人民币100元。"

（4）《侵权责任法》第71条规定："民用航空器造成他人损害的，民用航空器的经营者应当承担侵权责任，但能够证明损害是因受害人故意造成的，不承担责任。"

（5）《蒙特利尔公约》第17条规定："一、对于因旅客死亡或者身体伤害而产生的损失，只要造成死亡或者伤害的事故是在航空器上或者在上、下航空器的任何操作过程中发生的，承运人就应当承担责任。二、对于因托运行李毁灭、遗失或者损坏而产生的损失，只要造成毁灭、遗失或者损坏的事件是在航空器上或者在托运行李处于承运人掌管之下的任何期间内发生的，承运人就应当承担责任。但是，行李损失是由于行李的固有缺陷、质量或者瑕疵造成的，在此范围内承运人不承担责任。关于非托运行李，包括个人物件，承运人对因其过错或者其受雇人或者代理人的过错造成的损失承担责任。三、承运人承认托运行李已经遗失，或者托运行李在应当到达之日起二十一日后仍未到达的，旅客有权向承运人行使运输合同所赋予的权利。四、除另有规定外，本公约中"行李"一词系指托运行李和非托运行李。"第21条规定："旅客死亡或者伤害的赔偿：一、对于根据第十七条第一款所产生的每名旅客不超过100 000特别提款权的损害赔偿，承运人不得免除或者限制其责任。二、对于根据第十七条第一款所产生的损害赔偿每名旅客超过100 000特别提款权的部分，承运人证明有下列情形的，不应当承担责任：（一）损失不是由于承运人或者其受雇人、代理人的过失或者其他不当作为、不作为造成的；或者（二）损失完全是由第三人的过失或者其他不当作为、不作为造成的。"

（五）本案思考与讨论

（1）比较分析国内外航空运输中旅客人身伤亡或行李损失赔偿的不同规定。

（2）如何构建我国空难赔偿中公平赔偿的规范体系？

二、空难理赔的国际公约

（一）案情介绍

1988 年 12 月 21 日，美国泛美航空公司 103 次班机从联邦德国法兰克福途径伦敦飞往纽约。当天下午 7 点 03 分，当客机途经英国苏格兰洛克比小镇上空时发生爆炸，造成机上和地面 270 人遇难。

经过调查，美英两国认为是利比亚特工部门制造了这起空难。1991 年 11 月，美英两国向利比亚递交了对利比亚阿拉伯航空公司保安主管迈格拉希和该公司驻马耳他办事处主任费马的起诉书和通缉令。利比亚政府虽然拘留了两名嫌疑犯，但是拒绝把他们引渡到美国。

1992 年之后，联合国安理会通过多项决议，要求利比亚配合洛克比空难案的国际调查。安理会随后对利比亚实行了制裁，措施包括武器禁运、禁止利比亚的航空旅行、冻结利比亚资产并禁止成员国向利比亚出口某些石油设备。

经过国际社会的调停，美国、英国和利比亚最终在 1999 年就洛克比空难的审理地点、方式和程序等问题达成一致，同意按照英国苏格兰法律，由苏格兰法官组成特别法庭在荷兰宰斯特军营开庭审理此案。审讯于 2000 年 5 月 3 日开始。2001 年 1 月 31 日，法庭判决认定被告迈格拉希策划炸毁美国泛美航空公司 103 航班，犯有谋杀罪，判处其终身监禁。另一名被告费马无罪释放。迈格拉希的刑期后来被苏格兰法庭修改为 27 年。

判决后，利比亚领导人卡扎菲指责此案的审判结果是在美英两国的压力下作出的，认为这是一个政治判决，而非司法判决。卡扎菲还要求彻底解除联合国对其实施的国际制裁，并赔偿制裁造成的经济损失。与此同时，洛克比空难死难者家属也对判决结果极为不满，并责成律师团就该案向利比亚提起民事诉讼，要求利比亚政府赔偿 100 亿美元。

2002 年 5 月，利比亚政府承诺对洛克比空难家属提供总额为 27 亿美元的赔偿，平均每个遇难者家庭将得到 1000 万美元的赔偿金，以此来结束长达 14 年的官司，这也创下世界空难史上赔偿金的最高纪录。2003 年 8 月 15 日，利比亚正式承认对洛克比空难的发生负责。[①]

① 有关该案报道详见腾讯网新闻资料：“洛克比空难案件始末”，http：//view. news. qq. com/a/20090828/000016. htm，2016 年 7 月 2 日访问。

苏格兰司法部门2009年8月20日宣布，出于同情原因，释放因制造洛克比空难而在英国服刑的唯一罪犯、身患前列腺癌（生命不超过3个月）的利比亚特工迈格拉希。这标志着轰动一时、旷日持久的洛克比空难一案最终了结。

（二）案件难点

（1）如何有效防范航空器内犯罪？

（2）国际空难理赔中的法律适用问题。

（三）法理分析

1. 关于公约的适用问题

利比亚于1992年3月3日向国际法院提起诉讼，它提出自己完全履行了《蒙特利尔公约》[①] 的一切义务，而美国违背了并继续违背该公约第5条、第7条、第8条对利比亚应尽的义务。这些条款规定了对犯罪的管辖和引渡的问题。利比亚认为，利比亚自收到对两名嫌疑人的指控后，即按照公约采取了必要措施建立起对他们的管辖权，还将他们留在利比亚以便对他们提起刑事诉讼。而美国则主张适用《联合国宪章》的有关规定。由于都是联合国的会员国，利比亚与美国都有义务接受和执行安理会的决定，《联合国宪章》

---

① 指1971年9月23日在蒙特利尔签署，1973年1月26日生效的《蒙特利尔公约》（The Montreal Convention），全称为《制止危害民用航空安全的非法行为的公约》（The Convention for the Suppression of Unlawful Acts Against the Safety of Civil Aviation）。《蒙特利尔公约》的目的是为了通过国际合作，惩治从地面破坏航空运输安全的犯罪行为，使之成为《海牙公约》的姊妹篇。公约在第1条详细而具体地规定了犯罪的行为方式，弥补了《东京公约》和《海牙公约》的不足：（1）对飞行中的航空器内的人从事暴力行为，如该行为将会危及该航空器的安全；（2）破坏使用中的航空器或对该航空器造成损坏，使其不能飞行或将会危及其飞行安全；（3）用任何方法在使用中的航空器内放置或使别人放置一种将会破坏该航空器或对其造成损坏使其不能飞行或对其造成损坏而将会危及其飞行安全的装置或物质；（4）破坏或损坏航行设备或妨碍其工作，如任何此种行为将会危及飞行中航空器的安全；（5）传送他明知是虚假的情报，从而危及飞行中的航空器的安全。任何人如果他从事下述行为，也是犯有罪行：（1）企图犯本条第一款所指的任何罪行；（2）是犯有或企图犯任何此种罪行的人的同犯。公约对航空器的飞行和使用作出了明确界定：（1）航空器从装载完毕、机舱外部各门均已关闭时起，直至打开任一机舱门以便卸载时为止，应被认为是在飞行中；航空器强迫降落时，在主当局接管对该航空器及其所载人员和财产的责任前，应被认为仍在飞行中。（2）从地面人员或机组为某一特定飞行而对航空器进行飞行前的准备时起，直到降落后二十四小时止，该航空器应被认为是在使用中；在任何情况下，使用的期间应包括本条甲款所规定的航空器是在飞行中的整个时间。《蒙特利尔公约》《海牙公约》和《东京公约》是通常所说的关于防止劫持飞机的三个国际公约。我国于1980年9月10日加入《蒙特利尔公约》，同时声明中国政府将不受关于将争端提交国际法院的规定的约束，同年10月10日对中国生效。

第103条规定："联合国会员国在本宪章下之义务与其依任何其他国际协定所负之义务有冲突时，其在本宪章下之义务应居优先"。《联合国宪章》虽然也是一项多边国际条约，但它与其他一般国际条约相比有优先适用的地位。所以国际法院认为利比亚的主张没有根据。

2. 关于本案的管辖权争议问题

根据1971年的《蒙特利尔公约》第5条第2款甲规定："当被指称的犯罪分子在缔约国领土内，而该国未按第八条的规定将此人引渡给本条第一款（甲）项所指的国家时，该缔约国应同样采取必要措施，对第一条第一款甲所指的犯罪，以及对第一条第二款所指的与上述各项有关的犯罪确立管辖权。"根据国家的管辖权原则，领域原则与国籍原则中利比亚是有管辖权的，因为两名嫌疑人在利比亚境内并且是利比亚国籍；而保护原则要求对于外国人在外国所做的危害本国的犯罪，本国是有管辖权的，由此可见美国是有管辖权的。洛克比空难案犯罪行为发生在苏格兰，洛克比机场上空，根据属地主义，英国有管辖权；犯罪行为人是利比亚安全情报人员，根据属人主义，利比亚有管辖权；空难事件受害者（包括英国在内许多国家之国民），根据属人主义，受害者的国籍国也有管辖权；泛美航空公司（Pan－Am）是在美国登记的公司，且被炸毁的103号班机（Pan Am Flight103）登记的国籍国也是美国，根据登记国的国籍，美国有管辖权。在刑事管辖权方面，因犯罪行为人已逃回其本国——利比亚，使该案不仅涉及管辖权的冲突问题，也涉及1970年《关于制止非法劫持航空器的公约》[1]（以下简称《海牙公约》）的引渡或起诉原则与1971年《蒙特利尔公约》关于在国家管辖权冲突出现时往

---

① 1970年12月6日，国际民航组织在荷兰的海牙召开了国际航空法外交会议，讨论有关空中劫持飞机的问题，有76个国家参加。会议于12月16日签订了一项公约，名为：《关于制止非法劫持航空器的公约》（简称《海牙公约》）。到1983年，《海牙公约》已有一百多个缔约国。公约的第1条规定："凡在飞行中的航空器内的任何人：（甲）用暴力或用暴力威胁，或用任何其他恐吓方式，非法劫持或控制该航空器，或企图从事任何这种行为；或（乙）是从事或企图从事任何这种行为的人的同犯，即是犯有罪行。"这就是公约对于非法劫持航空器所下的定义。公约的第2条规定："合缔约国承允对上述罪行给予严厉惩罚。"

对于劫持飞机的罪犯的引渡问题是这次会议上争论的焦点。美国和苏联都主张应将劫机罪犯遣送给飞机登记国。然而，很多国家则认为劫机多数是为了政治上的目的，因此，不同意规定引渡。但是，与会国一致同意对劫机犯给予严惩。结果是《海牙公约》对引渡劫机罪犯的问题没有作出硬性的规定。尽管如此，有一点是明确的，公约规定了劫持飞机是一种严重犯罪，对于劫机罪犯的处理办法是：要么引渡，要么按罪犯所在国的法律起诉判刑。

往需协调的问题。本案是通过司法解决的，将管辖权提交国际法院，由国际法院进行审判。最终利比亚终于同意将两名犯罪嫌疑人移交给苏格兰特别法庭进行审判。

3. 关于本案中涉及的国际法上个人责任的问题

《罗马规约》第25条①明确了“个人的刑事责任”的一般原则：罪刑法定原则、人人平等原则、无时效或较长的追诉时效原则和依法保护被告人权利原则。个人是否具有国际法上的主体资格一直是备受争议的问题，如今越来越多的国际公约明确规定个人的权利与义务。个人是国际法的部分主体，个人的部分国际法地位依赖于各主权国家的意志。个人具有国际法主体资格的情况特别明显地表现在国际刑法领域，尤其在引渡知识中更加明显地体现出来了。本案中两名利比亚人触犯了国际刑法，所以应该承担相应的个人责任。

4. 关于本案的引渡问题

引渡是指一国应有管辖权的他国的请求，依据国际法和被请求国的有关规定，将犯有可引渡而他国通缉的域内之人送交他国进行审判或惩处。引渡的原则有双重犯罪原则，只有依据请求国与被请求国的法律，均构成犯罪并应该受刑罚处罚时才可以引渡；政治犯不引渡原则。引渡的条件有：（1）内容是一国将在该国受到他国通缉的人送交到他国审判或惩处；（2）引渡的法律根据是国际法与国内法的规定；（3）提出引渡的国家必须是有管辖权的国家，且是刑事管辖权；（4）引渡的对象是被请求国指控为犯有可以引渡之罪的人。根据引渡的要件与原则，本案中利比亚未将嫌疑犯引渡给美国，因为

---

① 1998年7月17日联合国设立国际刑事法院全权代表外交会议通过《国际刑事法院罗马规约》第25条“个人刑事责任”：（一）本法院根据本规约对自然人具有管辖权。（二）实施本法院管辖权内的犯罪的人，应依照本规约的规定负个人责任，并受到处罚。（三）有下列情形之一的人，应依照本规约的规定，对一项本法院管辖权内的犯罪负刑事责任，并受到处罚：1. 单独、伙同他人、通过不论是否负刑事责任的另一人，实施这一犯罪；2. 命令、唆使、引诱实施这一犯罪，而该犯罪事实上是既遂或未遂的；3. 为了便利实施这一犯罪，帮助、教唆或以其他方式协助实施或企图实施这一犯罪，包括提供犯罪手段；4. 以任何其他方式支助以共同目的行事的团伙实施或企图实施这一犯罪。这种支助应当是故意的，并且符合下列情况之一：（1）是为了促进这一团伙的犯罪活动或犯罪目的，而这种活动或目的涉及实施本法院管辖权内的犯罪；（2）明知这一团伙实施该犯罪的意图；5. 就灭绝种族罪而言，直接公然煽动他人灭绝种族；6. 已经以实际步骤着手采取行动，意图实施犯罪，但由于其意志以外的情况，犯罪没有发生。但放弃实施犯罪或防止犯罪完成的人，如果完全和自愿地放弃其犯罪目的，不按犯罪未遂根据本规约受处罚。（四）本规约关于个人刑事责任的任何规定，不影响国家依照国际法所负的责任。

利比亚和美国之间无引渡条约，利、美之间也无《蒙特利尔公约》第 8 条第 2 款规定[①]的引渡罪犯的基础，因为该条规定的引渡受被请求引渡国法律的限制，而利比亚法律禁止引渡本国公民。

5. 关于国际恐怖主义的管辖权问题

国际恐怖主义是一种突破人类道德底线的极端形式。就全球范围发生的绝大多数情形而言，国际恐怖主义必须具备三个基本特征：首先，恐怖主义者制造的事态，其血腥场面和惊骇程度，远远超出社会大众对一般流血事件尤其是战场伤亡的心理预期，也超越了各种法律（不论是国际法还是国内法）允许的限度。其次，是其组织形态具有高到可怕的隐秘性，袭击方式带有极其强烈的突发性和不可预测性。最后，他们通常制订深思熟虑的政治纲领，有清晰的博弈目标，且多半他们会把这种政治诉求公之于众。利比亚的行为造成的影响与伤害之大，以及恐怖行为对人类道德的破坏可说是一种恐怖主义。所以国际上应该给予惩罚，利比亚的行为是非正义不人道的。将国际恐怖分子绳之以法，使国际法得以实现，始能确实达到预防犯罪之效果。对国际犯罪者予以追诉及审判，有赖于国际反恐怖主义犯罪的整个司法过程，所以国际恐怖主义犯罪被纳入国际刑事法院管辖范围，统一交由国际刑事法院审理。利比亚最终同意将两名犯罪嫌疑人移交给苏格兰特别法庭进行审判。

6. 联合国各机关之间的关系问题

安理会与法院都是《联合国宪章》（以下简称《宪章》）为实现联合国的宗旨和目标而设立的，安理会与国际法院同为联合国的主要机关，它们之间是并行、而非隶属关系，没有主次与上下级之分，但是一个是行政机关一个是司法机关，各自独立履行《宪章》赋予的职责。就安理会与国际法院职权划分而言，一方面《宪章》将维持和平与安全的主要责任授予安理会；另一方面又规定，凡是具有法律性质的争端，在原则上，理应由当事国依照规约的规定交由国际法院。作为联合国主要的司法机关，《宪章》赋予法院解决一切法律争端的权利。如果出于解决争端的需要，两个机构可以同时在各自的职责范围内做努力。但这并不意味着两个机构之间的管辖权存在冲突，相反，这甚至可以被认为是《宪章》为迅速有效解决国际争端而有意对两个

---

① 1971 年《蒙特利尔公约》第 8 条第 2 款规定："如一缔约国规定只有在订有引渡条约的条件下才可以引渡，而当该缔约国接到未与其订有引渡条约另一缔约国的引渡要求时，可以自行决定认为本公约是对该罪行进行引渡的法律根据。引渡应遵照被要求国法律规定的其他条件。"

机构的职权范围不做明确划分。所有联合国的成员国都有义务接受和执行安理会根据《宪章》第25条通过的决议，但是安理会的决议优先于《蒙特利尔公约》的规定。

7. 条约的遵守与适用问题

条约是作为国际法主体的国家和国际组织按照国际法所缔结的确定其相互间权利与义务关系的一种国际书面协议。“条约必须遵守”是国际法上的一项基本原则，条约的保留是主权国家的一项基本权利，是指一国与签署、批准、接受、赞同或加入条约时所作出的片面声明，目的是在于排除或更改条约中若干规定对该国适用时的法律效果。只要保留不是为条约所禁止的，不是一些条约不允许的特殊保留，不是与条约目的与宗旨不合的都是合法的保留。

8. 国际法的渊源

国际法的渊源有两类：一类是严格法律意义上的国际法渊源，包括国际条约和国际习惯。另一类是广泛历史意义上的国际法渊源，包括一般法律原则和确定法律原则之辅助资料（特指司法判例、国际法学说、重要国际组织的决议）。《蒙特利尔公约》与《联合国宪章》都是国际法的渊源，不过它们在适用时会产生竞合或者是冲突，在《联合国宪章》第103条规定，“联合国会员国在本宪章下之义务与其依任何其他国际协定所负之义务有冲突时，其在本宪章下之义务应居优先”。利比亚称为联合国成员国时就应该明确自己应遵守该条的规定，《宪章》的优先适用对利比亚是有效的。①

（四）涉及宪章及国际公约

（1）《联合国宪章》第103条规定：“联合国会员国在本宪章下之义务与其任何其他国际协定所负义务有冲突时，其在本宪章下之义务应居优先。”

（2）《蒙特利尔公约》第5条第2款甲规定：“当被指称的犯罪分子在缔约国领土内，而该国未按第八条的规定将此人引渡给本条第一款（甲）项所指的国家时，该缔约国应同样采取必要措施，对第一条第一款甲所指的犯罪，以及对第一条第二款所指的与上述各项有关的犯罪确立其管辖权。”第8条第2款规定：“如一缔约国规定只有在订有引渡条约的条件下才可以引渡，而当

① 有关该案详情参见“洛克比空难案中涉及的国际法知识”，http://wenku.baidu.com/view/f6876fc05fbfc77da269b174.html，2015年9月30日访问。

该缔约国接到未与其订有引渡条约另一缔约国的引渡要求时，可以自行决定认为本公约是对该罪行进行引渡的法律根据。引渡应遵照被要求国法律规定的其他条件。”

(3)《国际刑事法院罗马规约》第25条“个人刑事责任”规定：“（一）本法院根据本规约对自然人具有管辖权。（二）实施本法院管辖权内的犯罪的人，应依照本规约的规定负个人责任，并受到处罚。（三）有下列情形之一的人，应依照本规约的规定，对一项本法院管辖权内的犯罪负刑事责任，并受到处罚：1. 单独、伙同他人、通过不论是否负刑事责任的另一人，实施这一犯罪；2. 命令、唆使、引诱实施这一犯罪，而该犯罪事实上是既遂或未遂的；3. 为了便利实施这一犯罪，帮助、教唆或以其他方式协助实施或企图实施这一犯罪，包括提供犯罪手段；4. 以任何其他方式支助以共同目的行事的团伙实施或企图实施这一犯罪。这种支助应当是故意的，并且符合下列情况之一：(1) 是为了促进这一团伙的犯罪活动或犯罪目的，而这种活动或目的涉及实施本法院管辖权内的犯罪；(2) 明知这一团伙实施该犯罪的意图；5. 就灭绝种族罪而言，直接公然煽动他人灭绝种族；6. 已经以实际步骤着手采取行动，意图实施犯罪，但由于其意志以外的情况，犯罪没有发生。但放弃实施犯罪或防止犯罪完成的人，如果完全和自愿地放弃其犯罪目的，不按犯罪未遂根据本规约受处罚。（四）本规约关于个人刑事责任的任何规定，不影响国家依照国际法所负的责任。”

(4)《海牙公约》第1条规定：“凡在飞行中的航空器内的任何人：(甲) 用暴力或用暴力威胁，或用任何其他恐吓方式，非法劫持或控制该航空器，或企图从事任何这种行为；或（乙）是从事或企图从事任何这种行为的人的同犯，即是犯有罪行。”第2条规定：“合缔约国承允对上述罪行给予严厉惩罚。”

（五）本案思考与讨论

(1) 空难调查程序和步骤。

(2) 空难理赔的国内外法律适用。

(3) 对航空犯罪的法律规制。